AF282219

Der Malteserorden nach der Verfassungsreform

Andreas Rademachers

DER MALTESERORDEN NACH DER VERFASSUNGSREFORM

Eine kirchen- und völkerrechtliche Betrachtung

Bibliografische Information der Deutschen Nationalbibliothek: Die Deutsche Nationalbibliothek verzeichnet diese Publikation in der Deutschen Nationalbibliografie; detaillierte bibliografische Daten sind im Internet über http://dnb.dnb.de abrufbar.

Die automatisierte Analyse des Werkes, um daraus Informationen insbesondere über Muster, Trends und Korrelationen gemäß §44b UrhG („Text und Data Mining") zu gewinnen, ist untersagt.

© 2024 Dr. Andreas Rademachers

Verlag: BoD · Books on Demand GmbH, In de Tarpen 42, 22848 Norderstedt, bod@bod.de
Druck: Libri Plureos GmbH, Friedensallee 273, 22763 Hamburg

ISBN: 978-3-7693-2631-4

INHALTSVERZEICHNIS

EINLEITUNG

1. Allgemeines

Im September 2022 wurde der Souveräne Rat des Malteserordens, der den Großmeister bei der Regierung des Ordens unterstützt, von Papst Franziskus seines Amtes enthoben, nur der Statthalter des Großmeisters blieb im Amt. Gleichzeitig promulgierte der Pontifex eine neue Verfassung und einen neuen Codex des Ordens. Dabei sieht das Eigenrecht eine solche Intervention nicht vor.[1] Dies scheint der Abschluss einer Kette von Eingriffen in die internen Angelegenheiten des Ordens seit 2016 zu sein. Damals begann mit der Entlassung des Großkanzlers eine Reihe von Ereignissen, die zum Rücktritt des Großmeisters, der Einsetzung eines päpstlichen Delegaten und zu Debatten um die Rolle und Struktur des Ordens in der heutigen Welt führten. Öffentlich wurden Stimmen laut, die diesen Eingriff mit dem Souveränitätsstatus des Ordens als unvereinbar qualifizierten. Dieser Status war dem Orden nach dem Verlust seiner Herrschaftsgebiete im Jahr 1798 zugesichert worden, jedoch vor allem de facto durch diplomatische Beziehungen mit der Mehrzahl der Staaten der Welt anerkannt. Durch die rezenten Ereignisse kommt die historisch nicht unproblematische Wechselwirkung zwischen Papst und Orden erneut zum Vorschein.

Die Presse fragte „Souverän auf Augenhöhe?",[2] Constantin (Graf von) Magnis sprach von „gefallenen Rittern"[3]. Wohl selten haben Ereignisse der zeitgenössischen kirchlichen Rechtsgeschichte eine solche mediale Rezeption erfahren.

Für den Orden selbst bedeutet die neue Verfassung nur den Beginn eines Weges, der vordergründig seinen religiösen Kern betrifft; sie atmet das kanonische Recht. Die Mitglieder des Ersten Standes, Religiose mit kirchenamtlichen, feierlichen und ewigen Gelübden, rücken noch stärker ins

---

[1] Ausschließlich das Generalkapitel wählt den Souveränen Rat und kann das Eigenrecht ändern (Art. 22 §§ 3 u. 4 Verfassung.

[2] https://www.katholisch.de/Art./11955-souveraen-auf-augenhoehe [Abruf: 2.12.2023].

[3] Constantin MAGNIS, Gefallene Ritter. Malteserorden und Vatikan - Der Machtkampf zwischen zwei der ältesten Institutionen der Welt, Hamburg[2] 2023.

Zentrum der Leitung der Gemeinschaft. Sie sind zwar Nukleus des Ordens, bilden jedoch im Vergleich zu den zahlreichen Nicht-Religiosen einen verschwindend geringen Teil.

Es ist angebracht, die besondere Wechselwirkung beider Charakteristika der Gemeinschaft zu betrachten: Entität im Völkerrecht und Institut des geweihten Lebens unter dem kanonischen Recht. Dabei sollen die Möglichkeiten und Grenzen des Kirchenrechts aufgezeigt werden und inwieweit der Orden überhaupt tatsächlich souverän handeln kann oder zu agieren bereit ist. Die Intervention des Papstes scheint den Schwerpunkt der Betrachtung auf die Ordensqualität zu legen. Dabei können jedoch beide institutionellen Grundlagen nicht getrennt voneinander betrachtet werden. In der tatsächlichen Arbeit der Gemeinschaft stehen beide Teile nicht nebeneinander, sondern bedingen sich. So ist z. B. der Großmeister einerseits Oberer im Sinne des Kirchenrechts, andererseits Staatsoberhaupt im protokollarischen Gefüge des Völkerrechts.

Der Orden hat neben seinen 13.500 Mitgliedern rund 95.000 dauerhafte Ehrenamtliche und 52.000 Beschäftigte. Er ist damit nach dem Roten Kreuz eine der weltweit größten Hilfsorganisationen. Er beansprucht aus seiner Historie und seinem Wesen nach souveräne Rechte, die ihm, wie zu zeigen sein wird, auch häufig gewährt werden.

Der Verfassungskonflikt der letzten Jahre hat ihn, der meist in der Wahrnehmung hinter den angeschlossenen Hilfsdiensten zurücksteht, wieder deutlicher ins Bewusstsein gerückt. Einerseits kann hier ein Beitrag zum kanonischen Recht im Hinblick auf Orden allgemein geleistet werden, als auch die völkerrechtliche Betrachtung von souveränen, nicht territorial-staatlichen Gebilden nachgezeichnet werden. Da er diplomatische Beziehungen zu mehr als 100 Staaten unterhält, ist diese Frage keine Marginalie. Die Malteser stehen nicht erst heute im Dualismus zwischen Kirchen- und Völkerrecht.

2. Forschungsstand

Generell ist die kanonistische bzw. juristische Befassung mit dem Orden eher gering. Meist wird dies nur in Verbindung mit (teils detaillierten, häufig historischen) Überblicksdarstellungen verbunden. Aus neuerer Zeit ist hier umfassend u. a. Staehle anzuführen,[4] aber auch Erörterungen, die Teilaspekte des Ordens beleuchten.[5] Zur Rechtsgeschichte des Ordens ist grundlegend die Studie von Waldstein-Wartenberg zu nennen, zumindest bis zum Erscheinungsjahr 1969.[6] Daneben sind rechtshistorische periodenbezogene Überblicksdarstellungen erschienen.[7] Hinsichtlich der völkerrechtlichen Reflexion gibt es nur wenige umfassende Veröffentlichungen aus neuester Zeit,[8] meist wird auf Hafkemeyer und Prantner referenziert.[9] Erste wissenschaftliche Betrachtungen der Malteser als Orden i. S. d. kanonischen Rechts lieferte schon Leisching 1969.[10] Grundlegend für das Ordensrecht generell ist u. a. Primetshofer.[11]

Da die neue Verfassung erst seit Herbst 2022 in Kraft ist, wurden zum Zeitpunkt des Erscheinens dieser Arbeit erst wenige Darstellungen publiziert.

---

[4] Ernst STAEHLE, Geschichte der Johanniter und Malteser, 4 Bd., Gnas 2002. Er bietet allerdings meist keine Verweise.

[5] Adam WIENAND (u. a.), Der Johanniterorden. Der Malteserorden. Der ritterliche Orden des hl. Johannes vom Spital zu Jerusalem. Seine Geschichte, seine Aufgaben, Köln 1988; Christian STEEB/Birgit STRIMITZER, Der Souveräne Malteser-Ritter-Orden in Österreich, Graz 1999.

[6] Berthold WALDSTEIN-WARTENBERG, Rechtsgeschichte des Malteserordens, Wien/München, 1969.

[7] So Carl Alexander KRETHLOW, Der Malteserorden. Internationalität und soziale Vernetzung im 19. Jahrhundert (Europäische Hochschulschriften 890, Reihe 3), Bern u. a. 2001 (= KRETHLOW: Malteserorden I); Philipp HOFMEISTER, Die Reorganisation des Malteserritterordens nach 1798, in: Archiv für katholisches Kirchenrecht 137 (1968), S. 463-523; Wolf-Dieter BARZ/Paolo PAPANTI PELLETIER DE BERMINY, Das neue Verfassungssystem des Souveränen Malteserordens, in: Peter HÄBERLE (Hg.), Jahrbuch des Öffentlichen Rechts der Gegenwart 48, Tübingen 2000, S. 325–350.

[8] So Frédérique KNOPF-SILVESTRE, L'Ordre Souverain de Malte en Droit International Public, Villeneuve d'Ascq 2020.

[9] Georg Bernhard HAFKEMEYER, Der Rechtsstatus des souveränen Malteser-Ritter-Ordens als Völkerrechtssubjekt ohne Gebietshoheit, Schötmar 1955; Robert PRANTNER, Malteserorden und Völkergemeinschaft (Schriften zum Völkerrecht 39), Berlin 1974.

[10] Peter LEISCHING, Der souveräne Malteser-Ritterorden als Religio, in: Österreichisches Archiv für Kirchenrecht 20 (1969), S. 89-107.

[11] Bruno PRIMETSHOFER, Ordensrecht. Auf der Grundlage des Codex Iuris Canonici 1983 unter Berücksichtigung des staatlichen Rechts der Bundesrepublik Deutschland, Österreichs und der Schweiz, Rombach 2003. Daneben in umfassender Darstellung u. a. Winfried AYMANS/Klaus MÖRSDORF, Kanonisches Recht. Lehrbuch aufgrund des Codex Iuris Canonici, Bd. 2, Verfassungs- und Vereinigungsrecht, Paderborn u. a. 1997 (= AYMANS/MÖRSDORF II).

Schwetz lieferte bereits während des laufenden Konflikts eine nun ergänzte Einordnung.[12] Hinsichtlich der völkerrechtlichen Komponente ist Marti zu nennen;[13] als Teil einer umfassenden historischen Darstellung Tomer.[14]

3. Methodik und Hauptfragen

Die rezente Entwicklung und der Orden selbst sind nur aufgrund der Historie zu verstehen und einzuordnen. Die Geschichte reicht über beinahe 1000 Jahre – von der Gründung eines Spitals in Jerusalem über die Kreuzfahrerzeit, die Herrschaft über Rhodos, dann Malta, später Rom. Dabei war die Gemeinschaft immer Teil des weltpolitischen und religiösen Geschehens. Daher ist mit einer Darstellung derselben einzuleiten, die vorrangig die Rechtsgeschichte in den Blick nimmt. Dabei ist auch der Konflikt, der zum neuen Eigenrecht des Ordens geführt hat, zu skizzieren. Hier ist, wenn möglich, auf Originalquellen zurückzugreifen.

In diesem Konnex soll gleichsam die Frage diskutiert werden, was Souveränität für den Orden im Laufe seiner Historie bedeutete und wo diese an Grenzen stieß bzw. verletzt wurde.

Im Folgenden soll das neue Ordensrecht betrachtet und in den Zusammenhang mit der zuvor geltenden Rechtslage gestellt werden. Hinsichtlich der kanonischen Betrachtung soll untersucht werden, was Orden kirchenrechtlich auszeichnet und wo innerhalb dieses Rechts der Malteserorden zu verorten ist. Er besitzt nämlich nicht nur ordensrechtliche Strukturen, sondern gleichsam vereinsrechtliche. Es wird zu fragen sein, inwieweit die Malteser die vorhandenen Autonomiemöglichkeiten wahrnehmen, aber auch, wo sie an ihre Grenzen stoßen. Dies betrifft sowohl

---

[12] Florian SCHWETZ, Der Souveräne Malteser-Ritter-Orden. Eine kirchen- und staatsrechtliche Betrachtung nach der Reform 2022, Wien ²2023. 2019 erschien die erste Auflage.

[13] Frederico MARTI, Short Notes on the International Status of Sovereign Order of Malta under International Law. Functional Limits and Dependence upon the Holy See in the light of the New Constitution of 3 September 2022, in: Stato, Chiese e pluralismo confessionale 1 (2023), S. 73-87.

[14] Alberto TOMER, Il nuovo assetto del Sovrano Militare Ordine di Malta. La riforma del 2022 nella fedeltà a una storia millenaria, Bologna 2023.

die Aufnahme von Mitgliedern, die Ordenshäuser oder die vermögensrechtlichen Stellungen der verschiedenen Einrichtungen und Organisationen.

Es wird die Frage zu beantworten sein, inwieweit der Orden noch eine Sonderstellung im kanonischen Ordensrecht einnimmt oder aber diesem grundlegend angeglichen ist.

Der Orden unterhält mit mehr als der Hälfte der Staaten diplomatische oder offizielle Beziehungen.[15] Bereits in seinem Namen deklariert er sich als souverän.[16] Hier wird zu fragen sein, auf welcher Grundlage das Selbstverständnis steht und ob es sich um eine proklamatorische Formel handelt oder eine im Völkerrecht gefestigte Meinung. An dieser Stelle muss ein kurzer völkerrechtlicher Abriss gegeben werden. Die Anerkennung entlang der Geschichte soll hier ebenso beleuchtet werden wie auch das besondere Souveränitätsverhältnis zum Hl. Stuhl. Geht dies so weit, dass der Orden von diesem abhängig ist und in seine Autonomie eingreifen lässt? Dabei soll auch erstmals ein wissenschaftlich einordnender Blick auf die Verleihung des Beobachterstatus bei den Vereinten Nationen geworfen werden. Hierzu sind Lehrmeinungen des Völkerrechts und Originaltexte sowie Protokolle heranzuziehen.

Dabei muss allerdings eine einschlägige Beachtung der signifikanten karitativen Werke des Ordens außen vor bleiben. Zwar sind diese der Kern des Apostolats der Gemeinschaft, doch stehen sie einerseits im allgemeinen öffentlichen Blick, werden andererseits regelmäßig in den o. g. Überblicksdarstellungen gewürdigt. Nur hinsichtlich rechtlich relevanter Aspekte werden sie genannt. Auch führt die Behandlung eines gerade abgeschlossenen Ereignisses zu beschränkt nutzbaren Informationen, da noch keine archivalischen Quellen herangezogen werden können. Hier ist auf veröffentlichte Dokumente zurückzugreifen. Der Autor hatte jedoch die

---

[15] Vgl. https://www.orderofmalta.int/de/diplomatische-aktivitaeten/bilaterale-beziehungen/ [Abruf: 1.6.2024]

[16] Nach Art. 1 § 1 Verfassung lautet sein Name Souveräne Ritter- und Hospitalorden vom Hl. Johannes zu Jerusalem, genannt von Rhodos, genannt von Malta.

Möglichkeit, mit Mitgliedern des Ordens, die teilweise eng in die Vorgänge der Jahre 2016 bis 2022 eingebunden waren, vertraulich zu sprechen.

I. Rechtshistorische Grundlagen

I.1 Heiliges Land

Mit der Bulle „Pie postulatio voluntatis" wurde im Jahr 1113 die Bruderschaft, die in Jerusalem ein Xenodochium unterhielt, von Papst Paschalis II. kirchlich anerkannt.[17] Diese Einrichtungen waren dabei weniger Krankenhäuser im modernen Sinne, sondern vielmehr Unterkünfte für Reisende und Pilger, die sich auch der notwendigen Pflege von Erkrankten widmeten.[18] Hier gründeten Kaufleute aus Amalfi ein bruderschaftlich betriebenes Hospital, verbunden mit einer Kirche und einem Kloster – wohl vor allem zur Eigenversorgung – und stellten es unter das Patrozinium des hl. Johannes. Allerdings war bereits nach dem ersten Kreuzzug bzw. der Eroberung Jerusalems durch die Kreuzfahrer der Einfluss der süditalienischen Kaufleute stark zurückgegangen. Nun waren Normannen meinungsbildend und unterstützten das Hospital mit zunehmenden Schenkungen.[19]

Der dahinterstehende Bruderschaftsgedanke war nicht neu und verband sich mit dem in Frankreich entstandenen Ideal der frommen Armutsbewegung. Laienbruderschaften nahmen sich in den europäischen Ländern der Armen und Kranken an. Diese Frömmigkeit sollte vom Kloster Cluny ausgehend auch innerhalb des Adels gefördert werden; daneben trat das Prinzip der Schwur-Bruderschaften.[20] Das Haus in Jerusalem wurde so ein Teil der europaweiten Bewegung von Laienbrüdern, geprägt durch die Augustinusregel.[21] Die neuen Herren in den sich bildenden Kreuzfahrerstaaten, häufig französische Adlige, beschenkten die Bruderschaft

---

[17] Eine umfangreiche Edition aller Urkunden aus dem Hl. Land in: Joseph Delaville Le Roulx, Cartulaire général de l'Ordre des Hospitaliers, Paris 1894-1904 (4 Bd=Cartulaire I-IV). Hier Cartulaire I, Nr. 30.

[18] Kristian Bosselmann-Cyran, Xenodochium, in: Enzyklopädie Medizingeschichte, Berlin/New York 2005, S. 1509.

[19] Vgl. Waldstein-Wartenberg, Rechtsgeschichte, S. 13-19.

[20] Ebd., S. 16.

[21] Vgl. Timothy Miller, The Knights of Saint John and the Hospitals of the Latin West, in: Speculum 53, S. 709-733, v. a. S. 713-717.

reichlich.[22] Schon im Herbst 1110 hatte König Balduin selbst eigene Besitztümer übertragen und trat als Zeuge anderer Schenkungen im Königreich Jerusalem auf.[23]

Bereits vor der Ankunft der Kreuzfahrer war das Hospital vom Kloster (Abtei) St. Maria Latina getrennt worden.[24] Bruder Gerhard, der Leiter, konnte daher also durchaus in der o. g. Bulle als „institutor ac prepositus" des Hauses bezeichnet werden. Auf jeden Fall ist festzuhalten, dass die päpstliche Bulle den Status quo legitimiert, aber keinesfalls das Hospital errichtet.[25] Diese Urkunde, wohl auf Bitten Gerhards ausgestellt, stellt das Xenodochium unter den Schutz des Papstes, bestätigt seine aktuellen und zukünftigen Besitztümer weltweit, erlässt ihnen den Zehnten und erlaubt der Gemeinschaft, frei ihr Oberhaupt zu wählen. Bemerkenswert ist, dass nicht nur das eine Haus unter der Leitung des Ordens beschrieben wird, sondern auch Besitztümer außerhalb Jerusalems, in Italien und in der Provence. Diese Besitzungen samt Kirchen waren im Regelfall in das in Frankreich, Italien, aber auch Deutschland zu beobachtende Eigenkirchenrecht integriert.[26] Sie bildeten die Grundlage für die späteren Gliederungen in Priorate und Kommenden etc.

Eine Ordensregel jedoch, wie z. B. schon in der Gründungsbulle des Templerordens niedergelegt, wurde erst unter Raymond de Puy verfasst. Auch wird erst in dieser Regel ein Krankenpflegebetrieb erwähnt und Einkünfte, die diesem Bereich zufließen sollen. In der Zeit Gerhards konnte ein solcher Betrieb weder in päpstlichen noch weltlichen Verfügungen nachwiesen werden.[27]

---

[22] Vgl. Cartulaire I-IV.

[23] Cartulaire I, Nr. 20.

[24] Rudolf HIESTAND, Papsturkunden für Kirchen im Heiligen Lande, Göttingen 1985, S. 112-116.

[25] Vgl. Giuseppe PERTA, A Crusader without a Sword. The Sources relating to the Blessed Gerard, in: Flocel SABATÉ, Life and Religion in the Middle Ages, Cambridge 2015, S. 125-139.

[26] So u. a. WALDSTEIN-WARTENBERG, Rechtsgeschichte, S. 21, der auf Studien von Hans Feine verweist.

[27] Vgl. MILLER, Knights, S. 718.

Auch wenn die Organisation nur aus verschiedenen Quellen rekonstruierbar ist, so hat doch Waldstein-Wartenberg festgestellt, dass es bereits reguläre Mitglieder, Dienende Brüder (und Schwestern) und Priester gab. Das Haus wurde von einem Meister geleitet. Auch werden Baillis und Priore genannt. Neben Gebäuden und Land gab es vereinzelt Schenkungen von Waffen, Pferden und Burgen.[28] Zu diesem Zeitpunkt kann jedoch wohl noch nicht von einer Militarisierung gesprochen werden. Diese dürfte sukzessive verlaufen sein, einerseits indem sich Ritter der Bruderschaft anschlossen, strukturell aber sicherlich befeuert vom Modell der um 1120 gegründeten Templer, die Ordensleben und Rittertum verbanden. Es wird berichtet, dass der Vorschlag Raymund von Puys, sich am Kampf zu beteiligen, freudig vom Generalkapitel aufgenommen und die Mehrzahl der Ritter, die ihre Waffen abgelegt hatten, um Kranke zu pflegen, „wieder zu Schild und Lanze griffen".[29]

In der ersten überlieferten Regel unter Raymund von Puy[30] wurde die Dreiteilung der Mitglieder in Ritter, Dienende Brüder und Priester final festgelegt. Gleichsam war mit dieser Regel aus der Bruderschaft ein Orden geworden, dessen Angehörige die Gelübde der Armut, Keuschheit und des Gehorsams auf sich nahmen.[31] Die Regel Alfons von Portugal (ca. 1205/1206) fordert u. a., dass jeder den Dienst tun soll, den er bereits vor dem Eintritt geleistet habe,[32] was u. a. den Kreuzfahrern zugutekam. Dabei musste die Ritterschaft im Regelfall bereits vor der Aufnahme erlangt worden sein.[33] Alle Brüder mussten Dienst im Spital tun, mit Ausnahme der kämpfenden Ritter.[34] Der Bruderschaftsgedanke lebte darin fort, dass Confratres (bzw. auch Frauen) als affiliierte Mitglieder aufgenommen werden konnten, die jedoch nicht zur vita communis verpflichtet waren, sondern vor

---

[28] WALDSTEIN-WARTENBERG, Rechtsgeschichte, S. 20-26.

[29] STAEHLE, Geschichte I, S. 62.

[30] Die Regel wurde um 1153 von Papst Eugen III. bestätigt, wurde aber wohl bereits früher beschlossen, und basiert zeittypisch auf der Augustinusregel.

[31] Cartulaire I, Nr. 70..

[32] Cartulaire II, Nr. 1193.

[33] Vgl. Beschluss des Generalkapitels 1262, Cartulaire III, Nr. 3039.

[34] Cartulaire I. Nr. 627.

allem durch eine einmalige (hohe) Schenkung oder jährliche Spenden ihren Beitrag leisteten.[35] Später wurden diese aufgrund der Schenkung als Donaten bezeichnet.[36] Auch hatten sich bereits in der Zeit im hl. Land – 1187 musste der Sitz des Königreichs nach Akkon verlegt werden – die internen Strukturen des Ordens verfestigt. So war die Wahl des Meisters durch ein komplexes Wahlverfahren kodifiziert,[37] die Zusammensetzung und Häufigkeit des Generalkapitels umschrieben,[38] ein regelmäßig tagender Ordensrat initiiert,[39] die höchsten Ordensämter etabliert[40] und ein Inkardinationsrecht für Priester erwirkt, sowie die Exemtion aller Niederlassungen von der bischöflichen Jurisdiktion erreicht.[41] Daneben begann sich eine allgemeine strukturierte Organisation der europäischen Gliederungen durchzusetzen.

Der Verlust Akkons 1291 stellte eine erste tiefe Zäsur dar. Der letzte König von Jerusalem hatte von seinem Vater u. a. das Königreich Zypern geerbt und verlegte seinen Sitz dorthin. Die Johanniter folgten ihm und konnten in verschiedenen belehnten Liegenschaften auf Zypern zumindest eine vorläufige Residenz errichten.[42] Da jedoch die Ordensregierung diese vom zypriotischen König „abhängige Stellung so unerträglich" fand,[43] wurde die Suche nach einem eigenen Territorium forciert.

---

[35] Contrater wird zuerst bei der Aufnahme von Fürst Bohemund III. 1193 genutzt, Cartulaire I, Nr. 948.

[36] WALDSTEIN-WARTENBERG, Rechtsgeschichte, S. 50, setzt die Grenze für die Bezeichnung bei 1234 an.

[37] Cartulaire II, Nr. 1193. Erst Jean de Lastic (im Amt 1437-1454) nutze wohl als erster selbst den Titel Großmeister.

[38] Ebd., zur Entwicklung WALDSTEIN-WARTENBERG, Rechtsgeschichte, S. 57-60.

[39] U. a. Cartulaire III, Nr. 3678 Art. 1 und 2.

[40] Vgl. WALDSTEIN-WARTENBERG, Rechtsgeschichte, S. 69-76.

[41] Cartulaire I, Nr. 226.

[42] Vgl. Peter Edbury, The Kingdom of Cyprus and the Crusades. 1191-1374, Cambridge 1991, S. 77f.

[43] WALDSTEIN-WARTENBERG, Rechtsgeschichte, S. 86.

I.2 Rhodos

Die Eroberung der Insel Rhodos 1310 und einiger Nachbarinseln und der Aufbau eines Ordensstaates brachte den Johannitern zum ersten Mal eine souveräne Herrschaft als Landesherr ein. Und doch sind schon zu Beginn umfangreiche päpstliche Eingriffe zu beobachten. War er noch 1317 als Schiedsrichter angerufen worden, wurde ihm zwei Jahre später temporär die Verwaltung des Ordens übertragen, und 1346 bestätigte er zum ersten Mal explizit die Wahl eines Meisters.[44] Der örtliche Bischof wiederum dürfte nur geringen Einfluss auf den Orden ausgeübt haben, da er finanziell auf die Unterstützung der Gemeinschaft angewiesen war.[45]

Der Orden verstärkte seine militärischen Aktivitäten und spielte eine Rolle in verschiedenen maritimen Unternehmungen auch anderer europäischer Mächte. So nahm er u. a. an den Kreuzzügen von Smyrna und Alexandria teil.[46] Zweimal (1444 und 1480) wurde die Insel erfolglos von Mamelucken und Osmanen belagert. Erst 1522 gelang es Süleyman I. („der Prächtige") nach einer halbjährigen Belagerung, den Orden zur Kapitulation zu zwingen.

Doch neben seinen militärischen und landesherrlichen Aktivitäten wurden die internen Strukturen weiter verfestigt, die später noch die Herrschaft auf der Insel Malta bestimmen sollten. Bereits im Oktober 1302 hatte das Generalkapitel die Aufteilung des Ordens in sog. Zungen beschlossen, die sich grob an den Sprachgrenzen orientierte: Provence, Frankreich, Spanien (im Sinne von Aragon), Italien, Auvergne, Deutschland, England.[47] 1462 teilte sich die spanische Zunge in Aragon und Kastilien. Diese Zungen waren wiederum in Priorate aufgeteilt, diese in Balleien und diese schließlich in Kommenden.

Während bereits das Generalkapitel 1302 eine feste Zahl von Rittern pro Zunge festgelegt hatte, die sich im Konvent aufhalten mussten, kamen in der

---

[44] Ebd., S. 131f.

[45] Vgl. Mathis MAGER, Krisenerfahrung und Bewältigungsstrategien des Johanniterordens nach der Eroberung von Rhodos 1522, Münster 2014, S. 80-82.

[46] Kenneth MEYER SETTON, The Papacy and the Levant I. 1204-1571. The thirteenth and fourteenth century, Philadelphia 1976, S. 163-223.

[47] Cartulaire IV, Nr. 4574, Art. 14.

Folge den jeweiligen Vorstehern die Aufgabe zu, die wichtigsten Ämter (u. a. Großkomtur als Leiter der Finanzverwaltung oder das des Admirals der Ordensflotte) zu besetzen. Damit bildeten sie auch den Ordensrat, der zwischen den Generalkapiteln, die seit 1420 alle fünf Jahre abgehalten wurden,[48] den Meister bzw. Großmeister beriet und dessen Zustimmung bei gewissen Entscheidungen vonnöten war. Auch wurden in dieser Zeit Mindestzeiten der Mitgliedschaft festgelegt, bevor eine Kommende oder gar ein Priorat übertragen werden konnte (5 bzw. 15 Jahre).[49]

I.3 Malta

Nach dem Verlust von Rhodos blieb der Orden ohne zentralen Sitz. Damit die Mitglieder des Ordens wieder einen „festen Wohnsitz erhalten und sich dort wieder den Aufgaben widmen können, die ihrer Gemeinschaft zum Wohle der Christenheit obliegen" belehnte Kaiser Karl V. die Ritter 1530 mit den Inseln Malta und Gozo und der Stadt Tripolis und den auf dem Gebiet befindlichen Orten und Schlössern. Auch überließ er ihnen die Jurisdiktion und hohe Gerichtsbarkeit über alle Einwohner und entband diese vom Untertaneneid gegenüber dem Königreich.

Als symbolische Zahlung und Bestätigung des Lehnsverhältnisses musste jedes Jahr dem Vizekönig von Sizilien ein Falke übergeben werden. Explizit wurde der Orden von Diensten befreit, die im Regelfall von Lehnsnehmern zu leisten gewesen wären,[50] doch verpflichtet, Schaden abzuwenden und Angreifer abzuwehren. Aus dem Königreich Sizilien flüchtige Straftäter durften nicht aufgenommen werden, Hochverräter und Ketzer mussten dem Vizekönig übergeben werden. Daneben wurden kleinere Vorgaben zum Admiral, für den Fall eines erneuten Umzugs nach Rhodos, dem

---

[48] Nach WALDSTEIN-WARTENBERG, S. 283, Fn. 25, trat es seit 1420 alle fünf, ab 1445 alle sieben Jahre zusammen.

[49] Mario BARBARO DI SAN GIORGIO, Storia della costituzione del Sovrano miliatare Ordine di Malta, Rom 1927, S. 221.

[50] Ohne eine Definition in der Urkunde selbst, ist hier wohl vor allem an Kriegsdienst, Güterverwaltung im Auftrag des Lehnsherrn oder die Ablieferung eines Teil des Einkünfte (z.B. Zehnt) zu denken.

Kriegsinventar Tripolis' und zu bestehenden Privilegien der Untertanen gemacht.[51]
Es sollte vermutlich eine Verteidigungsbastion gegen die Osmanen im Mittelmeer aufgebaut werden. Und bereits 1565 belagerte Süleyman erneut eine Insel des Ordens, dieses Mal jedoch erfolglos und zum letzten Mal. Unter Großmeister Jean Parisot de la Valette gelang die Abwehr, kurz bevor ein spanisches Ersatzheer eintraf.[52]

Die beim Verlust von Rhodos nur noch kleine Flotte wurde auf Malta sukzessive ausgebaut. Der Orden beteiligte sich in den Folgejahren an verschiedenen Expeditionen und Gefechten. Dabei war die Seeschlacht von Lepanto (1571) eine der letzten großen Schlachten, die das Christentum gegen die Osmanen schlug. Dennoch hielt der Orden weiterhin an der seit 1239 bestehenden Karawanen-Pflicht fest.[53] Allerdings waren diese nach Lepanto zu einem Relikt ohne tatsächlichen Wert geworden, wenngleich noch 1603 eine Marineverfassung erlassen wurde, obwohl die „Notwendigkeit [entfallen war], Malta stets verteidigungsbereit zu halten".[54] Einige Jahre später beteiligte sich der Orden gar an der Kolonisierung karibischer Inseln.[55]
Generell hatte die fehlende Aufgabe der Ritter eine „Erschlaffung des Ordensgeistes zur Folge".[56] Die wiedereingeführte Pflicht zum Dienst im maltesischen Hospital, neben Ärzten und Chirurgen, die von jeder Zunge schließlich einen Tag in der Woche ausgeübt wurde, dürfte gleichsam nur

---

[51] Die englische Übersetzung der lateinischen Urkunde findet sich in: Whitworth PORTER, A History of the Knights of Malta Or The Order of the Hospital of St John of Jerusalem, Cambridge 2013, S. 469-478. STAEHLE, Geschichte II, S. 234-237, liefert eine deutsche Teilübersetzung.

[52] Ernle BRADFORD, Der Schild Europas. Der Kampf der Malteserritter gegen die Türken 1565, Frankfurt 1995.

[53] Darunter waren maritime Erkundungs- und Verteidigungsfahrten zu verstehen, vgl. Wolf-Dieter BARZ, Die letzte Karawane des Johanniterordens von 1784. Betrachtet im Zusammenhang mit seinem Niedergang auf Malta, in: Militärgeschichtliche Zeitschrift 44, Heft 2 (2014), S. 41-49

[54] Ebd., S. 41.

[55] Vgl. u. a. David ALLEN, The Social and Religious World of a Knight of Malta in the Caribbean. 1632-1660, in: Stanley FIORINI/Victor MALLIA-MILANES (Hg.), Malta. A Case Study in International Cross-Currents, Malta 1991, S. 147-157.

[56] WALDSTEIN-WARTENBERG, Rechtsgeschichte, S. 141.

begrenzte Erfüllung gebracht haben.[57] Die Gemeinschaft hatte sich, wie auch der Deutsche Orden, seiner „alten Bestimmung, dem Kampf gegen die Ungläubigen, weitgehend entfremdet" und sich zu einem „Versorgungsinstitut des Adels" entwickelt.[58] Er bot – zumindest als noch genügend Kommenden vorhanden waren – „alternative standesgemäße Karriere- und Versorgungsmöglichkeiten" zur Armee, Staatsdienst und Kirche.[59] Innerhalb des Ordens konnte die Grundform der Organisation beibehalten werden, allerdings angepasst an die Situation auf Malta. Die Generalkapitel verschärften die Adelserfordernisse und führten sogar 1603 Adelsnachweise für die Dienen Brüder ein.[60] Die letzte Aktualisierung und Kodifizierung des Ordensrechts erfolgte 1782 durch Großmeister Emmanuel de Rohan-Polduc.[61]

Politische und religiöse Entwicklungen führten zu tiefgreifenden Veränderungen. Die englische Zunge hatte bereits unter der Herrschaft Heinrich VIII. aufgehört zu bestehen, das Amt eines Großpriors von Dänemark wurde ebenfalls nur noch ehrenhalber verliehen und in Folge der Reformation verlor der Orden zahlreiche Güter im deutschsprachigen Raum.[62] Zwar blieb die bislang schon weitestgehend eigenständige Ballei Brandenburg trotz des Übertritts zum Protestantismus Teil des Ordens,

---

[57] Cartulaire IV, 23.

[58] William GODSEY, Adelsversorgung in der Neuzeit. Die Wiederbelebung des Deutschen Ritterordens in der österreichischen Restauration, in: Vierteljahrschrift für Sozial- und Wirtschaftsgeschichte 90, Heft 1 (2003), S. 25-43, hier S. 26.

[59] Carl Alexander KRETHLOW, Der Malteserorden. Chancen und Herausforderungen transnationaler Strukturen im 19. Jahrhundert, in: Rottenburger Jahrbuch für Kirchengeschichte 34 (2015), S. 99-110, hier S. 100 (KRETHLOW, Malteserorden II).

[60] Generalkapitel 1603, Cartulaire II, Nr. 36.

[61] Die Regel ist als Code Rohan bekannt. Zu den Inhalten (kommentiert): Antonio MICALLEF (Hg.), Lectures on the Statues of the Sacred Order of St. John of Jerusalem at the University (of Studies) of Malta 1792, Karlsruhe 2012, S. 37-167. Noch im Eigenrecht aus den 1990er-Jahren wurde der Code Rohan als subsidiäres Eigenrecht genannt.

[62] WALDSTEIN-WARTENBERG, Rechtsgeschichte, S. 184f. Vgl. auch die Übersicht von STAEHLE, Geschichte III, S. 32-38.

allerdings brachen auch hier Güter nach dem Westfälischen Frieden weg.[63] Der Wegfall von Kommenden bedeutete Einnahmeverluste, aber auch fehlende Versorgungsmöglichkeiten der Mitglieder.

Zeitgleich blieb das Verhältnis zwischen Klerus und Orden auf Malta angespannt. Die Kirche war wichtigster Grundeigentümer der Insel und auch das Präsentationsrecht des Vizekönigs von Sizilien für das maltesische Bischofsamt aus einer Dreierliste (Terna) des Ordens blieb unangetastet. Der Bischof musste als Großkreuzritter in den Ordensrat aufgenommen werden, wobei auffällt, dass eine große Zahl der Bischöfe bereits zuvor Mitglied des Ordens war.[64]

Regelmäßig kam es zu Auseinandersetzungen zwischen der Kirche und den Rittern. Damit stieg auch die Bedeutung des Inquisitors an, der nicht nur als zuletzt dauerhafter päpstlicher Visitator fungierte, sondern zunehmend eine Schiedsfunktion ausübte.[65]

Die autochthone Bevölkerung und der Orden bildeten Parallelgesellschaften, was sich u. a. in verschiedenen Privilegien der Ritter manifestierte. Aufgrund der Zungen-Struktur blieb die Mitgliedschaft des maltesischen Adels eine Ausnahme.[66] Im 18. Jahrhundert erstarkte daneben ein maltesischer Nationalismus, entweder im Schulterschluss mit der Kirche oder beeinflusst von den Gedanken der Französischen Revolution, der sich u. a. in der Pflege der maltesischen Sprache zeigte.[67] Der Nationalismus ging sogar so weit, dass ein mehrheitlicher Teil der Bevölkerung beim britischen König Georg III.

---

[63] Vgl. Ernst OPGENOORTH, Die Ballei Brandenburg des Johanniterordens im Zeitalter der Reformation und Gegenreformation (Jahrbuch der Albertus-Universität zu Königsberg, Preußen. Beiheft 24), Würzburg 1963.

[64] Bischofsliste bei Pius GAMS, Series episcoporum ecclesiae catholicae I, Regensburg 1873, S. 947f.

[65] Eine Übersicht über ausgewählte Konflikte bietet u. a. Dennis CASTILLO, The Knights Can.not Be Admitted. Maltese Nationalism, the Knights of St John, and the French Occupation of 1798-1800, in: The Catholic Herald Review 79 (1993), S. 434-453.

[66] Vgl. Salv LASPINA, Outlines of Maltese History, Malta 1971, S. 81f. Eine Maltesische Zunge wurde erst mit Art. X Nr. 3 des Vertrags vom Amiens geschaffen, obwohl weder Orden noch Papst Vertragsparteien waren, vgl. Official Papers, Relative to the Preliminaries of London and the Treaty of Amiens II, London 1803 (o.V.), S. 56-63.

[67] Thomas FRELLER, Großmeister - Fürst - Exilant. Ferdinand vom Hompesch - eine politische Biographie, St. Ottilien 2019, v.a. S. 218-224.

gegen die Vorvereinbarung des Vertrags von Amiens protestierte, dem Orden die Insel erneut zu übergeben. Zu nennen ist gleichsam die spätere „Erklärung der Rechte", die die freie Entscheidung der Bevölkerung unterstrich, selbst über ihren Souverän zu entscheiden.[68] In Einzelfällen forderten jedoch auch Malteser eine Rückkehr des Ordens und Großmeister Hompeschs.[69]

Daneben geriet der Orden im „napoleonischen Zeitalter" in den Strudel der europäischen Großmachtpolitik. Die Französische Revolution hatte den Staat säkularisiert und nicht nur die Ordensgüter eingezogen, sondern auch den alten Adel unterdrückt; Napoleon Bonaparte brachte das etablierte Machtgefüge aus dem Gleichgewicht. Papst Pius VI. wurde aus Rom verbannt, der Kirchenstaat besetzt. In den Koalitionskriegen waren neue politische Bündnisse der Großmächte (u. a. Österreich, Russland, England) notwendig.

Im Rahmen seines Ägyptenfeldzugs nahm Napoleon aufgrund der Kapitulation des Ordens im Juni 1798 Malta ein. Eine Abwehr des bevorstehenden Angriffs wurde auch dadurch erschwert, dass nicht wenige Mitglieder Franzosen waren. Damit wäre die Verteidigung der maltesischen Inseln „hauptsächlichen diesen Rittern […], deren Heimatländer zu dieser Zeit mit Frankreich verbunden" waren zugekommen.[70] Die aus Courtoisie als Konvention bezeichnete Kapitulation übergab die Hoheits- und Eigentumsrechte an Frankreich. Allerdings versprach die Republik, sich für ein neues Territorium und die Unantastbarkeit der Kommenden einzusetzen, sowie dem Großmeister Hompesch und den Rittern in der Zwischenzeit jährliche Renten und Entschädigungen zu zahlen.[71]

---

[68] CASTILLO, Knights, S. 451-253.

[69] FRELLER, Großmeister, S. 408ff.

[70] Joseph EBE/Michael GALEA, Ferdinand Freiherr vom Hompesch. 1744-1805. Letzter Großmeister des Johanniterordens/Malteserordens auf Malta, Paderborn 1985, S. 45. U. a. pocht der Sekretär des Schatzamtes auf seine Neutralität gegenüber seinem Heimatland (S. 47).

[71] Die Konvention ist abgedruckt ebd., S. 52f.

I.4 Wandlung des Ordens und Sitz in Rom

Die Ereignisse in den kommenden Monaten überschlugen sich. Hompesch siedelte nach Triest, später Laibach über. In Russland wurde im November 1798 Zar Paul I. von einem Teil der Ritter zum neuen Großmeister gewählt, ohne Zustimmung des Papstes. Nachdem die meisten Zungen die Wahl akzeptiert hatten und auch der Kaiser aufgrund der Allianz mit St. Petersburg die Abdankung gefordert hatte, verzichtete Hompesch schließlich im Juli 1799 auf sein Amt.[72] Im März 1801 wurde der Zar ermordet, doch sein Sohn lehnte die Großmeisterwürde ab. Auch sah der Frieden von Amiens im folgenden Jahr wieder die erneute Übernahme Maltas und die Souveränität des Ordens vor, allerdings mit strukturellen Vorbedingungen. So sollten die englische und französische Zunge abgeschafft und eine maltesische geschaffen werden, öffentliche Ämter mit Nicht-Mitgliedern besetzt werden können, die Häfen geöffnet und ein neuer Großmeister gewählt werden.[73] Der Vertrag wurde niemals in die Praxis umgesetzt.

Obwohl jahrzehntelang der Anspruch auf Malta nicht aufgegeben wurde, begann eine noch stärkere Hinwendung zum Pontifex. Der Papst ernannte aus Vorschlägen der Priorate Anfang 1803 einen neuen Großmeister.[74] Der Ordenssitz wurde nach Stationen in Catania und Ferrara 1834 nach Rom verlegt. Nachdem mehrfach die Wahlordnungen durch den Orden selbst, aber auch den Papst geändert wurden,[75] durfte zeitweise auf päpstliche Anordnung nur ein Statthalter gewählt werden, erst ab 1879 wieder ein Großmeister.[76] Zwischenzeitlich waren auch einige territoriale Gliederungen durch den Papst oder die Landesherrn wiederhergestellt worden, so bereits 1816 das

---

[72] Vgl. ebd. S. 59-69. Zu einem koalitionsbedingten Druck Österreichs, Heinz HIMMELS, Der Souveräne Malteser-Ritterorden als Völkerrechtssubjekt, in: Jürgen GOYDKE (u. a.): Vertrauen in den Rechtsstaat. Beiträger zur deutschen Einheit im Recht. FS für Walter Remmer, Köln u. a. 1995, S. 213-230, hier S. 224, auch Thomas POHL, Der Verlust von Malta 1789 und die daraus resultierenden Folgen für den Orden in Böhmen und Österreich, in: STEEB/STRIMITZER: Malteser-Ritter-Orden, S. 135-161, hier S. 141.

[73] Frieden von Amiens, wie Fn. 66.

[74] Vgl. auch HOFMEISTER: Reorganisation, S. 466.

[75] vgl. WALDSTEIN-WARTENBERG: Rechtsgeschichte, S. 219f.

[76] Leonis XIII Pontificis Maximis Acta, Bd. 1, Vatikan 1881, S. 211-218.

Großpriorat Rom, später die Großpriorate Neapel sowie das der Lombardei und Venedigs.[77]

Aufgrund der fehlenden militärischen Verwendung sollten die Ritter mit Gelübde seit 1834 in der Päpstlichen Nobelgarde dienen und während des Noviziats Krankendienst in den römischen Krankenhäusern leisten.[78] Doch blieb der Spitaldienst eine Randerscheinung, was sich erst ab Mitte der 1850er-Jahre langsam ändern sollte, vorwiegend aufgrund der Initiative von Ehrenmitgliedern.[79] Diese Mitglieder ohne Gelübde bildeten längst die Mehrheit, was den Orden zu einer „gesellschaftlichen Angelegenheit" werden ließ.[80]

1859 wurde mit der Gründung der primär aus diesen bestehenden „Rheinisch-Westfälische Malteser Genossenschaft" und 1867 des „Verein der Schlesischen Malteser Ritter" einerseits der Weg zu nationalen Assoziationen und damit einer Organisationsform jenseits von Rittern mit Profess innerhalb des Ordens geebnet, andererseits aber auch der Schwerpunkt wieder auf die Caritas verschoben. Wenngleich dies aufgrund des Selbstverständnisses erst spät erfolgte und zwischenzeitlich die „Marktlücke des militärischen Sanitätsdienstes" das Rote Kreuz ab 1863 füllte,[81] wurde dieses Engagement in den Folgejahren verstärkt. Dies umfasste u. a. die Vermittlung von Ordensschwestern in die Kriegskrankenpflege im Deutsch-Dänischen Krieg, Aktivitäten als Teil der Freiwilligen Krankenpflege im Preußisch-Österreichischen Krieg, die Errichtung von Krankenhäusern oder die

---

[77] Waldstein-Wartenberg, Rechtsgeschichte, S. 222, nennt Papst Pius VII. für das Rom, Ferdinand II. von Sizilien für Neapel und Ferdinand I. von Österreich für Lombardo/Venetien. Das deutsche Großpriorat wurde nicht wiederhergestellt, u. a., weil Preußen kein staatsähnliches Gebilde auf dem eigenen Gebiet dulden wollte, vgl. HIMMELS, Malteser-Ritterorden, S. 225. Sicherlich wäre auch die enge Bindung zwischen Ballei und Preußen desavouiert worden.

[78] Breve „Expositum Nobis" v. 14. Januar 1835 nach u. a. HOFMEISTER: Reorganisation, S. 469.

[79] Vgl. KRETHLOW, Malteserorden I, S. 248-259.

[80] KRETHLOW, Malteserorden II, S. 108. Er führt aus, dass u. a. die Senkung der Aufnahmegebühr 1815 zu einer Steigerung der weltlichen Mitglieder beitrug, wobei schon die Zeremonien rund um die Wahl von Hompesch eher die eines Fürsten als Ordensmannes waren, vgl. EBE/GALEA, Hompesch, S. 24-41

[81] KRETHLOW, Malteserorden II, S. 106.

gesetzliche Heranziehung der Ritterorden zur Krankenpflege im Kriegsdienst in Preußen.[82]

I.5 Päpstlicher Eingriff und Verfassungsreform

Wie oben gezeigt, war und ist ein päpstlicher Eingriff in den Orden keine historische Singularität. Solche Interventionen wurden sogar häufig von der Gemeinschaft selbst gesucht, um Krisensituationen zu überwinden, und erfolgten autoritär nur in Ausnahmefällen. Zuletzt wurde die Diskussion in den 1950er-Jahren geführt, u. a. mit Einsetzung eines Kardinaltribunals zur Klärung der Natur des Ordens.[83] Am Ende des Prozesses stand sowohl eine neue Verfassung mit enger Bindung an den Hl. Stuhl[84] als auch ein zehnjähriges Interregnum eines Statthalters.[85]

Und doch haben die Ereignisse ab dem Winter 2016 zu einer ungeahnten öffentlichen Rezeption geführt. Obwohl den wenigsten Rezipienten der Orden bekannt gewesen sein dürfte, bestimmte der sog. „Machtkampf" sowohl katholische als auch profane Medien bis hin zur Diffamierung des Papstes.[86]

Anfang Dezember 2016 wurde der Großkanzler, Albrecht Freiherr von Boeselager, von Großmeister Matthew Festing in Anwesenheit des Kardinalpatrons Raymond Burke aufgefordert, zurückzutreten. Nach seiner

---

[82] DEUTSCHE ASSOZIATION DES SOUVERÄNEN MALTESER-RITTERORDENS, Der Malteserorden in Deutschland, Haar/München 2001, S. 52-69.

[83] Ludwig HOFFMANN-RUMERSTEIN, Der Souveräne Malteser-Ritter-Orden von 1945 bis heute, in: STEEB/STRIMITZER, Malteser-Ritterorden, S. 250-271, gibt auf S. 257-266 die Vorgänge in den 1950er-Jahren wieder, die u. a. in der Androhung der Exkommunikation über den Orden gipfelten.

[84] Die Verfassung wurde probeweise vom Papst 1956 promulgiert, 1961 in leicht geänderter Form final, vgl. HOFMEISTER: Reorganisation, S. 477.

[85] Art. 4 Abs. 3 der Verfassung/1957 bzw. 1961. Diese und alle weiteren Vorgänge lassen sich detailliert in den Akten des Auswärtigen Amts bzw. der deutschen Botschaft beim Hl. Stuhl rekonstruieren, PAAA B26, 149.

[86] Marcantonio Colonna, eigentlicher Name Henry SIRE, ging sogar so weit und veröffentlichte das Buch "Der Diktatorpapst: Aus dem Innersten seines Pontifikats, Bad Schmiedeberg 2018.

Ablehnung wurde er schließlich suspendiert und appellierte an den Vatikan, der eine Untersuchungskommission einsetzte. Obwohl der Orden diese Invention zurückwies, legte die Kommission dem Pontifex nach wenigen Wochen einen abgeschlossenen Bericht vor. Der Großmeister selbst trat nun auf Bitten des Papstes zurück. Auch stellte der Hl. Stuhl fest, dass er alle Akte seit dem 6. Dezember als nichtig ansehe. Der Souveräne Rat beendete das Verfahren gegen Boeselager und setzte ihn erneut in sein Amt ein.[87]

Mit Erzbischof Giovanni Angelo Becciu ernannte der Papst einen Delegaten, der mit weitreichenden Vollmachten ausgestattet war, u. a. „alle Fragen zu entscheiden, die sich bei der Ausführung des Ihnen anvertrauten Mandats ergeben können". Dabei lag der Fokus auf einer geistigen Erneuerung des Ordens und der Einberufung eines Generalkapitels zur Änderung der Verfassung.[88] Anstatt der Bitte zu entsprechen, das strenge Adelsprinzip motu proprio aufzuheben, setzte der Papst einstweilen die Aufnahme in das Noviziat und die Ablegung neuer Professen aus.[89] Damit ging der Vatikan nicht so weit, wie im Konflikt der 1950er-Jahre,[90] entmachtete allerdings de facto den Kardinalpatron als seinen originären Vertreter beim Orden.

Ende April 2017 wurde Giacomo Dalla Torre del Tempio di Sanguinetto zum Statthalter des Großmeisters gewählt. Dabei verkündete auch der Orden, dass die wichtigste Aufgabe die Verfassungsreform sei, da sich vor allem hinsichtlich der Gewaltenteilung innerhalb des Ordens Probleme gezeigt

---

[87] Vgl. Pressemitteilung des Ordens vom 28.1.2017, https://www.orderofmalta.int/press-releases/il-gran-maestro-fra-matthew-festing-si-e-dimesso [Abruf: 26.5.2024]. Es ist davon auszugehen, dass die disziplinarischen Beschlüsse bereits nach Art. 123-126 Codex/1997 ungültig waren. Der Orden veröffentlichte eine detaillierte Darstellung der Ereignisse, https://www.orderofmalta.int/wp-content/uploads/2017/02/Factsheet-and-Timeline-events-December-2016-January-2017.pdf [Abruf: 26.5.2024].

[88] PRESSEAMT DES HL. STUHLS, Tägliches Bulletin v. 2.2.2017, https://press.vatican.va/content/salastampa/it/bollettino/pubblico/2017/02/04/0075/0018 5.html [Abruf: 26.5.2024].

[89] Vgl. SCHWETZ, Malteser-Ritter-Orden, S. 18, Fn. 66. Der Orden selbst bat den Papst um einen Eingriff, zumal das Adelsprivileg für den Großmeister aufgrund der geringen Zahl wählbarer Kandidaten, u. a. aus Ländern ohne historischen Adel, zu einer Belastung wurde.

[90] So wurde 1955 die Aufnahme aller Mitglieder und Akte der außerordentlichen Verwaltung der Gegenzeichnung durch den Hl. Stuhl auferlegt, vgl. HOFFMANN-RUMERSTEIN, Malteser-Ritter-Orden, S. 263f. In der Folge wurde zumindest die Wahl eines Interimistischen Statthalters genehmigt.

hätten. Auch die Stärkung des spirituellen Lebens sei ein Fokus.[91] Dieser Prozess wurde Anfang Mai vom Souveränen Rat selbst eingeleitet,[92] dem verschiedene größere Diskussionsformate folgten, u. a. das Generalkapitel 2019.

Nachdem der Großmeister im April 2020 verstorben war, wurde im November erneut ein Statthalter gewählt. Ende Oktober 2021 konkretisierte der Papst seinem Delegaten gegenüber die Befugnisse dahin gehend, dass dieser die Möglichkeit habe, Bereiche der ordentlichen Leitung des Ordens zu übernehmen, auch wenn diese von der Verfassung abweichen, und Konflikte „ex auctoritate Summi Pontificis" zu lösen. Er wurde zusätzlich ermächtigt, ein außerordentliches Generalkapitel einzuberufen und mitzuleiten, Regelungen für die Zusammensetzung und Durchführung festzulegen, die Verfassung und den Codex zu genehmigen, den Souveränen Rat aufgrund der neuen Bestimmungen zu besetzen und den Staatsrat zur Wahl eines Großmeisters einzuberufen. Franziskus schloss damit, er sei sicher, dass der gesamte Orden mit dem Delegaten „im Geiste des echten Gehorsams und Respekt zusammenarbeiten" werde. Gleichzeitig verlängerte er das Mandat des Statthalters bis zum Generalkapitel.[93]
Ein weiterer Eingriff erfolgte ein halbes Jahr später mit der Ernennung von John Dunlop zum neuen Statthalter.[94]

Die Klimax wurde im September 2022 erreicht, als der Papst nicht nur per Dekret eine neue Verfassung sowie einen neuen Codex promulgierte und in Kraft setzte, sondern den gesamten Souveränen Rat und die Hohen Ämter aus ihren Funktionen entließ und neu besetzte. Auch berief er selbst für

---

[91] Vgl. Pressemitteilung des Ordens vom 29.4.2017, https://www.orderofmalta.int/press-releases/fra-giacomo-dalla-torre-del-tempio-di-sanguinetto-elected-lieutenant-of-the-grand-master-of-the-sovereign-order-of-malta [Abruf: 26.5.2024]

[92] Vgl. SCHWETZ, Malteser-Ritter-Orden, S. 16. Es folgten verschiedene Diskussionsformate.

[93] PRESSEAMT DES HL. STUHLS, Tägliches Bulletin v. 26. Oktober 2021, https://press.vatican.va/content/salastampa/en/bollettino/pubblico/2021/10/26/211026d.h tml [Abruf: 26.5.2024].

[94] Schreiben u. a. in: PRESSEAMT DES HL. STUHLS, Tägliches Bulletin v. 15.6.2022, https://press.vatican.va/content/dam/salastampa/it/bollettino/documentazione-linkata/Decreto%20Nomina%20Luogotenente%20di%20Gran%20Maestro%2013.06.2022. pdf [Abruf: 25.4.2024]. Später brachte sich der Papst persönlich ein.

Januar 2023 ein Generalkapitel ein. Dabei verwies er darauf, dass dies mit den „gesetzlichen Vorschriften oder Bestimmungen sowie aller Privilegien oder Gewohnheiten […] im Widerspruch" stehe. Gleichsam rekurrierte er auf das frühere Urteil des Kardinaltribunals. Um das Ordenswerk aufrechtzuerhalten und „den Bestand und die Entwicklung des Hospitalordens, einschließlich seiner souveränen Vorrechte im internationalen Bereich, zu gewährleisten" sei es notwendig, die Krise zu überwinden. Nun bestünde die Erfordernis, „tiefgreifende geistliche, moralische und institutionelle Erneuerung des gesamten Ordens einzuleiten, insbesondere und nicht nur der Mitglieder des Ersten Standes, sondern auch derjenigen des Zweiten Standes".[95]

Der Orden selbst begrüßte dies als ersten Schritt „eines klaren Plans für eine effizientere und straffere Leitung" verbunden mit der Überzeugung, neue Mitglieder würden „die Tür für neues Blut und frisches Denken öffnen".[96] Wobei unklar ist, weshalb diese Schritte nicht zuvor selbst gesetzt worden waren.

Am 3. Mai 2023 schließlich kam der Große Staatsrat zusammen und wählte den bisherigen Statthalter zum Großmeister.[97] Im Juni wurde Gianfranco Ghirlanda, der in die Verfassungsreform zuvor bereits eng eingebunden war, zum neuen Kardinalpatron des Ordens ernannt.[98] Es bleibt abzuwarten, inwieweit die Ereignisse eine sinnvolle Klärung offener Fragen und neuen Elan bringen.[99]

---

[95] PRESSEAMT DES HL. STUHLS, Tägliches Bulletin v. 3.9.2022, https://www.vatican.va/content/francesco/en/motu_proprio/documents/20220903-decreto-smom.html [Abruf: 25.4.2024]. Nur Emmanuel Rousseau, der neue Großkomtur, und Richard Wolff blieben Mitglied des Souveränen Rats, alle anderen Personen wurden ausgetauscht.

[96] https://www.orderofmalta.int/de/pressemitteilungen/erklaerung-des-grossmagisteriums-des-malteserordens [Abruf: 25.4.2024].

[97] https://www.orderofmalta.int/de/nachrichten/fra-john-dunlap-ist-81-grossmeister-malteserordens [Abruf: 25.4.2024].

[98] PRESSEAMT DES HL. STUHLS, Tägliches Bulletin v. 19.6.2023, https://press.vatican.va/content/salastampa/it/bollettino/pubblico/2023/06/19/0453/0101 3.html#malt [Abruf: 25.4.2024].

[99] Vgl. TOMER, Ordine, S. 11.

II. Kirchenrechtliche und strukturelle Fragen der neuen Verfassung und des Codex

Das Recht des Ordens speist sich aus unterschiedlichen Quellen, die in der Verfassung selbst aufgeführt sind. Die Ordensverfassung, der Codex und das Kirchenrecht sind somit auch formell als gleichrangige Rechtsquellen anzusehen.[100] An zweiter Stelle folgen die den Orden betreffenden Rechtsvorschriften des Papstes.

Weitere Rechtsquellen sind Gesetze und Weisungen, die aufgrund von Verfassung und Codex erlassen wurden sowie internationale Vereinbarungen. Ferner kommen Privilegien und Gewohnheitsrecht in Betracht.[101] Nicht mehr Rechtsquelle ist der Code Rohan.[102]

Die Amtssprache bleibt Italienisch, doch können nun erstmals offizielle Mitteilungen auch in anderen Sprachen abgefasst werden.[103]

Das kanonische Recht prägt das neue Eigenrecht des Ordens, indem es die Verfassung und den Codex eng an die kanonischen Bestimmungen für Institute des geweihten Lebens angleicht.

II.1. Ordensrechtliche Einordnung

Die Gemeinschaft selbst ist ein „religiöser Laienorden".[104] Diese unstrittige Zuordnung wurde vom Orden nie abgelehnt. Zuletzt wurde diese Frage zwischen Ende 1951 und Anfang 1953 in einer Klärung durch das Kardinaltribunal definitiv beantwortet. Konkret wurde definiert, dass es sich

---

[100] Art. 6 Nr. 1 Verfassung in Vergleich zu Art. 5 Nr. 1 Verfassung/1997, der das kanonische Recht noch subsidiär aufführte.

[101] Art. 6 Nr. 2-5 Verfassung. Es muss davon auszugehen sein, dass die Gesetze, die das Generalkapitel erlässt (Art. 30 § 3 Verfassung), nicht in dieser Aufzählung enthalten sind, was systematisch nicht nachvollziehbar ist.

[102] Vgl. noch Art. 5 Nr. 5 Verfassung/1997.

[103] Art. 7 Verfassung.

[104] Art. 1 § 2 Verfassung.

um eine religio handelt, allerdings bezogen auf den Ersten Stand.[105] Die Angehörigen legen öffentlich die feierlichen Gelübde auf die evangelischen Räte der Armut, der Keuschheit und des Gehorsams ab und führen – zumindest im Wortsinn zukünftig auch – ein brüderliches Leben in Gemeinschaft (can. 607 § 2 CIC). Damit ist der Erste Stand einem Religioseninstitut in der Abgrenzung zu Gesellschaften des apostolischen Lebens bzw. Säkularinstituten.[106] Somit ist die „ordensrechtliche Einordnung des Ersten Standes […] gefestigt und hinlänglich bekannt".[107]

In diesem Zusammenhang muss hinterfragt werden, ob die Verfassung dort dezidiert ist, wo sie feststellt, dass die Mitglieder des Ersten Standes „den wesentlichen Kern des Ordens" bilden.[108] Vielmehr sind nur sie Orden im Sinne des Kirchenrechts.

Grundsätzlich geht das Kirchenrecht darüber hinaus von einer geschlechtlichen Trennung aus, sodass jeder Verband „geschlechtsspezifisch gebunden" ist.[109] Daher ist die Frage einer stärkeren Einbeziehung von Frauen in Führungsämter, die im Rahmen der Verfassungsreform angesprochen wurde, nicht einfach zu beantworten. Generell sind sie in den Zweiten und Dritten Stand inkludiert, sodass auch sie in gewisse Führungsämter gewählt werden könnten (s. u.), doch sind sie von der Profess implizit ausgeschlossen.[110]

Der Orden ist des Weiteren ein Institut päpstlichen Rechts (can. 589 CIC) und aufgrund verschiedener Privilegien im Laufe des Bestehens (s. o.) von der

---

[105] Entscheidung des Kardinal-Tribunals v. 24.1.1953, in: PAAA B26, 149, 320, der ihn gem. can. 488 Nr. 1 CIC/1917 als religio kategorisiert. Diese Unterscheidung zu Kongregationen wurde im CIC/1983 rechtlich aufgegeben. Der Orden teilte diese Einschätzung, vgl. HOFFMANN-RUMERSTEIN, Malteser-Ritter-Orden, v. a. S. 256f. Unsauber differenziert das Urteil nicht zwischen Konventualkaplänen und weiteren Klerikern. Überraschenderweise erschien der Orden bislang nicht in der Ordensliste des Annuario Pontificio.

[106] Vgl. AYMANS/MÖRSDORF II, S. 543f.

[107] SCHWETZ, Malteser-Ritter-Orden, S. 70.

[108] Art. 9 § 1 Verfassung.

[109] Ebd., S. 542. Allerdings ist u. a. auf den Deutschen Orden zu verweisen, die eine Schwesternkongregation inkorporiert haben und die u. a. auf dem Generalkapitel stimmberechtigt sind, vgl. Art. 73 der Ordensregel, in: Regeln und Statuten des Deutschen Ordens. Das Ordensbuch, Wien 2001 (o.V.), S. 153.

[110] Art. 9 §§ 1 u. 2 Verfassung. Wünschenswert wäre dieser Hinweis schon hinsichtlich der Zulassung zum Aspirat/Noviziat gewesen.

bischöflichen Autorität exemt (vgl. can. 591 CIC). Obwohl Diözesanbischöfen auch gegenüber Instituten päpstlichen Rechts gewisse Befugnisse zukommen,[111] scheinen sie gegenüber „exemten Verbänden […] vollkommen entmachtet" zu sein.[112] Dabei ist jedoch zu fragen, inwieweit hier die grundsätzliche Unterstellung unter den Hl. Stuhl nicht ähnliche Privilegien für solche Institute mit sich bringt.

Der Orden besitzt kanonische Rechtspersönlichkeit (vgl. can. 634 § 1 CIC), wobei dies auch noch einmal im Eigenrecht selbst deklariert wird.[113]

Den Instituten wird grundsätzlich eine „gebührende Autonomie ihres Lebens" zuerkannt, v. a. hinsichtlich der Leitung und der Bewahrung ihres Erbgutes (can. 586 § 1 CIC). Da kanonistische Lebensverbände „aus der charismatischen Begabung von Gläubigen erwachsen", ist die Zentrierung auf das eigene Charisma unabdingbar,[114] ja „schutzwürdiges Element".[115] Obwohl das Kirchenrecht dieses patrimonium nicht konkret benennt, sind darunter neben dem Stifterwillen Traditionen und Gebräuche zu verstehen. Der Orden hebt den Kernauftrag aus der Geschichte hervor, nämlich „die Ehre Gottes und die Heiligung seiner Mitglieder durch die ‚tuitio fidei und das obsequium pauperum'" zu mehren.[116] Seine Werke verrichte er zugunsten der „Herren Kranken" und weiterer Gruppen.[117]

Damit hat der Orden eindeutig seit dem Verlust von Malta und vor allem seit dem Ende des 19. Jahrhunderts eine sukzessive Konzentration auf das Erbgut vollzogen. Hier, wie auch in anderen Orden, wird „bei fälligen Reformen immer wieder das Bestreben erkennbar […], auf den Stifterwillen

---

[111] z. B. Erlaubnis bei Errichtung von Niederlassungen (can. 689 § 1 i.V.m. can. 733 § 1 CIC) oder ein beschränktes Visitationsrecht (can. 683 § 1 i.V.m. can. 738 § 2 CIC).

[112] AYMANS/MÖRSDORF II, S. 593.

[113] Art. 5 § 1 Verfassung. Dieser Hinweis auf die ipso iure zustehende Rechtspersönlichkeit ist eigentlich obsolet.

[114] AYMANS/MÖRSDORF II, S. 549f.

[115] PRIMETSHOFER, Ordensrecht, S. 30.

[116] Lat. „Wahrung des Glaubens und Hilfe den Bedürftigen" gilt als eine Art programmatischer Wahlspruch des Ordens.

[117] Art. 2 § 1 Verfassung.

zurückzukommen".[118] Dies wird u. a. in den Diskussionen auf dem Generalkapitel 2023 deutlich.[119]

Der Orden wird mit der Verfassung der Pflicht gerecht, gewisse Grundregeln in einem codex fundamentalis niederzulegen (can. 587 § 1 CIC). Dieser und etwaige Modifikationen müssen von der zuständigen Autorität genehmigt werden (ebd. § 2). Eine eigenständige oberhirtliche Änderung sieht der CIC nicht vor.[120] Das niederrangige Eigenrecht wird „von der zuständigen Autorität des Instituts" erlassen (ebd. § 4), also ohne explizite externe Mitwirkung.

Doch sind die Institute bei der Ausgestaltung ihrer Regeln an ein Rahmenrecht gebunden, das u. a. die evangelischen Räte (cann. 598-601 CIC), das Kapitel als höchste Autorität (cann. 631-633 CIC), das Vermögens (cann. 634-640 CIC), die Zulassung von Kandidaten und Ausbildung der Mitglieder (cann. 641-653), Profess (cann. 654-672 CIC) und Entlassungen (cann. 694-704 CIC) regelt. Diese Regeln finden sich allerdings nicht nur in der Verfassung wieder, sondern sind teilweise ausschließlich im Codex der Malteser normiert.

Grundlegend wird die Autonomie auch dahin gehend eingeschränkt, dass Orden immer Teil der Kirche sind und damit als communio in ecclesia unter der obersten Jurisdiktion des Papstes stehen. Da die Institute und ihre Mitglieder in besonderer Weise dem Dienst für die ganze Kirche geweiht sind (can. 590 § 1 CIC), sind sie verpflichtet, dem Papst als Oberen „auch kraft der heiligen Gehorsamsbindung Folge zu leisten" (can. 590 § 2 CIC).[121]

---

[118] AYMANS/MÖRSDORF II, S. 563.

[119] Vgl. Atti approvati dal Capitolo Generale Straordinario, Ariccia, 25-29 gennaio 2023, Rom 2023, o.V., S. 39 = Akten des Generalkapitels 2023.

[120] Der Erlass von Eigenrecht durch kirchliches Gesetz scheint möglich, wenn auch unüblich, vgl. Stephan HAERING, § 57. Grundfragen der Lebensgemeinschaften der evangelischen Räte, in: in: HdbKathKR³, S. 831-845, hier S. 838 Fn. 37. PRIMETSHOFER, Ordensrecht, S. 59, verweist auf diese Möglichkeit auch hinsichtlich der Kurie.

[121] Hier ist explizit auch das Dikasterium für die Institute des geweihten Lebens und die Gesellschaften des Apostolischen Lebens zu nennen. Dem Dikasterium kommen weitreichende delegierte Rechte zu u. a. die Approbation der Konstitutionen (Art. 124, FRANZISKUS, Apostolische Konstitution Praedicate Evangelium (19.3.2022), in: AAS 114 (2022) 375-455). Wobei dies nicht dazu führen kann, dass der Pontifex außerhalb des Rechtsrahmens Befehle erteilt, vgl. AYMANS/MÖRSDORF II, S. 579.

Daneben kann rechtsdogmatisch die Frage aufgeworfen werden, ob der hier behandelte päpstliche Eingriff nicht geradezu ein Musterbeispiel der Ausübung primatialer Gewalt ist, die dann als ultima ratio zum Tragen kommt, wenn Probleme nicht subsidiär gelöst werden können – ob gewollt oder aufgrund anderer Schwierigkeiten.[122] Hier ist eine Abwägung der Grenzen dieser Vollmacht schwierig. Sie dürfte spätestens bei einer willkürlichen Intervention enden.

Grundsätzlich besteht hier im kanonischen Recht ein Spannungsverhältnis zwischen gesetzlicher „schutzwürdiger Autonomie seinerseits und hierarchischer Gebundenheit".[123] Primetshofer wertet diese Autonomie sogar als Grundrecht.[124] Wenn diese allerdings „in erster Linie als eine Mahnung an die Adresse der Ortsoberhirten selbst anzusehen" ist,[125] so müssen die päpstlichen Eingriffe im 20. Jahrhundert in diesem Licht kritisch betrachtet werden. Sicherlich ist es Ausfluss jeder Autonomie, sich freiwillig Rat und Hilfe zu holen. Doch ging sowohl das Verfassungsdiktat 2022 in formaler Sicht als auch die Verfassung aus dem Jahr 1961 in materieller Sicht deutlich über das kanonische Rahmenrecht hinaus.[126]

II.2 Die Mitgliedsstruktur des Ordens

Der Orden gliedert sich in drei Stände, die aus historischen Mitgliedschaftsstrukturen erwachsen sind, die wie oben gezeigt, nicht nur Vollmitglieder, sondern auch Dienende Brüder und Donaten umfassten. Durch die historischen Entwicklungen, z. B. im Rahmen des krankenpflegerischen Apostolats gerade ab Mitte des 19. Jahrhunderts,

---

[122] Vgl. ebd. S. 207f.

[123] HAERING, Grundfragen, S. 838.

[124] PRIMETSHOFER, Ordensrecht, S. 56.

[125] AYMANS/MÖRSDORF II, S. 562.

[126] So war zwar 1961 nicht mehr der grundlegende Genehmigungsvorbehalt des Hl. Stuhls für Aufnahmen enthalten, doch die Gültigkeit der ewigen Profess von der päpstlichen Zustimmung abhängig (Art. 9 § 1 Verfassung/1961). Auch sollte Kardinalkommission aus Religiosenkongregation und Staatssekretariat zukünftig grundlegende Fragen klären (Art. 4 Abs. 3 Verfassung/1961), ohne dass der Orden eingebunden war.

entwickelten sich aus den losen Strukturen sukzessive feste Gefüge. Den Ersten Stand bilden die Professen, die Gelübde auf die evangelischen Räte abgelegt haben. Der Zweite Stand besteht aus Mitgliedern in Oboedienz, die ein Gehorsamsversprechen (Promess) ablegen, der Dritte Stand wiederum aus Personen, die keine besonderen kirchlichen Versprechen abgegeben haben.

Es ist jedoch die grundsätzliche Frage aufzuwerfen, weshalb Angehörige anderer Stände überhaupt Ämter ausüben dürfen. Beim Zweiten Stand ist zumindest noch eine Bindung durch Versprechen an die Gemeinschaft gegeben, hinsichtlich des Dritten Standes ist sogar zu fragen, inwieweit diese mit Abstand größte Gruppe von Mitgliedern überhaupt als kanonisch definierbarer Teil des eigentlichen Ordens verstanden werden kann. Die Verzerrung der Mitgliederstruktur von 39 Professen gegenüber dem Vielfachen von Nichtprofessen ist eklatant, auch hinsichtlich des Alters.[127] Eine Unterstützung in der Leitung dürfte in der Praxis unabdingbar sein.

II.2.1 Der Erste Stand

Es war das erklärte Ziel des Papstes, das geistliche Leben zu stärken, v. a. der Professen. Unterstrichen wird dies mit einer deutlichen Fokussierung auf diesen Stand, indem „alle leitenden Positionen möglich immer von Mitgliedern des Ersten Standes […] bekleidet werden, um den religiösen Charakter des Ordens zu wahren".[128] Sie bilden den „wesentlichen Kern des Ordens" und seinen Mitgliedern kommen „alle Pflichte und Rechte in vollem Umfang" zu.[129] Damit wird betont, dass die weiteren Stände nur subsidiären Charakter haben.

---

[127] Anfang 2023 gehörten von 13.191 Mitgliedern nur 39 Mitgliedern der Ersten Klasse an (0,3 %) und 757 der Zweiten Klasse (5,7 %). Von diesem Kreis sind nur 20 Prozent unter 60 Jahre alt. Zahlen nach den veröffentlichten Akten des Generalkapitels, S. 39.

[128] SCHWETZ, Malteser-Ritter-Orden, S. 31. Allerdings ist zu bezweifeln, dass dies aufgrund der begrenzten Personenzahl wirklich gelingt.

[129] Art. 9 Verfassung.

Der Orden behält sich weiterhin ein Recht zur Inkardination von Klerikern vor,[130] die als Profess-Konventualkapläne bezeichnet werden und die sich gleichsam auf die evangelischen Räte verpflichten. Sie sind für die seelsorgerische, gottesdienstliche und pastorale Betreuung von Mitgliedern und Einrichtungen zuständig und unterstehen dem Ordensprälaten.[131]

Alle Professen sind verpflichtet, ihr Leben nach dem Lehramt der Kirche auszurichten, nach religiöser Vollkommenheit zu streben und sich dem Apostolat des Ordens zu widmen.[132] Sie legen die feierlichen Gelübde der evangelischen Räte ab und sind damit Religiose. Sie treten durch Hingabe die Nachfolge Christi an, weihen sich Gott und dem „tuitio fidei et obsequium pauperum", um so zur evangelischen Vollkommenheit zu gelangen und zur Heiligung zu gelangen. Sie werden damit zu Dienern der Armen und Kranken und tragen zur Verbreitung des Evangeliums bei.[133]

Von praktischer Bedeutung ist ein detaillierter Pflichtenkatalog für die Religiosen.[134] Dazu gehört der tägliche Besuch der hl. Messe, das Bibelstudium und Gebet sowie jährliche Exerzitien über acht Tage. Erstmals werden die Professen zum Stundengebet verpflichtet (große Horen).[135] Grundsätzlich betreffen die Standespflichten der Kleriker (can. 672 CIC) auch die Religiosen, vor allem hinsichtlich der Verhaltensweisen im Hinblick auf die Keuschheit (can. 277 CIC) und eines eventuellen standeswidrigen bzw. - fremden Verhaltens (cann. 285-287, 289 CIC).

---

[130] Art. 6 § 2 Verfassung. Nach can. 268 § 2 CIC werden Kleriker spätestens mit der ewigen Profess inkardiniert.

[131] Art. 44 Codex. Die Neufassung sieht nicht mehr die Möglichkeit vor, dass bereits solche Personen als Aspiranten aufgenommen werden, die Priester werden möchten und nach der Diakonweihe zum Noviziat zugelassen werden konnten (Art. 52 Codex/1997).

[132] Art. 10 Verfassung. Das alte Recht sprach nur grundsätzlich davon, dass Gelübde abzulegen und die Professen Religiosen i.S.d. kanonischen Rechts seien (vgl. Art. 9 Verfassung/1997). Eine Verpflichtung zum Apostolat war auch in Art. 85a Codex/1997 nicht gegeben.

[133] Art. 6 Codex.

[134] Art. 63 Codex. Die Pflicht zur Feier der Hl. Messe und die Anzahl der Exerzitientage wurde ausgedehnt (vgl. Art. 86 Codex/1997).

[135] Art. 85 Codex/1997 sah nur mindestens einstündige Gebetsübungen pro Tag vor. Das Kirchenrecht geht grundsätzlich von einer Verpflichtung zum Stundengebet für Religiose aus, überlässt die konkrete Gestaltung allerdings dem Eigenrecht der Institute (can. 663 § 3 CIC).

II.2.1.1 Aufnahme in den Ersten Stand

Die Aufnahme in den Ersten Stand gliedert sich in drei Teile: das Aspirat, das Noviziat und die Profess.

Das Aspirat – in anderen Orden würde man von einem Postulat sprechen – ist bereits eine „Ausbildung entsprechend den Bestimmungen der ratio formationis".[136]

Voraussetzungen für die Zulassung sind die Zugehörigkeit zum Zweiten Stand (ohne Mindestdauer) oder zum Dritten Stand (für ein Jahr) und das Freisein von Hindernissen, die sich aus Eigenrecht oder dem Kirchenrecht ergeben.[137] Daneben müssen eine rechte Absicht und Geeignetheit vorhanden sein, den Kranken und Armen zu dienen und sich im Geist des Ordens in den Dienst der Kirche und des Hl. Stuhls zu stellen.[138] Bestehen bleibt die Erleichterung für Ritter des Zweiten Standes, keine Aspirantenzeit durchlaufen zu müssen.[139] Grundsätzlich müssen die kirchenrechtlich vorgeschriebenen Bedingungen eingehalten werden: Mitgliedschaft in der katholischen Kirche und passendes Geschlecht.[140]

Der Antrag zur Zulassung ist an den territorial zuständigen Oberen oder – bei Nichtvorhandensein eines solchen –an das Großmagisterium zu richten.[141]

Die Zulassung selbst erfolgt jedoch direkt durch den Großmeister nach

---

[136] Art. 11 § 1 Codex. Zuvor wurde das Aspirat noch Zeit der Orientierung und des Kennenlernens bezeichnet (Art. 17 § 1 Codex/1997). Ein kirchenrechtlich verpflichtendes Postulat sahen cann. 539-541 CIC/1917 vor.

[137] Ein Mindestalter (nach can. 97 § 1 CIC 17 Jahre) ist daher nur subsidiär, da grundsätzlich kein externer Einstieg in das Aspirat vorgesehen ist. Hinsichtlich der Freiheit von Zwang od. Furcht (can. 219 CIC) muss ebenfalls auf das Kirchenrecht verwiesen werden.

[138] Art. 8 Codex.

[139] Art. 14 § 2 bzw. Art. 80 Codex. Auch hier findet sich eine Regelungsdopplung.

[140] Can. 597 § 1 lässt nur katholische Christen zu, die wohl auch nicht vom Glauben abgefallen sein dürfen, weil sonst eo ipso die Entlassung eintritt (can. 694 § 1).

[141] Art. 9 § 1 u. 2. Codex. Der alte Codex sah hier noch explizit ein Priorat oder Subpriorat vor (Art. 7 § 3 Codex/1997). Der Weg direkt an das Großmagisterium dürfte sich also auf Einzelfälle ohne vorhandene Gliederung beziehen.

Zustimmung des Rates der Professen.[142] Während der mindestens drei und höchstens zwölfmonatigen Zeit[143] wird der Aspirant durch einen Professritter und einen (Ehren-) Konventualkaplan als Spiritual betreut.[144] Die Ausbildung während des Aspirats erfolgt auf Grundlage der ratio formationis, die der Großmeister nach Zustimmung des Rats der Professen erlassen hat.[145] Der zuständige Professritter erstattet dem Oberen einen schriftlichen Bericht über Persönlichkeit, Lebensführung und Eignung des Aspiranten.[146]

Das sich anschließende Noviziat selbst dauert ein Jahr und kann um maximal sechs Monate verlängert werden.[147] Es können diejenigen Personen gültig zugelassen werden, welche die kanonischen Voraussetzungen des can. 643 § 1 Nr. 2-5 CIC erfüllen und das zweiundzwanzigste Lebensjahr vollendet haben. Daneben muss der Aspirant seit mindestens einem Jahr dem Orden angehören. Auch darf er keiner kirchenfeindlichen Organisation angeschlossen sein und weder vorbestraft sein noch aktuell strafrechtlich verfolgt werden.[148] Zusätzlich wird verlangt, dass keine nicht abtragungsfähigen Schulden und keine rechtlichen und moralischen Verpflichtungen gegenüber Blutsverwandten bestehen.[149] Der Großmeister kann von den meisten Hindernissen mit Zustimmung des Rats der Professen

---

[142] Art. 7 Codex. Art. 15 § 2d Codex/1997 sah die Zustimmung der Souveränen Rats vor.

[143] Art. 11 § 1 Codex.

[144] Art. 10 § 1 Codex. Die Bestellung erfolgt durch den territorialen Oberen, wobei hier wohl im Falle der Zulassung durch Antrag an das Großmagisterium auch diesem eine Ernennung zukommen dürfte. Der alte Codex sah wahlweise einen Professritter oder einen Spiritual vor, ohne für den Spiritual eine Mitgliedschaft zu fordern (Art. 17 § 1 Codex/1997).

[145] Art. 11 § 1 S. 2 Codex. Diese regelt auch die weitere Ausbildung während des Noviziats. Eine solche wurde noch nicht erlassen, jedoch finden sich Akten des Generalkapitels 2023, S. 11f., erste Überlegungen.

[146] Art. 10 § 2 Codex.

[147] Art. 22 § 1 Codex. Eine Verlängerung auf die kanonische mögliche maximale Zeitspanne von zwei Jahren sieht das Recht nicht mehr vor (vgl. Art. 24 § 2 Codex/1997).

[148] Art. 18 Codex. Der Verweis auf die kanonischen Bestimmungen mit den eigenrechtlich möglichen Abweichungen (v. a. Alter) erlaubt, auf einen rezitierenden Katalog wie im Art. 10 Codex/1997 zu verzichten.

[149] Art. 19 lit. c u. d. Codex. Es fällt auf, dass diese rechtlichen und moralischen Verpflichtungen nur gegenüber Blutsverwandten vorhanden sind. Dabei wären jedoch auch an Verpflichtungen Dritten gegenüber zu denken, z. B. gegenüber Müttern außerehelich geborener Kinder.

dispensieren.[150]

Die Zulassung zum Noviziat liegt beim Großmeister nach Zustimmung des Rats der Professen auf Antrag des Aspiranten.[151] Neben standesrechtlichen Dokumenten müssen ein Beurteilungsschreiben des Pfarrers und ggf. des aktuellen Oberen (bei Übertritt aus einem anderen Institut während des Noviziats) sowie ggf. weitere Beurteilungen vorgelegt werden.[152] Dabei gilt für die Beteiligten eine Verschwiegenheitspflicht.[153]

Der Aspirant ist gehalten, vor Beginn des Noviziats durch die Generalbeichte eingeleitete Schweige-Exerzitien zu absolvieren.[154] Der Novize soll sich während des Noviziats der Frömmigkeit und seiner Ausbildung zum Religiosen widmen sowie die Spiritualität, Gesetze und Geschichte des Ordens studieren und sich in Werken der Barmherzigkeit – nach Möglichkeit innerhalb der Gemeinschaft – üben. Details sind der ratio formationis überlassen.

Der Novizenmeister und sein Stellvertreter werden vom Großmeister aus dem Kreis der Professritter und Konventualkapläne ausgewählt (vgl. can. 651 § 1 CIC), die vierzig Jahre alt sind und seit drei Jahren die feierlichen Gelübde abgelegt haben. Seine Pflicht umfasst die gesamte ratio, was neben der Sorge um die Befolgung der Lebensweise der Religiosen auch die Teilnahme an den Ordenswerken sowie die menschliche und geistliche Ausbildung beinhaltet. Er erstattet halbjährlich dem Großmeister Bericht und am Ende des Noviziats dem zuständigen Oberen sein Urteil über die Eignung des Novizen. Daneben ist weiterhin ein Spiritual vorgesehen, der aus dem Kreis der (Ehren-)

---

[150] Art. 20 Codex.

[151] Art. 11 § 2 bzw. Art. 14 Codex. Hier ist insoweit eine Änderung eingetreten, dass zuvor die Zustimmung des jeweiligen nationalen Kapitels und der Professmitglieder des Souveränen Rates vonnöten war (Art. 21 § 1 Codex/1997).

[152] Art. 15 Codex. Die Beurteilungsschreiben sollen über die Herkunft, Lebensweise, Charakter, Ansehen und gesellschaftliche Stelle informieren und Aufschluss über die o.g. Geeignetheitskriterien geben (Art. 16 Codex).

[153] Art. 17 Codex. Auffällig ist, dass keine Beurteilungsschreiben mehr der Ordinarien vorgesehen sind (Art. 12 Codex/1997). Die neue Regelung erscheint deutlich praxisnäher und inklusiver.

[154] Art. 21 Codex. Nach dem alten Codex mussten diese nicht schweigend erbracht werden (Art. 22 Codex/1997).

Konventualkapläne gewählt wird.[155]
Zum ersten Mal wird an dieser Stelle wiederum auch der zuständige Obere einbezogen, dem ansonsten nach erfolgter Zulassung zum Noviziat keine besondere Rolle oder Berichtsentgegennahme zukommt.

Die Einrichtung des Noviziats wurde grundlegend reformiert. Das neue Ordensrecht geht grundsätzlich von einem Noviziat unter der Verantwortung des Gesamtordens aus, was bei der aktuellen Anzahl von Professrittern und der weltweiten Verteilung geboten scheint.[156] Systematisch logisch ist, dass der Großmeister hinsichtlich der Fragen, die das Noviziat betreffen, nur den neuen Rat der Professen anhören muss.
Auch wurden die Möglichkeiten der Dispens vom Ort deutlich eingeschränkt. Eine solche kann z. B. für Zeiträume gewährt werden, in denen der Professe sich den Werken des Ordens widmet, wobei die Option besteht, das Noviziat in einem anderen Haus zu absolvieren.[157] Darunter ist jedoch wohl ein Haus abseits der originär örtlich zuständigen Einrichtung zu verstehen, da die Zeit in „derselben Noviziatsgemeinschaft verbracht werden" muss,[158] was den Bestimmungen des can. 648 § 1 CIC gerecht wird.[159] Ein Noviziats außerhalb einer Gemeinschaft ist nicht vorgesehen. Die Durchführung in einem Novizenhaus ist Gültigkeitsvoraussetzung nach can. 647 § 2 CIC, wobei hiervon Ausnahmen möglich sind.[160]

---

[155] Art. 13 Codex. Durch den Spiritual entfällt die Pflicht, einen zusätzlichen Priester beizuziehen (Art. 20 § 1 Codex/1997). Auch ersetzt der Stv. Novizenmeister den bisherigen Assistenten, der jedoch vor allem für die Ausbildung in Geschichte, Tradition und Rechtsfragen zuständig war und auch Oboedienzritter sein konnte (Art. 19 § 2 und Art. 20 Codex/1997). Als Rekurs an das Kirchenrecht ist der Hinweis zu verstehen, dass der Spiritual nicht Beichtvater ist (Art. 13 § 5 Codex).

[156] Art. 12 § 1 Codex. Er lässt jedoch durchaus mehrere Novizenhäuser implizit zu (vgl. Art. 13 § 1 Codex).

[157] Art. 12 § 3 Codex. Bislang war die Möglichkeit gegeben, „bei Vorliegen ernsthafter in den Lebensumständen des Novizen wurzelnde[n] Gründen" das Noviziat am Wohnort zu verbringen (Art. 19 § 2 Codex/1997). Da diese Bestimmung wegefallen ist, wurde wohl auch Art. 25 Codex/1997, der eine Zustimmung beim Wohnortwechsel vorsah, obsolet.

[158] Art. 22 § 1 Codex.

[159] Bei der Einrichtung des internationalen Noviziats könnte sicherlich davon dispensiert werden, damit eine Fortführung dort möglich ist.

[160] Eine „Generaldispens" sieht das kanonische Recht hier nicht vor, wobei das Fehlen eines Hauses sicherlich nicht dem Novizen zuzurechnen ist.

Ein solches Haus sah das alte Recht nicht vor.[161] Grundsätzlich ist also die großzügige aufgrund des Fehlens der Bestimmungen im Recht selbst verankerte Dispenspraxis von der Ableistung in einem Novizenhaus beseitigt. Das Novizenhaus soll im neuen Konvent eingerichtet werden.[162]

II.2.1.2 Gelübde und Profess

Dem Noviziat schließt sich im Regelfall die Profess als zweitweise oder dauerhafte kirchenamtliche Bindung an das Institut an. Die Professen verpflichten sich auf die drei evangelischen Räte des Gehorsams, der ehelosen Keuschheit und der Armut. Mit diesen Gelübden trifft der Professe „eine Lebensentscheidung in einer anerkannten Lebensform" und wird in einen neuen Stand eingegliedert als „ein besonderer Weg, der Berufung zur Heiligkeit zu folgen".[163]

Bedeutsam ist, dass ein Verstoß gegen göttliche Gesetze und Angelegenheiten der Gelübde unter der Strafe der Sünde stehen.[164] Im Detail ist zwischen einfachen und feierlichen Gelübden unterschieden, wobei die einfachen Gelübde hier immer zeitliche Gelübde sind.[165] Handlungen gegen die Gelübde sind dabei nach den feierlichen Gelübden nicht nur unerlaubt, sondern ungültig.[166] Die einfachen Gelübde sind in den ersten drei Jahren jährlich zu erneuern, anschließend alle drei Jahre, wobei die zeitlichen Gelübde eine Spanne von neun Jahren nicht überschreiten dürfen.[167]

---

[161] Art. 25 Codex/1997 regelte nur den Wohnsitzwechsel der Novizen, neben der allgemeinen Bestimmung, wer bei der Einrichtung eines Noviziats zustimmungsberechtigt ist (Art. 19 Codex/1997).

[162] Vgl. Instrumentum Laboris, Nr. 29, Akten des Generalkapitels 2023, S. 12.

[163] AYMANS/MÖRSDORF II, S. 555.

[164] Art. 62 Verfassung. Bislang betraf dies nur auf die Professen (vgl. Art. 64 Codex/1997) zu, nun explizit auch auf den Zweiten Stand. Laut PRIMETSHOFER, Ordensrecht, S. 43, ist dieser Hinweis konstituierend, dass eine Verpflichtung unter des Gehorsamsgelübde fällt.

[165] Art. 24 § 1 Codex. Es findet sich keine gleichlautende Bestimmung, dass die feierlichen Gelübde zeitlich sein können.

[166] Art. 33 und Art. 38 Codex.

[167] Art. 26 § 2 Codex. Wobei der Codex hier nicht grundsätzlich von neun Jahren ausgeht, was auch hinsichtlich der Ausnahme einer Verlängerung von sechs auf neun Jahre (can. 657 § 2) auch undenkbar wäre.

II.2.1.2.1 Die einzelnen Gelübde

Als theologische Grundlegung des Gehorsams wird postuliert, dass dies „die Seele zur Gleichförmigkeit mit Jesus Christus" bewege, „der gehorsam war bis zum Tod am Kreuz".[168] Das Gelübde selbst verpflichtet die Ritter zu Gehorsam gegenüber dem Papst und den für sie zuständigen rechtmäßigen Oberen gemäß Verfassung und Codex.[169]

Für die Rechtskraft ist es erforderlich, dass entsprechende Anordnungen seitens des Oberen mit „Kraft…" oder „Im Namen Gottes" eingeleitet werden. Daneben ist die Form vorgeschrieben (vgl. can. 601 CIC). Der Befehl muss schriftlich oder in Gegenwart zweier Zeugen erteilt werden und nur aus schwerwiegenden Gründen.[170] Es stellt sich jedoch die Frage, ob diese Einengung auf eine rein dekretale Form alle notwendigen Bereiche umfasst. Auch ist die formalisierte Ausgestaltung des Gehorsams mutmaßlich schwierig im Alltag umsetzbar.

Neben der strengen Befehlsform ist jedoch grundsätzlich bestimmt, dass den Oberen geistliche Ehrfurcht zu erweisen ist und sich die Professen ihnen „im Geist der Liebe und Verehrung unterordnen" sollen. Doch auch hier ist der Communio-Gedanke zu beachten, dass den Oberen mitgeteilt werden soll, was zum Wohle der Gemeinschaft als angemessen erachtet wird.[171] Vor dem gleichen Hintergrund ist wohl die Bestimmung zu sehen, dass die Professen untereinander brüderliche Beziehungen unterhalten, sich regelmäßig mit ihren Oberen beraten und eifrig an Versammlungen teilnehmen sollen.[172]

Zwar gibt der Religiose „die autonome Selbstbestimmung" auf und unterwirft sich „wenigstens einschneidender Beschränkungen",[173] doch handelt es sich in der Communio um eine „fließende Unterordnung des Einzelnen zum Wohl des Ganzen".[174]

---

[168] Art. 46 Codex.

[169] Art. 47 Codex.

[170] Art. 48 Codex. Eine Billigkeit ist nicht mehr konkret erwähnt (vgl. Art. 63 § 2 Codex/1997).

[171] Art. 49 Codex.

[172] Art. 50 Codex.

[173] AYMANS/MÖRSDORF II, S. 559.

[174] PRIMETSHOFER, Ordensrecht, S. 41.

Die Neufassung der kodikarischen Bestimmungen zum Keuschheitsgelübde entspricht deutlicher dem sinngemäßen Inhalt des Versprechens, das nicht mehr vor allem auf Ehelosigkeit, sondern auf vollkommene Enthaltsamkeit rekurriert und die Pflicht auferlegt, jedes innere und äußere Verhalten zu vermeiden, das dem entgegensteht.[175] Entsprechend der Neufassung des CIC/1983 wird die Unterscheidung zwischen verbietenden (bei zeitlichen) und trennenden (bei ewigen Gelübden) Ehehindernissen aufgegeben.[176]

Um das Versprechen einzuhalten, soll der Professe die Teilnahme an weltlichen Veranstaltungen und Vergnügungen meiden, sondern vielmehr dem Ordensstand Ehre machen und ihn durch sein Verhalten aufbauen.[177] Geistliche Hilfen sollen dabei unterstützen. Folgerichtig sind neben dem häufigen Empfang von Buße und Eucharistie, Verehrung der Jungfrau Maria, Abtötung der Sinne und tiefer Demut, nun erstmals das „tägliche persönliche, gemeinschaftliche und liturgische Gebet" genannt.[178] Dies sollte jedoch nicht so verstanden werden, dass hier eine abschließende Aufzählung erfolgt.

Die mit dem Armutsgelübde zusammenhängenden Fragen wurden bei der Codexreform grundlegend reformiert. Es ist als vollkommene Abkehr vom System der Eigenversorgung hin zu einer Alimentierung der Professen durch den Orden zu bezeichnen.[179] Damit verbunden ist dann folgerichtig der völlige Eigentums- und Erwerbsverzicht. Das bedeutet jedoch nicht, dass kein Beruf außerhalb des Ordens erlaubt ist. Das ist mit Genehmigung des Oberen

---

[175] Art. 51 Codex. Art. 67 § 1 Codex/1997 nahm auf die Ehelosigkeit Bezug und verweis auf die „christliche Reinheit".

[176] Art. 52 § 2 Codex im Vergleich zu Art. 67 § 2 Codex/1997.

[177] Art. 53 Codex.

[178] Art. 52 Codex.

[179] Art. 54 § 2 Codex. Das bedeutet auch, dass die bisherige Dispensmöglichkeit (vom Eigentumsverzicht) durch die Professe die Möglichkeit hatte, seine Güter weiterhin zur Deckung „des normalen persönlichen Bedarfs an Nahrung, Bekleidung und Wohnung nach Maßgabe seiner gesellschaftlichen Stellung" (Art. 76 Codex/1997) zu nutzen nicht mehr vorgesehen ist. Hieraus sollte auch ein jährlicher Betrag für die Ordenswerke gezahlt werden, später konkretisiert, dass die Überschüsse in Ordenswerke oder sonstige karitative Einrichtungen fließen sollten (Art. 78 Codex/1997). Obsolet wird durch die neue Regelung auch die Zustimmung zu außergewöhnlichen Ausgaben (Art. 77 Codex/1997) durch den Oberen. Auch entfällt der Hinweis auf die Möglichkeit einer päpstlichen Dispens vom Armutsgelübde generell (Art. 83 Codex/1997).

grundsätzlich in Vereinbarkeit mit dem Stand möglich.[180]

II.2.1.2.2 Die Profess

Die Zulassung zur zeitlichen Profess liegt beim Großmeister nach positivem Votum des Novizenmeisters und Zustimmung des Rats der Professen, wobei diese nicht bei der Erneuerung vonnöten ist. Gültigkeitsvoraussetzungen sind: ein Mindestalter von 23 Jahren, die erfolgreiche Absolvierung des Noviziats, die gültige Zulassung, Freisein von Furcht oder Zwang und die Entgegennahme durch den Großmeister oder einem von ihm Delegierten.[181] Dadurch wird unterstrichen, dass es sich um ein öffentliches, also im Namen der Kirche von diesem rechtmäßigen Oberen entgegengenommenes Gelübde handelt (can. 1192 § 1 CIC).[182]
Während der zeitlichen Profess wird der Professe von einem Tutor begleitet, der über die Einhaltung des Ordenslebens und dessen Einsatz wacht und dem Oberen jährlich über die Fortschritte unterrichtet. Der Professe selbst wählt einen Spiritual aus dem Kreis der (Ehren-) Konventualkapläne.[183]

Die Zulassung zur feierlichen Profess beantragt der Kandidat über den Oberen beim Großmeister, der diese nach positivem Votum des Tutors und Zustimmung des Rats der Professen gewähren kann.[184] Gültigkeitsvoraussetzungen sind: die Vollendung des 26. Lebensjahres, die vorgehenden zeitlichen Gelübde, die erforderliche Zustimmung, die Freiwilligkeit und die Entgegennahme durch den Großmeister oder eines Beauftragten in Anwesenheit zweier Zeugen.[185]

---

[180] Art. 65 Codex. Hier muss jedoch das Verbot Handel zu treiben (can. 1393 CIC) beachtet werden und die Standespflichten nach can. 692 CIC. Bislang waren nach Zustimmung des Oberen nur „freie Berufe" und ein öffentliches Amt erlaubt (Art. 87 Codex/1997).

[181] Art. 24 §§ 2ff. und Art. 26 § 1 Codex. Außer hinsichtlich des Alters folgt damit das Eigenrecht dem CIC (can. 656 CIC).

[182] Wobei hierunter kanonisch durchaus auch ein anderer Oberer zu verstehen wäre, z. B. der Prior.

[183] Art. 30 Codex.

[184] Art. 35 Codex.

[185] Art. 39 Codex.

Hinsichtlich der Rechte (z. B. Wahlen) und abseits der Ämter, die ausdrücklich Professen mit feierlichen Gelübden zugewiesen werden, gibt es weitestgehend keine materiellen Unterschiede.[186] Das ist zweifelsfrei gerechtfertigt, da durch die erste Profess eine Inkorporation in den Verband stattfindet (can. 654 CIC). Die Art der Gelübde hat daher vor allem vermögensrechtliche Konsequenzen, die sich am Kirchenrecht orientieren.

Durch das einfache Gelübde verzichtet der Professe auf den freien Gebrauch seiner wirtschaftlichen Güter, behält hingegen Eigentum am Vermögen und die Möglichkeit des Eigentumserwerbs. Indes muss der Obere der Verwaltung zustimmen.[187] Doch wird die Abtretung der Vermögensverwaltung an eine physische oder juristische Person verlangt, die zwar darüber verfügen kann (vgl. can. 668 § 1 CIC), bei Aufzehrung jedoch der Erlaubnis des Oberen bedarf.[188] Daher muss diesem ein Inventar des Besitzes übergeben werden.[189] Grundsätzlich wird schon während der zeitlichen Profess Vermögen, das aufgrund der Mitgliedschaft oder Aktivitäten des Ordens erlangt wird, vom Institut erworben (vgl. can. 668 § 3 CIC).[190]

Mit der ewigen Profess ist der Verlust der Eigentums- und Erwerbsfähigkeit verbunden Folgerichtig fallen alle Güter (also auch Zinsen etc.), die der Professe nach der feierlichen Profess erwirbt, dem Eigentum des jeweiligen eingliedernden Priorats oder Subpriorats zu bzw. dem Gemeinsamen Schatzamt, falls der Professe einer Assoziation angehört. Er hat zusätzlich vor der Profess ein Testament zu erstellen.[191] Es gibt jedoch keine Verpflichtung, den Orden als Erben einzusetzen. Die Güter selbst müssen einer physischen oder juristischen Person zur Verwaltung übertragen werden.[192]

---

[186] Sie haben im Kapitel der Professen nur beratende Stimme (Art. 31 § 3 Verfassung).

[187] Art. 55 Codex.

[188] Art. 56 Codex.

[189] Art. 59 Codex.

[190] Art. 56 § 3 Codex.

[191] Art. 58 § 1 Codex. Das Testament wird dem Oberen versiegelt zur Aufbewahrung gegeben (Art. 61 Codex).

[192] Art. 57 Codex. Diese Konkretisierung ist dahingehend eigentlich obsolet, da diese Abtretung bereits vor der zeitlichen Profess stattfindet.

II.2.2 Der Zweite und Dritte Stand

II.2.2.1 Einordnung der Stände

Im 19. Jahrhundert zeigte sich eine deutliche Verschiebung der Mitgliederstruktur des Ordens. So nahm die Anzahl der Professritter immer weiter ab, dafür stieg die Zahl derer, die keine Profess ablegten.[193] Historisch kannte der Orden seit Langem angegliederte Mitglieder, in mittelalterlicher Zeit als Confratres (mit einem Versprechen), später u. a. als Donaten und Ehrenritter. Allerdings waren diese nicht Teil des eigentlichen Ordenskerns und Ämter waren ihnen vorenthalten.

Diese legten jedoch im 19. Jh. in Rheinland/Westfalen und Schlesien das Fundament für die karitative Tätigkeit, bevor sie erst 1956 in die Verfassung integriert wurden.[194] Sie bildeten bereits zu dieser Zeit die Mehrzahl der Mitglieder, die u. a. zur Bindung bedeutender Familien, auf Antrag oder Ansprache oder initiiert durch Landesherren oder den Papst aufgenommen wurden.[195] Sie waren damit sinnstiftend für die gesamte Organisation, da es der „aktive Krankendienst" war, „der ihnen zunehmend zu einer eigenen spezifischen Ausprägung verhalf und damit eine gemeinschaftliche Tätigkeit innerhalb des Ordens erst ermöglichte", jedoch auch den Orden als Ganzes nachhaltig veränderte.[196]

Die Struktur war also bereits vor der neuen Verfassung der 1950er-Jahre in Professen, Mitgliedern mit Gelübden und einer dritten Gruppe, Ehrenrittern und Donaten zerfallen. Eine systematische Integration fehlte dabei und ist auch heute noch nicht rechtlich klar definitiv.

---

[193] WALDSTEIN-WARTENBERG, Rechtsgeschichte, S. 214-218. Er präsentiert auch vergleichende Zahlen.

[194] Art. 5 § 1 Verfassung/1956. Zur damaligen Zeit galt noch das strenge Adelsprinzip für den später so bezeichneten Zweiten Stand (auch Art. 108 Codex/1966). Für die Aufnahme war die Zustimmung der Religiosenkongregation einzuholen (Art. 110/112 Codex/1966). Die unterschiedlichen Klassen, die auch z. B. Magistralrittern die Aufnahme erlaubte, wurden erst 1998 eingeführt.

[195] Vgl. KRETHLOW, Malteser I, v. a. S. 357-359 bzw. S. 375-396.

[196] Ebd., S. 359.

Wie oben ausgeführt, hat das Kardinaltribunal nur den Ersten Stand als Orden im engeren Sinne qualifiziert. Solche Arten von Angliederungen waren dabei weder kirchenrechtlich noch historisch innovativ, so ist u. a. an Drittorden oder Tertiaren zu denken. Doch entweder entwickelte sich daraus ein eigener kanonischer Lebensverband, oder aber die Vereinigung blieb dem ursprünglichen Orden verbunden, in der Regel als Verein.[197] Das Kirchenrecht sieht jedenfalls für Drittorden zuerst einmal keine formalen Verpflichtungen mit Rechtswirkung in das forum externum vor,[198] allerdings können solche Elemente durchaus beim Zweiten Stand ausgemacht werden. Auch die Form der sich ab dem Laufe des 19. Jahrhunderts bildenden Säkularinstitute wird dem heutigen Zweite Stand der Malteser nicht gerecht.[199] Wenngleich die Form der Bindung nicht kodikarisch definiert ist, beinhaltet sie grundsätzlich eine Verpflichtung auf alle drei evangelischen Räte (can. 712 CIC).

Die Kanonistik war hier vor allem deskriptiv tätig. Rhode erwähnt knapp, dass nicht alle Organisationen, die das Wort Orden im Namen haben, auch solche sind und es sich hierbei (er verweist u. a. auf Ritterorden) um eine „umfassende Organisation, zu der einerseits ein Religiosenverband und andererseits andere Arten von Mitgliedern gehören", handeln kann.[200] Leisching versucht hier einen Mittelweg und definiert den Stand als eine „dem Orden angegliederte, gesonderte Vereinigung, die jurisdiktionell und organisatorisch auf das engste mit dem Orden verbunden ist",[201] bzw. nennt sie „qualifizierte Laienvereinigung".[202]

Als angegliederte Vereinigung könnte jedoch nur schwer begründet werden, dass gewisse Ämter der Leitungsebene übernommen werden können, deren Beteiligung an Beschlüssen Auswirkungen auf den Ersten Stand als

---

[197] Vgl. RHODE, Ulrich: § 58. Religiosenverbände, in: HdbKathKR³, S. 846-878, hier S. 848.

[198] LEISCHING, Malteser-Ritterorden, v. a. S. 105.

[199] Papst Pius XII. errichtete jedoch erst 1947 Säkularinstitute, PIUS XII, Apostolische Konstitution Provida Mater Ecclesia (2.2.1947, in: AAS 39 (1947) 114-124.

[200] RHODE, Religiosenverbände, S. 848f.

[201] LEISCHING, Malteser-Ritterorden, S. 106.

[202] Drs.: Der Souveräne Malteserritterorden als Religio, in: WIENAND, Johanniterorden, S. 439-452, hier S. 450.

Ordensinstitut haben könnten.[203] Hofmeister versucht dies zu lösen, indem er zwar konstatiert, dass eine „von Seiten der Kirche gebilligte formelle Eingliederung oder Angliederung" nicht nachweisbar sei, eine solche de facto jedoch vorliege.[204]

Beim Dritten Stand ist die kirchenrechtliche Definition noch diffiziler, zumal die Mitglieder grundsätzlich für viele Funktionen gar nicht oder nur hilfsweise vorgesehen sind,[205] obwohl sie bereits 1961 „im Gegensatz zu den Vertretern anderer Gliederungen [i.S.v. (Sub-) Prioraten] völlig unterrepräsentiert" sind.[206] Allerdings muss hilfsweise auf das o. g. Urteil des Tribunals hingewiesen werden, nach diesem die Mitglieder der Assoziationen dem Orden und durch ihn dem Hl. Stuhl unterstellt seien.

Damit wird – gerade, weil die Definition im Kirchenrecht einen Interpretationsspielraum lässt – der Zweite und Dritte Stand wohl als Drittorden zu qualifizieren sein, da die Mitglieder „am Geiste eines Ordensinstituts teilhaben [und] unter der Oberleitung ebendieses Instituts ein apostolisches Leben führen" (can. 303 CIC).[207] Ob damit jedoch ein eigener kanonischer Status (z. B. Verein) begründet wird, lässt das Kirchenrecht offen. Hierbei ist darauf zu verweisen, dass die Rheinisch-Westfälische Malteser-Genossenschaft als Pia Unio konstituiert und dennoch eng mit dem Orden verbunden wurde.[208]

Auch eine Form von Aggregation sieht das Kirchenrecht vor (can. 580 CIC), ohne den Rechtstitel mit Leben zu füllen. Hiermit bestünde auch die Möglichkeit, bestehende aus der Geschichte und nach dem Charisma des

---

[203] Art. 7b Verfassung/1961 legte eine Höchstgrenze von 500 Promessen fest mit Möglichkeit der Erhöhung in Zuständigkeit der Religiosenkongregation.

[204] HOFMEISTER, Reorganisation, S. 473.

[205] Eine wirkliche Affiliation fand erst mit Art. 11 § 2 Verfassung/1961 statt. Hofmeister: Reorganisation, S. 518 schwankte jedoch noch zwischen den Begrifflichkeit Affiliation und/oder Inkorporation.

[206] BARZ/PAPENTI, Verfassungssystem, S. 436.

[207] Siehe auch Bernhard ANUTH, Drittorden, in: Josef KANDLER (u. a.): 100 Begriffe aus dem Ordensrecht, St. Ottilien 2015, S. 147-150.

[208] Sie wurde am 12. August 1867 als Sodalität mit päpstlicher Regel anerkannt und trug bereits im Statut die Bezeichnung Pia Unio, vgl. DEUTSCHE ASSOZIATION, Malteserorden, S. 57f.

Malteserordens lebende Frauenkongregationen in den Gesamtverband zu integrieren, ohne das besondere Charisma der einzelnen Stände zu verwischen.[209]

Die Mitglieder des Zweiten und Dritten Standes gliedern sich in verschiedene Rangstufen, die sich bei der Aufnahme vor allem an Adelskriterien orientieren,[210] wobei damit keine besonderen Vorrechte verbunden sind, außer hinsichtlich der Insignien und des Kirchengewandes.[211]
Eine Zugehörigkeit von Geistlichen zum Zweiten Stand ist nicht vorgesehen, sodass Oboedienzmitglieder, die eine Diakonweihe empfangen, von ihrem Versprechen entbunden und in die Klasse der Magistraldiakone des Dritten Standes eingeordnet werden.[212] Hier kann sicherlich angeführt werden, dass die Oboedienzmitglieder ein besonderes kirchenamtliches Versprechen ablegen, aber eine Inkardination ausschließlich beim Ersten Stand als Religioseninstitut möglich ist. Eine Mitgliedschaft im Zweiten Stand könnte bei Klerikern durchaus in Problematiken mit der kirchlichen Hierarchie gipfeln im Sinne einer Gehorsamskollision.

II.2.2.2 Die Mitglieder des Zweiten Standes

Wie die Professen unterstehen die Mitglieder des Zweiten Standes ihrem

---

[209] Die Schwestern der Klausur vom Hl. Johannes zu Jerusalem bestand wohl seit Mitte des 12. Jahrhunderts vorerst für Angehörige von Ordensrittern in Aragon und dehnten sich in der Folgezeit aus. Heute bestehen Häuser in Spanien und Malta. Unter anderem wird von den Angehörigen bei gewissen Anlässen die bestickte Stola getragen, die auch zum Kirchengewand der Professritter gehört.

[210] Diese Bedingungen variieren nach Land. Eine aktuelle Aufstellung liefert SCHWETZ, Malteser-Ritter-Orden, S. 38f.

[211] In absteigender Reihenfolge sind dies: Devotionsdonat bzw. -donatin, Magistralritter bzw. -dame, Gratial- und Devotionsritter bzw -dame, Ehren- und Devotionsritter bzw. -dame. In den Kategorien der Ritter und Damen kann das Großkreuz verliehen werden (Art. 103 § 1 u. 2 Codex). Außerdem kann Ehren- und Devotions-Großkreuzrittern bzw. -damen sowie Kardinälen der Ehrenrang eines Bailli verliehen werden (ebd. § 3). An die Großkreuzritter aller Ränge kann das Schulterband verliehen werden (ebd. § 4). Daneben tragen Ehren- und Devotionsritter, die Inhaber einer Jus-Patronatus-Familien-Kommende sind, den Titel Komtur (Art. 104 Codex). Mitglieder des Zweiten Standes fügen den Rängen bzw. der Kategorie den Hinweis „in Oboedienz" zu (Art. 66 § 1 Codex).

[212] Art. 78 § 5 Codex.

zuständigen Oberen.[213] Sie sind „dem Orden durch die Promess verbunden" und ihnen kommen dadurch Rechte und Pflichten zu bzw. die Möglichkeit, Ämter und Funktionen zu übernehmen.[214]

Sie müssen in vorbildlicher Weise nach dem Evangelium und den Lehren der Kirche leben und durch die Werke Zeugnis für Glauben und Nächstenliebe abgeben.[215] Sie haben damit Anteil am Ordensapostolat und richten sich nach seiner Spiritualität aus. In einem „intensiveren Leben in Frömmigkeit" halten sie die kirchlichen Gesetze ein und zeigen ein „beständiges Beispiel der Frömmigkeit und Tugend, des apostolischen Eifers und der Hingabe".[216] Das Versprechen hat darüber hinaus eine vermögensrechtliche Relevanz, indem die moralische (nicht rechtliche) Verpflichtung übernommen wird, die „irdischen Güter im Geiste des Evangeliums zu gebrauchen".[217]

Ihnen können aufgrund ihrer Bindung nicht nur „besondere Aufgaben übertragen werden", sondern sie haben auch die Pflicht, das zu befolgen, was die Oberen rechtmäßig gebieten.[218] Rücktritte von übertragenen Aufgaben sind annahmebedürftig.[219] Der Obere übt hier also eine tatsächliche potestas aus, deren geistlicher Anteil jedoch delegiert werden kann.[220] Automatisch fallen Funktionen weg, wenn die Zugehörigkeit zum Zweiten Stand endet.[221]

Vor allem sind sie fähig, gewisse Ämter subsidiär wahrzunehmen, u. a. nach Zustimmung des Großmeisters, die Hohen Ämter (außer dem des

---

[213] Art. 5 § 2 Verfassung. Zur Rechtsklarheit trägt hier bei, dass an dieser Stelle das Wort „ausschließlich" (Art. 4 § 2 Verfassung/1997) gestrichen wurde. Allerdings irritiert die Einordnung im Paragraphen über die Beziehung zum H. Stuhl.

[214] Art. 9 § 2 Verfassung. Der Codex verweist nicht mehr darauf, dass aus dem Stand keine Privilegien erwachsen (vgl. Art. 94 § 3 Codex/1997). Hier wäre u. a. an Ablässe zu denken, die nicht mehr an den Stand gebunden sind.

[215] Art. 10 § 2 Verfassung.

[216] Art. 66 §§ 5 u. 6 Codex.

[217] Art 66 § 6 Codex.

[218] Art. 66 § 2 u. 3 Codex.

[219] Art. 78 §§ 1 u. 2 Codex.

[220] Art. 79 § 1 Codex.

[221] Ebd. § 4. Bestimmte Funktionen sind, wie oben gezeigt, an den Stand gebunden. Dennoch hätte hier konkretisiert werden müssen, dass diese Funktionen wegfallen, wenn in den Dritten Stand zurückgekehrt wird. Mit dem Wechsel in den Ersten Stand dürften sich fast alle Ämter vereinbaren lassen.

Großkomturs) zu besetzen.[222]
Daneben ist ihnen nicht nur die Leitung eines Subpriorats als Regent möglich, sondern erstmals auch eines Priorats.[223] Auch sollen sie mit Dispens des Großmeisters vorrangig Führungsämter in den (Sub-) Prioraten übernehmen.[224] Vier Mitglieder des Souveränen Rats werden aus dem Kreis der beiden ersten Stände gewählt.[225] Den Oboedienzmitgliedern kommen zwei Sitze im Kapitel der (Sub-) Priorate zu und drei Sitze im Führungsrat der Assoziationen.[226] Auch soll der Stand – unabhängig von der grundsätzlichen Bevorzugung von Professen – vorzugsweise die Ämter des Präsidenten, Schatzmeisters, Hospitaliers und Generalsekretärs in Assoziationen bekleiden.[227] Im Fall eines Kommissarischen Leiters (s. u.) muss dieser mindestens dem Zweiten Stand angehören.[228]

Zu den geistlichen Pflichten gehören die Verbundenheit in Gebet und Werk, der häufige Besuch der hl. Messe, der Empfang der Sakramente und jährliche Exerzitien. Auch die Mitarbeit in den Ordenswerken gehört explizit zu diesen geistlichen Pflichten, wohl deshalb, weil sie integraler Bestandteil des Apostolats sind.[229]

Ein Verstoß gegen die Obliegenheiten kann zur Durchführung von Disziplinarmaßnahmen führen (s. u.). Bedeutsam ist, dass eine Missachtung

---

[222] Art. 20 § 3 Verfassung. Der Hinweis auf eine besondere Eignung (Art. 11 § 3 Verfassung/1997) wurde fallengelassen

[223] Art. 42 §§ 1 u. 2 Verfassung. Der Titel eines Regenten war bislang für die Leiter der Subpriorate vorgesehen.

[224] Art. 79 § 1 Codex.

[225] Art. 25 § 2 Verfassung.

[226] Art. 43 § 1 lit. d bzw. Art. 50 § 1 lit. g Verfassung. Dabei werden sie von den Mitgliedern ihres Standes gewählt (Art. 41 § 3, Art. 43 § 2, Art. 50 § 2 Verfassung).

[227] Art. 49 § 1 Verfassung. Im Falle eines Präsidenten aus dem Zweiten Stand unterstehen die Professen in ihrer Funktion als Religiose einem vom Großmeister zugewiesenen nächsten Prior oder Subprior (Art. 52 Verfassung). Systematisch müsste dies noch mehr für einen Präsidenten aus dem Dritten Stand gelten.

[228] Art. 53 § 4 Verfassung. Diese Beschränkung dürfte auf die gewünschte engere Bindung an den Orden zurückzuführen sein, die erwartet werden kann, falls sich der Großmeister aus schwerwiegenden Gründen für ein solches Vorgehen entscheidet.

[229] Art. 74 Codex. Neu ist hier, dass kein Gebetskatalog mehr genannt wird (wie das tägliche Vater unser, Ave Maria etc., vgl. Art. 101 Codex/1997).

göttlicher Gesetze und Angelegenheiten der Gelübde auch bei Oboedienzmitgliedern unter der Strafe der Sünde stehen kann.[230] Keine disziplinarische Bedeutung kommt an dieser Stelle dem neu geschaffenen Koordinator für den Zweiten Stand zu, der vom Großmeister nach Anhörung des Souveränen Rats ernannt wird.[231] Er wird durch den Prälaten in der „Sorge für das geistliche Leben und die religiöse Observanz der Ordensmitglieder" unterstützt.[232]

Obgleich die Mitglieder des Zweiten Standes „unter den mindestens seit fünf Jahren dem Orden angehörenden Rittern und Damen" ausgewählt werden,[233] geht der Codex selbst von einer Eigeninitiative der Kandidaten aus. So müssen sie nachweisen, den katholischen Glauben auszuüben und dass keine kanonischen oder sittlichen Hindernisse der Aufnahme entgegenstehen, das sechsundzwanzigste Lebensjahr vollendet haben, seit fünf Jahren dem Orden angehören und ein Einverständnis des etwaigen Ehegatten beibringen.[234] Es ist ein Probejahr vorgesehen, für dessen Zulassung der (Sub-) Prior nach Zustimmung seines Kapitels zuständig ist.[235] Während dieser Zeit, die mit Schweigeexerzitien eingeleitet wird, soll sich der Kandidat vertiefte Kenntnisse zu Vorschriften, Geschichte, Spiritualität und den Traditionen erwerben und vor allem in den Ordenswerken Dienst der christlichen Nächstenliebe tun.[236] Zur Begleitung und Aufsicht ist ein Probezeitmeister zu bestellen, der Ordenskaplan sein soll und von einem Professritter unterstützt

---

[230] S. Fn. 159.

[231] Art. 15 § 3 lit. e Verfassung. Dieser Koordinator wird – sofern er Professe ist – an den Sitzungen des Rats der Professen beratend hinzugezogen (Art 26 § 2 Verfassung).

[232] Art. 22 § 3 Verfassung. Der Aufgabenkatalog des Prälaten hätte durchaus intensiver in den Blick genommen und ausgestaltet werden können.

[233] Art. 66 § 1 Codex.

[234] Art. 67 Codex. Zuvor war das fünfundzwanzigste Lebensjahr ausreichend (Art. 95 lit. c Codex/1997). Damit wird das Alter an das Alter für die ewige Profess angeglichen. Dennoch ist die Systematik im Vergleich zum einfachen Gelübde, dem eine kanonisch stärkere Bindungswirkung zukommt, unklar.

[235] Art. 68. Im bisherigen Recht war diesem nur ein Vorschlagsrecht an den Großmeister zugewiesen (Art. 15 § 2 lit. c Verfassung/1997), der zuvor die Zustimmung des Souveränen Rats und ein Nihil Obstat des Prälaten einholen musste (Art. 96 Codex/1997).

[236] Art. 70 §§ 1 und 2 Codex.

wird.[237] Dieser legt dem zuständigen Oberen zum Ende der Probezeit einen Bericht über den Kandidaten und seine Eignung für den Stand vor.[238]

Die Zulassung zur Promess kommt dem Großmeister nach Billigung des Souveränen Rates zu auf Grundlage eines Vorschlags des jeweiligen Oberen nach der Zustimmung seines Kapitels.[239] Die Promess selbst wird vom Großmeister oder vor einem von ihm beauftragten Professen oder Konventualkaplan in Gegenwart zweier Zeugen entgegengenommen.[240]

Eine signifikante Änderung wurde hinsichtlich der Dauer getroffen. Das Versprechen wird nicht mehr sofort ewig, sondern für maximal dreimal drei Jahre abgelegt. Danach besteht die Möglichkeit der dauerhaften Ablegung oder die Rückkehr in den Dritten Stand.[241] Damit ähnelt die Zeitspanne der zeitlichen Profess. Auch ist der Rücktritt „aus schwerwiegenden persönlichen Gründen" als großmeisterliche Dispens nach Zustimmung des Souveränen Rats möglich.[242]

II.2.2.3 Die Mitglieder des Dritten Standes

Den Mitgliedern des Dritten Standes, die die Mehrheit der Mitglieder bilden, kommen „jeweils eigene Pflichten und Rechte" zu.[243] Sie müssen ihr Leben

---

[237] Art. 69 Codex. Die Rolle des Kandidaten erscheint hier deutlich proaktiver und weniger konsumierend als im alten Recht (Art. 97 §§ 1 u. 2 Codex/1997). Auch wird die geistliche Dimension stärker betont, da bislang nur ein in Eifer und Klugheit bewährtes Mitglied des Zweiten Standes für die Begleitung vorgesehen war (ebd.).

[238] Art. 70 § 3 Codex.

[239] Art. 71 Codex. Während die Verfassung nur die Anhörung des Souveränen Rates vorsieht (Art. 15 § 3 lit. f Verfassung), fordert der Codex seine Zustimmung (Art. 71 Codex). Die Diskrepanz bedarf der Aufklärung.

[240] Art. 72 § 2 Codex. Zuvor konnte dies auch vor dem zuständigen Prior oder Regenten bzw. einem von diesen Beauftragten erfolgen (Art. 100 Codex/1997). Der Grund könnte in der stärkeren Kirchenamtlichkeit liegen.

[241] Art. 72 § 2 Codex.

[242] Art. 81 § 1 Codex. Nicht mehr vorgesehen ist die frühere Regel, dass bei Ablehnung der Dispens die Person entweder im Zweiten Stand verbleibt oder das Recht hat, auszutreten (vgl. Art. 104 Codex/1997).

[243] Art. 9 Verfassung.

in vorbildlicher Weise am Evangelium und den Lehren und Vorschriften der Kirche ausrichten und sich dem Apostolat der Gemeinschaft widmen.[244] Es werden gläubige Laien und Weltkleriker aufgenommen, die dem Auftrag des Ordens nachkommen wollen, seine Spiritualität leben und die in den hospitalären und karitativen Werken des Ordens tätig sind,[245] um ein Zeugnis für Wahrheit und Nächstenliebe abzugeben.[246]

Der Lebenswandel muss öffentlich und privat vorbildlich sein, der katholische Glaube praktiziert und verteidigt und Nächstenliebe – vor allem in den Ordenswerken – gelebt werden. Dazu gehört auch die Verpflichtung, täglich für den Papst, die Kirche, die Oberen, alle Ordensmitglieder sowie die Armen und Kranken zu beten und das Ordensgebet zu sprechen. Die damit verbundenen Rechte beinhalten die Teilhabe an geistlichen Privilegien und Vorteile des Ordens und die Fähigkeit, im begrenztem Maße, Aufgaben und Ämter zu übernehmen.[247] Die Kapläne – seltsamerweise nicht die Diakonen – sollen mit den Konventualkaplänen zusammenarbeiten. Hierzu können die Oberen und der Prälat Vorschriften erlassen.[248]

Mitglied sind sie grundsätzlich in ihrem jeweiligen (Sub-) Priorat, sofern dies existiert, sonst in einer Assoziation.[249] Diese Gliederungen sind es auch, die durch ihre Leiter die Kandidaten dem Großmeister „vorstellen".[250]

Der Aufnahme voraus geht ein verpflichtendes Vorbereitungsjahr, das den Kandidaten in die spirituelle Disziplin, daneben in das Recht und die Geschichte des Ordens einführen soll.[251] Die Zulassung zum Stand selbst

---

[244] Art. 10 § 2 Verfassung. Die Beitragsverpflichtung vgl. Art. 9 Verfassung/1997 findet sich nur noch indirekt, v. a. im Disziplinarrecht.

[245] Rechtlich könnte das Engagement in den Werken durchaus erst in der Vorbereitungszeit (s. u.) beginnen.

[246] Art. 82 §§ 1 u. 2 Codex.

[247] Art. 88 Codex.

[248] Art. 89 Codex.

[249] Art. 41 § 1 bzw. Art. 47 § 1 Verfassung. Im Vergleich zur alten Verfassung (Art. 10 Verfassung/1997) wurden die Zuordnung deutlich vereinfacht.

[250] Art. 83 § 2. Ein Aufnahmevorschlag durch ein Mitglied des Souveränen Rates (vgl. Art 108 § 1 Codex/1997) ist nicht mehr vorgesehen.

[251] Art. 83 § 1 Codex. Eine Dispens durch den Souveränen Rat ist nicht mehr vorgesehen (vgl. Art. 109 Codex/1997). Es irritiert, dass die Teilnahme an Ordenswerken und Veranstaltungen nicht mehr explizit genannt ist (vgl. 109 Codex/1997).

erfolgt durch den Großmeister nach Zustimmung des Souveränen Rats.[252] Neben den kirchlichen Standesbescheinigungen ist ein pfarramtliches Zeugnis über Leben und Führung beizubringen, die Bestätigung über die Vorbereitungszeit und ein vom Oberen gegengezeichnetes Antragsformular.[253]

Für die Aufnahme von Klerikern – hier werden erstmals auch Ständige Diakone genannt – ist die vorhergehende Zustimmung des Ordinarius und des Prälaten notwendig.[254] Dabei ist zu beachten, dass nur Weltkleriker in diesen Stand aufgenommen werden können.[255]

Eine Aufnahme abseits des regulären Eintritts über eine territoriale Gliederung ist motu proprio durch den Großmeister möglich.[256]

Die Rangstufen innerhalb des Standes (von Devotionsdonaten bis Großkreuzrittern) entsprechen denen des Zweiten Standes.[257] Während für Laien keine Regelungen der Aufnahme in einen speziellen Rang erwähnt werden – wohl, weil dieser grundsätzlich am Vorliegen verschiedener Adelsvoraussetzungen anknüpft – ist für Priester und Bischöfe auch die Aufnahme in höhere Ränge möglich.[258] Erstmals wurde die Klasse der Diakone geschaffen und damit Regeln für Laienmitglieder, die nach der Aufnahme in den Orden eine Weihe empfangen.[259]

---

[252] Art. 83 § 3 Codex.

[253] Art. 84 Codex. Hier fällt auf, dass erneut nicht mehr der Ordinarius für das Zeugnis verantwortlich ist (s. o., vgl. Art. 113 § 2 Codex/1997). Es wird betont, dass vorgelegte Adelsproben – die in einem eigenen Regelwerk festgelegt werden – kein Aufnahmerecht begründen (Art. 83 § 4 Codex).

[254] Art. 85 § 1 Codex. Eine weitere – wohl inhaltlich nicht abweichende – Regelung ergibt sich daraus, dass bei Klerikern von einer Ausbildungszeit gesprochen wird (Art. 86 § 2 Codex).

[255] Art. 9 §§ 1 u. 2 Verfassung, Art. 82 § 1 Codex.

[256] Art. 87 Codex.

[257] vgl. Art. 103 §§ 1 u. 2 Codex.

[258] Hier ist nach Anhörung des Prälaten und Zustimmung des Kardinalpatrons der Rang eines Ehren-Konventual-Großkreuzkaplans bei Bischöfen sowie und der des Ehren- und Devotions-Großkreuz-Baillis bei Kardinälen (Art. 85 § 2 Codex) möglich, wobei für letzteren der Souveräne Rat angehört werden muss.

[259] Art. 85 §§ 4 u. 5. So werden Ehren- bzw. Gratial-Devotionsritter zu Ehren-Konventualkaplänen, Magistralritter und Donaten zu Magistralkaplänen. Nach der Weihe zum Ständigen Diakon werden diese zu Magistraldiakonen (hier ist kein Rang mit Adelsnachweis vorgesehen).

Die spezielle Natur des Dritten Standes zeigt sich auch in der Möglichkeit, eingeschränkt Funktionen und Ämter innerhalb der ordenseigenen Strukturen zu übernehmen. Nicht wählbar sind sie als Amtsträger in (Sub-) Prioraten, wobei ihnen in den jeweiligen Versammlungen eingeschränktes Stimmrecht zukommt.[260] In den Assoziationen sind sie subsidiär für alle Funktionen wählbar und mit drei Mitgliedern im Führungsrat vertreten.[261] Gleichsam sind sie für Ämter in den Delegationen wählbar, also den Gliederungen unterhalb der Priorate oder Assoziationen.[262] Zwar können sie nicht die Hohen Ämter ausüben oder als Mitglieder des Souveränen Rats fungieren,[263] jedoch u. a. als Präsidenten der Assoziationen oder Delegierte im Generalkapitel und Großen Staatsrat mitwirken.[264] Für Funktionen in Ordenswerken besteht keine Beschränkung.

Sie unterliegen dem allgemeinen Disziplinarrecht für Nichtprofessen.[265]

II.2.3 Gemeinsame Disziplinarordnung und Gerichtswesen

Der Codex legt einen umfangreichen Abschnitt hinsichtlich Disziplinarmaßnahmen für den Zweiten und Dritten Stand vor. Damit wird sicherlich kompensiert, dass das Kirchenrecht keine hinreichenden Sanktionsmaßnahmen für Nicht-Ordensmitglieder vorsieht bzw. den Vereinen eine grundsätzliche Autonomie belässt. Allerdings ist es aufgrund der Stände-Konstruktion wichtig, die „vorgegebenen Verpflichtungen zur ordensgemäßen Lebensführung dennoch im ‚Zwangswege' durchsetzen" zu

---

[260] Das alte Recht sah hier nur einen Ausschluss für den Prior, Kanzler und Rezeptor vor (vgl. Art. 29 Verfassung/1997). Allerdings sind zwei Vertreter im Priorats- oder Subprioratskapitel Mitglied (Art. 43 § 1 lit. e Verfassung), die von den Mitgliedern des Standes gewählt werden (ebd. § 2).

[261] vgl. Art. 49 § 1 Verfassung bzw. ebd. Art. 50 § 1 lit. h Verfassung. Diese werden ebenfalls aus dem eigenen Kreis gewählt (ebd. § 2).

[262] Art. 197 Codex macht keine Vorgaben zum erforderlichen Stand.

[263] Art. 20 §§ 2 u. 3 bzw. Art. 25 § 3 Verfassung. Das alte Recht kannte diesen Ausschluss für die Hohen Ämter nicht (vgl. Art. 20 § 4 Verfassung/1997).

[264] Art. 29 § 1 lit. g u. h Verfassung bzw. Art. 32 § 2 lit. h u. i Verfassung.

[265] Art. 91 § 1 Codex. Ein Verweis auf die allgemeinen Regeln zum Disziplinarrecht hätte ausgereicht, ohne einzelne Beispiele bereits zuvor aufzuführen.

können.[266] Diese Möglichkeiten reichen von der Abmahnung über die Suspension von Mitgliedschaftsrechten bis zum Ausschluss.[267]

Die Abmahnung, die schriftlich oder mündlich im Beisein zweier Zeugen zu erfolgen hat, soll ein unangemessenes Verhalten korrigieren oder dazu führen, den Pflichten gegenüber Kirche und Orden erneut nachzukommen.[268] Obwohl sie keinen strafenden Charakter hat, ist als Rechtsmittel ein Widerspruch an das Magistralgericht möglich, womit allerdings ein Disziplinarverfahren eröffnet wird.[269]
Die Gründe für die Suspendierung als temporäres Ruhen der Rechte können sowohl fortgesetztes „unangemessenes Verhalten" nach einer Abmahnung sein, die Nichtzahlung der Mitgliedsbeiträge oder ein kirchen- oder zivilrechtliches Strafverfahren.[270]
Für einen Ausschluss ist eine Lebensweise erforderlich, die „in schwerwiegendem Gegensatz" zur Ordenszugehörigkeit steht, die weitere zwei Jahre nicht erfolgte Zahlung des Mitgliedsbeitrags nach Suspension bzw. eine rechtskräftige Verurteilung in den vorgenannten staatlichen Strafverfahren.[271]

Zuständig für die Suspension oder den Ausschluss ist eine ständige Disziplinarkommission in den territorialen Gliederungen.[272] Sofern es sich jedoch um Regenten oder Präsidenten respektive ein Mitglied des Souveränen

---

[266] Wolf-Dieter BARZ, Die Verfassung des Souveränen Malteser-Ritter-Ordens, in: Jahrbuch des öffentlichen Rechts der Gegenwart 38 (1989), S. 423-445, hier S. 430.

[267] Art. 92 Codex. Der alte Codex ermöglichte hier noch den Tadel nach der Verwarnung (Art. 120f. Codex/1997).

[268] Art. 93 Codex.

[269] Art. 96 § 1 bzw. Art. 92 § 2 Codex.

[270] Art. 94 Codex. Die alte Fassung sah eine Suspension wegen „schwerer Verfehlungen sittlicher Natur" vor, die von der Justiz verfolgt wird und einen Ausschluss bei einem Leben, „dessen Stil in schwerwiegendem Gegensatz" zur Mitgliedschaft steht. (Art. 123 §§ 1 und 2 Codex/1997).

[271] Art. 95 Codex.

[272] Art. 98 Codex.

Rats handelt, setzt der Großmeister diese ad hoc ein.[273] Bei den Kommissionen der Gliederungen eröffnet der Obere das Verfahren und informiert das Magistralgericht, wobei die Durchführung bei der genannten Kommission liegt.[274]

Nach der Entscheidung ist ein Rekurs zum Magistralgericht möglich,[275] bei Entschluss des vom Großmeister eingesetzten Gremiums Berufung beim Apostolischen Stuhl.[276]

Es ist aus der Natur der Sache davon auszugehen, dass sowohl das Magistralgericht erster Instanz als auch die Appellationsinstanz hier tätig werden können, wenngleich diese in hier nicht explizit erwähnt wird.

Daneben werden den Gerichten andere Streitfälle innerhalb des Ordens zugewiesen, u. a. solche, die das Kirchenrecht den Instituten zu regeln freistellt,[277] doch auch die Möglichkeit, als Schiedsgericht bei völkerrechtlichen Streitigkeiten eingesetzt zu werden.[278]

Die Richter, der Präsident und der Kanzler, die über besondere juristische Erfahrungen verfügen müssen, werden für drei Jahre mit der Möglichkeit zur

---

[273] Art. 97 § 2 Codex. Professen unterliegen nicht der Disziplinarordnung des Eigenrechts und es finden sich nur Verweise auf die Regelungen des CIC hinsichtlich des Ausschlusses. Daher wäre es hier rechtssystematisch angebracht gewesen, auch für die Mitglieder des Souveränen Rats den Verweis auf Mitgliedern ohne Gelübde zu beschränken. Sollten Professen doch gemeint sein, ist die Einschränkung auf Regenten falsch. Der Hinweis von SCHWETZ, Malteser-Ritter-Orden, S. 54, auf Mitglieder „beider Ratsgremien" trifft nicht zu, da es nicht um den Rat der Professen geht.

[274] Art. 97 § 1 und Art. 99 Codex.

[275] Art. 102 § 1

[276] Art. 102 § 3. Das quasi-gerichtliche Verfahren ist neu. Hier entschied der Großmeister mit Zustimmung des Souveränen Rats auf Grundlage des Berichts der Disziplinarkommission. Erst im Anschluss war eine Berufung an die Ordensgerichte möglich (Art. 12 § 3 Verfassung/1997 i.V.m. Art. 129 Codex/1997). Die Entlassung Boeselagers durch den Souveränen Rat dürfte zu dieser neuen Appellationsinstanz beigetragen haben, zumal der Großmeister die Richter des Magistralgerichts nach Zustimmung des Rates ernennt (Art. 35 § 2 Codex) und sie in seinem Namen Recht sprechen (Art. 165 § 1 Codex).

[277] Art. 35 § 1 Verfassung. Das alte Recht sah hier noch vor, dass die Magistralgerichte nur über Laien urteilen durften, bei Religiosen jedoch die ordentlichen Kirchengerichte zuständig waren (vgl. Art. 26 §§ 1 u. 2 Verfassung/1997).

[278] Art. 165 Codex. Als innere Angelegenheiten werden genannt: Widersprüche gegen andere Verwaltungsakte und Dekrete, Arbeitsrecht, Streitfälle zwischen Mitgliedern, Streitfälle von Ordensgliederungen etc. (Art. 159 § 1 Codex).

zweimaligen Wiederernennung durch den Großmeister nach Zustimmung des Souveränen Rats ernannt.[279] Es gilt eine absolute Altersgrenze von 75 Jahren, aber auch die Möglichkeit der Entlassung durch den Großmeister u. a. wegen Ungeeignetheit.[280]

Ein eigenes Prozessrecht wird für die Gerichte, gleichsam in Disziplinarangelegenheiten sobald sie über das oben Gesagte hinausgehen,[281] nicht in Kraft gesetzt. Es gilt die Zivilprozessordnung des Staates der Vatikanstadt.[282]

Entgegen dem außerhalb gebräuchlichen Wortsinn ist die Staatsanwaltschaft vor allem für die Vertretung des Ordens vor kirchlichen und weltlichen Gerichten zuständig.[283] Sie gehört zu den Beratungsorganen, an die sich Ordensgliederungen in gewichtigen juristischen Fragen wenden können.[284] Der Juridische Beirat unterstützt vor allem den Großmeister, den Souveränen Rat und den Rat der Professen in juristischen Fragestellungen.[285]

II.2.4 Ausschluss und Ausscheiden

Der Austritt und die Entlassung der Professen sind nicht eigens geregelt, sondern nur als Verweis auf cann. 686-692 bzw. 694-701 CIC,[286] wobei diese nur die Religiosen betreffen. Der Übertritt in ein neues Institut erfolgt ebenfalls aufgrund der allgemeinen kirchenrechtlichen Bestimmungen.[287]

---

[279] Art. 35 §§ 2 u. 3 Verfassung.

[280] Art. 163 Codex.

[281] Art. 166 Codex.

[282] https://www.vatican.va/content/francesco/it/motu_proprio/documents/papa-francesco-motu-proprio-20200313_legge-cccli-ordinamentogiudiziario.html [Abruf: 1.3.2024]. Aufgrund der unterschiedlichen Instanzen ist dies jedoch nur modifiziert anwendbar.

[283] Art. 34 Verfassung.

[284] Art. 168 Codex.

[285] Art. 33 Verfassung.

[286] Art. 41 Codex. Die Kategorisierung unter den Abschnitt der ewigen Profess ist unsauber, weil in den Canones auch Regeln für Mitglieder mit zeitlicher Profess getroffen werden.

[287] Art. 40 Codex. Allerdings findet sich kein Hinweis mehr auf Gesellschaften des Apostolischen Lebens (Art. 90f. Codex/1997).

Eine Besonderheit ergibt sich hinsichtlich der Professen nur aufgrund der bereits vorherigen Ordensmitgliedschaft in einem anderen Stand. So führt der Verzicht auf die Erneuerung der Gelübde nicht zu einem Austritt aus dem Orden, sondern zur Rückkehr in den früheren Stand.[288]

Überraschenderweise finden sich keine Regeln zum Austritt aus dem Zweiten und Dritten Stand, wobei der Rücktritt von der Promess wahrscheinliche Voraussetzung für einen späteren Austritt wäre, weil dem eine begrenzte kirchliche Bindung zukommt. Da auch das Kirchenrecht keine Regeln für öffentliche Vereine von Gläubigen vorsieht,[289] dürfte hier ein nicht-annahmebedürftiger einseitiger Willensakt ausreichen.

Aus einem schwerwiegenden Grund kann ein Exklaustrationsindult für einen Zeitraum bis zu drei Jahren gewährt werden, durch den Hl. Stuhl auch länger bzw. durch den Papst auf Antrag des Oberen auferlegt werden, womit der temporäre Verlust des Wahlrechts und die Dispens mit unvereinbaren Pflichten einhergeht (can. 686 CIC).[290]

Während der zeitlichen Profess kann aus „einem schwerwiegenden Grund" ein Austrittsindult vom obersten Leiter mit Zustimmung des Rates gewährt werden (can. 688 CIC). Hier ist rechtssystematisch an den Rat der Professen zu denken.[291] Im Falle eines Austrittsgesuchs nach Ablegung der ewigen Profess wird dieses bei Vorliegen von sehr schwerwiegenden und vor Gott überlegten Gründen zusammen mit der Stellungnahme des obersten Leiters

---

[288] Art. 26 § 4 und Art. 29 Codex. Das Kirchenrecht geht davon aus, dass bei der Entscheidung gegen die ewigen Gelübde die Mitgliedschaft endet (can. 657 § 1).

[289] Auch Dritte Orden oder andere einem Institut des geweihten Lebens bzw. Gesellschaft des apostolischen Lebens verbundene Vereine sind wohl als öffentliche Vereine von Gläubigen anzusehen, vgl. SCHULZ, in: MKCIC c. 303, Rn. 2.

[290] Eine Exklaustration wäre über drei Jahre hinaus durch den Papst auszusprechen gewesen. Eine General-Exklaustration für alle Mitglieder eines Instituts sieht das Kirchenrecht nicht vor. Hier müsste auch überhaupt eine Klausur bestehen, vgl. AYMANS/MÖRSDORF II, S. 712 zu der Ausnahme von Säkularinstituten.

[291] Dieser Rat ist auch für sonstige Zustimmungen im Rahmen der professierten Mitglieder, wie Zulassungen zu den Professen, zuständig.

und seines Rates zur Entscheidung an den Hl. Stuhl übermittelt (can. 691 CIC).[292]

Eine Entlassung kann eo ipso eintreten (can. 694 CIC),[293] zwangsweise (can. 695 CIC)[294] oder aus anderen schwerwiegenden Gründen, die in das forum externum getreten, zurechenbar und beweisbar sind (can. 696 CIC)[295]. Das Verfahren, bei dem Beweise gesammelt und Möglichkeiten zur Verteidigung eingeräumt werden müssen (außer bei der Entlassung eo ipso), wird nach Maßgabe der oben genannten Regeln geführt. Es kann zu einer Verwarnung oder zur Entlassung führen, sofern der Obere und Rat kollegial in geheimer Abstimmung für die Ausstellung des Entlassungsdekrets stimmen. Es bedarf der Bestätigung durch den Hl. Stuhl (can. 700 CIC).

Hinsichtlich des Übertritts greifen diese Regeln üblicherweise nur für endgültig eingegliederte Mitglieder und es bedarf neben eines Austrittsindults des Ursprungsinstituts u. a. die Zustimmung beider Oberer mit ihren Räten. Daneben steht eine Probezeit im neuen aufzunehmenden Institut.[296] Übernommen aus dem CIC wurde der Hinweis auf Anspruchsverzicht des Ausgetretenen oder Entlassenen, aber die Pflicht, Billigkeit und evangelische Liebe walten zu lassen (vgl. can. 702 § 2 CIC).[297]

---

[292] Hier sind die Regelungen hinsichtlich der Kleriker zu beachten (can. 693 CIC), v. a. bei Wunsch aus dem Klerikerstand auszuscheiden (can. 290 Nr. 3 CIC) bzw. der Dispens vom Zölibat (can. 291 CIC).

[293] Can. 694 § 1 CIC nennt hier offenkundigen Glaubensabfall, die faktische oder versuchte (auch zivile) Eheschließung und zwölfmonatige unauffindbare Abwesenheit vom Institut. Der Grund muss vom Oberen mit seinem Rat festgestellt, im Falle der Abwesenheit vom Hl. Stuhl bestätigt werden.

[294] Hierzu gehören verschiedene Straftaten gem. can. 1395 CIC (eheähnliches Verhältnis od. Sünde gegen das Sechste Gebot des Dekalogs eines Klerikers), can. 1397 CIC (Tötung, Entführung, Verstümmelung, Abtreibung etc.) und can. 1398 CIC (Strafe gegen das Sechste Gebot mit Minderjährigen etc.), wobei Ausnahmen bei Straftaten gegen cann. 1395 §§ 2-3 und 1398 § 1 CIC gelten können (can. 695 § 1 CIC).

[295] U. a. ständige Vernachlässigung klerikaler Pflichten, wiederholte Verletzungen der Gelübde, Häresien, Abwesenheit vom der Niederlassung über ein halbes Jahr hinweg etc.

[296] Cann. 684f. CIC. Der Beitritt aus einem anderen Institut in den Malteserorden ist nicht geregelt.

[297] Art. 41 § 3 Codex. Hier wird auch geregelt, dass ein Anspruchsverzicht vor der Profess unterzeichnet werden muss. Das alte Recht schloss nur Entschädigungen für Arbeitsleistungen aus (Art. 92 Codex/1997).

II.3 Die Leitungsorgane des Ordens

II.3.1 Das Generalkapitel

Das Generalkapitel ist das oberste Leitungsorgan des Ordens und ist damit die höchste Autorität innerhalb der Gemeinschaft (can. 631 § 1 CIC). Es wird alle sechs Jahre (bislang fünfjährlich) vom Großmeister einberufen, kann jedoch auch als außerordentliches Generalkapitel anberaumt werden, wenn es der Großmeister nach Anhörung seiner Ratsgremien für angebracht hält oder der Souveräne Rat es mit einer Zweidrittelmehrheit verlangt bzw. die Hälfte der territorialen Gliederungen.[298]

Es wacht über das zeitgemäße Charisma des Ordens, Tätigkeiten und Vermögenslage und bestimmt die Ausrichtung der internationalen Beziehungen. Es nimmt die Berichte des Großmeisters, der Hohen Ämter, der Rechnungskammer und des Prälaten entgegen und beschließt und verkündet Ordensgesetze bzw. überträgt dies dem Großmeister. Es wählt die Inhaber der Hohen Ämter und Mitglieder des Souveränen Rats.[299]

Auch bestimmt es die Mitglieder der Rechnungskammer.[300] Es beschließt die Regelungen der außerordentlichen Verwaltung für das Großmagisterium und die territorialen Gliederungen.[301] Daneben legt es die Jahresbeiträge und Passagegelder fest.[302]

Eine auch vom Kirchenrecht vorgeschriebene Aufgabe ist die Änderung des kodifizierten Eigenrechts, die der Genehmigung des Hl. Stuhls bedarf.[303] Diese Approbationspflicht geht deutlich über die allgemeinen ordens-rechtlichen Normen hinaus, was juristisch nur mit der Verteilung der vom

---

[298] Art. 28 Verfassung.

[299] Art. 20 § 3 bzw. Art. 30 Verfassung.

[300] Art. 37 § 2 Verfassung.

[301] Art. 56 § 1 Verfassung.

[302] Art. 148 Codex.

[303] Art. 30 § 3. Dabei gelten nach § 4 unterschiedliche Quoren für Änderungen der Verfassung (Zweidrittel) und Codex (absolute Mehrheit). Der Hl. Stuhl muss nicht nur bei der Verfassung, sondern nun auch beim Codex zustimmen.

CIC geforderten Rechtsinhalten in verschiedene Gesetzbücher erklärbar ist. Grundsätzlich wäre es auch originäres Recht des Generalkapitels, den Leiter des Instituts zu wählen (can. 631 § 1 CIC). Der Orden hat sich jedoch für den Weg eines zusätzlichen Gremiums entschieden, den Großen Staatsrats (s. u.).[304]

Dem Generalkapitel gehören der Großmeister bzw. sein Statthalter, die Mitglieder des Souveränen Rats, der Prälat, zwölf Professritter und drei Professkapläne, die Prioren und zwei Professen der Priorate, die Subprioren[305] und zwei Professen der Subpriorate, fünfzehn Präsidenten der Assoziationen sowie weitere Delegierte der territorialen Gliederungen.[306] Die Delegierten der (Sub-) Priorate werden von den jeweiligen Kapiteln der Gliederungen gewählt, die Delegierten der Assoziationspräsidenten von der Versammlung ebendieser.[307] Es wird damit fraglos der Verpflichtung gerecht, das ganze Institut zu repräsentieren (can. 631 § 1 CIC).[308]
Alle Mitglieder sind zur persönlichen Teilnahme verpflichtet, wobei teilweise Stellvertretungen möglich sind.[309]

---

[304] Der Staatsrat besteht dabei aus deutlich mehr Personen als das Generalkapitel, die auch – bis auf die geborenen Mitglieder – nicht deckungsgleich sein müssen.

[305] Fälschlicherweise findet sich hier in der deutschen Übersetzung die Bezeichnung Regenten. Die maßgebliche italienische Fassung spricht richtigerweise von Subprioren.

[306] Art. 29 § 1 Verfassung. Damit ist Vergleich zur alten Rechtslage (vgl. Art. 22 § 2 Verfassung/1997) die eig. notwendige Zahl der Professen signifikant gestiegen. Hinsichtlich der Anzahl der weiteren Delegierten findet sich keine Regelung, nur dass eine Vertretung des gesamten Ordens (wohl bzgl. der Mitgliederzahl) gewährleistet werden soll (vgl. auch can. 631 § 1 CIC). PRIMETSHOFER, Ordensrecht, S. 123, verweist darauf, dass damit auch ausgedrückt wird, dass die Vielfalt eines Instituts hinsichtlich Personen, aber auch Wirkungsbereichen repräsentiert werden soll.

[307] Art. 145 §§ 1 u. 2 Codex. Das konkrete Verfahren wird nicht in der Verfassung oder dem Codex festgelegt, sondern einem eigenen Reglement überlassen.

[308] Hier ist noch einmal auf die Problematik der Zugehörigkeit der unterschiedlichen Stände zu verweisen.

[309] Art. 28 § 2 Verfassung. Das Prozedere (u. a. Einladungsfristen) regelt der Codex (Art. 144-148).

II.3.2 Der Großmeister

Der Großmeister ist das Oberhaupt des Ordens[310] und hat die Pflicht, sich „gänzlich dem Gedeihen der Ordenswerke [zu] widmen und allen Mitgliedern ein wahrhaftes Vorbild christlichen Lebens [zu] sein".[311] Seine Residenz befindet sich im Großmagisterium, die er nur aus Gründen der Amtsführung oder aus sonstigen billigen Gründen verlassen darf.[312]

Das Amt ist mit allen weiteren Ordensfunktionen unvereinbar und ggf. mit anderen externen Tätigkeiten.[313]

Wählbar sind ausschließlich Professritter, die seit zehn Jahren in feierlichen Gelübden leben, sofern sie unter 50 Jahre alt sind, ansonsten drei Jahre in feierlichen Gelübden bei einer Mindestmitgliedschaftsdauer von zehn Jahren.[314]

Die Wahl selbst erfolgt durch ein eigenes Gremium, den Großen Staatsrat, dessen alleinige Zuständigkeit in der Wahl des Großmeisters und des Statthalters besteht.[315] Es setzt sich zusammen aus dem (Interimistischen) Statthalter, den Mitglieder des Souveränen Rats, den Prioren, den Professbaillis, zwei Professrittern aus jedem Priorat (drei bei Vakanz des Priors), den Subprioren der Subpriorate[316], fünfzehn Vertreter der Assoziationspräsidenten und weiteren Delegierten der Gliederungen.[317]

Erstmals ist ein verbindlicher Dreiervorschlag von möglichen Kandidaten für das Großmeisteramt (und für einen eventuellen Statthalter) vorgesehen, der

---

[310] Art. 12 Verfassung.

[311] Art. 106 Codex.

[312] Art. 16 Verfassung, Art. 108 Codex. Höhere Gewalt zählt explizit nicht mehr zu den Gründen der Abwesenheit (Art. 136 Codex/1997), wobei nur regelungsfähig sein dürfte, was in seinen Einflussbereich fällt.

[313] Art. 107 §§ 1 u.2 Codex. Hier wäre wohl grundsätzlich auch ein Zivilberuf de iure denkbar.

[314] Art. 13 §§ 1 u. 2 Verfassung. Ein Adelsprivileg ist abgeschafft.

[315] Art. 32 § 1 Verfassung.

[316] Auch hier ist in der dt. Übersetzung fälschlicherweise von den Regenten die Rede.

[317] Art. 29 § 1 Verfassung. Vakante Priore können nicht mehr durch ihre ständigen Vertreter repräsentiert werden (vgl. Art. 23 § 2 lit. d Verfassung/1997), die Anzahl der Regenten der Subpriorate ist nicht mehr auf fünf begrenzt (vgl. ebd. lit. h) und erstmals sind weitere Delegierte ohne Festlegung der Anzahl vorgesehen.

vom Kapitel der Professen vorgelegt wird.[318] Für die Wahl selbst ist ein zweifaches Quorum (Anwesenheit und absolute Mehrheit) erforderlich.[319] Sofern nach fünf Wahlgängen keine Entscheidung getroffen ist, können weitere fünf Wahlgänge erfolgen oder für ein Jahr ein Statthalter gewählt werden. Nach dem zehnten Wahlgang ist dies im Rahmen einer Stichwahl obligatorisch. Er muss innerhalb eines Jahres erneut den Staatsrat einberufen.[320]

Der gewählte Großmeister teilt dem Papst die Wahl in einem eigenhändig verfassten Brief mit,[321] wobei nicht die Wahl, sondern der Amtseid zur Gültigkeit der päpstlichen Bestätigung bedarf.[322]

Die Amtsperiode beträgt zehn Jahre mit der Möglichkeit einer einmaligen Wiederwahl. Dabei stellt allerdings die Vollendung des 85. Lebensjahres eine absolute Grenze dar, bei der die Amtszeit ohne Rücktritt eo ipso endet.[323]

Die Amtsgewalt ist weit gefasst und umfasst „alle Personen, Ordensgliederungen und Besitztümer".[324] Ihm steht dazu ein Visitationsrecht, aber auch eine delegierbare Visitationspflicht alle fünf Jahre

---

[318] Art. 29 § 1 Verfassung und Art. 31 § 2 lit. a. Damit entfällt die bisherige Möglichkeit der Professen im Staatsrat in der ersten Sitzung einen für die ersten Wahlgänge bindenden Dreiervorschlag vorzulegen (Art. 23 § 4 Verfassung/1997). Eine solche Terna scheint durchaus nicht unüblich zu sein, vgl. PRIMETSHOFER, Ordensrecht, S. 102.

[319] Art. 32 § 4 Verfassung. Bislang galt nur eine absolute Mehrheit (Art. 23 § 3 Verfassung/1997), die sich auf die anwesenden und abstimmenden Mitglieder bezog (Art. 24 § 2 Verfassung/1997).

[320] Art. 32 §§ 5, 7 u. 8 Verfassung. Bei Stimmgleichheit gilt eine Anciennität nach Profess und subsidiär nach Lebensalter (ebd. § 6).

[321] Art. 13 § 3 Verfassung.

[322] Art. 14 Verfassung. Da der Staatsrat erst mit der Eidesleistung aufgelöst ist (Art. 156 Codex), gehört dieser wohl zur Wahlhandlung. Grundsätzlich wäre die Wahl eines obersten Leiters nicht bestätigungsbedürftig, vgl. Primetshofer: Ordensrecht, u. a. S. 127. Das Recht geht hier also von einer bestätigungsbedürftigen Wahl aus, die nur einen Rechtsanspruch auf das Amt bedingt (can. 178 CIC). Bis 1997 durften ohne die Bestätigung keine hoheitlichen Befugnisse ausübt werden, vgl. HOFMEISTER, Reorganisation, S. 500. Art. 14 Verfassung/1997 sah nur eine Information an den Hl. Stuhl vor.

[323] Art. 13 § 2 Verfassung. Die Wahl auf Lebenszeit ist abgeschafft (Art 13 § 1 Verfassung/1997), obwohl kanonisch erlaubt (can. 624 § 1 CIC). Ein frühere Großmeister hat den Rang eines Titular-Bailli-Großpriors (Art. 112 Codex).

[324] Art. 15 § 1 Verfassung.

zu.[325] Er führt die Regierungsgeschäfte und besetzt grundsätzlich Ämter und Funktionen.[326]

Eigenständig wacht er über die Disziplin und den religiösen Geist von Konventualhäusern, Kirchen und Einrichtungen, die das Ordensemblem führen (also auch solche, die nicht dem Orden als solchem angehören). Auch stellt er eine Präsenz der Hohen Ämter im Großmagisterium sicher. Er veröffentlicht Dekrete, setzt Dekrete des Hl. Stuhls um und informiert den Papst einmal jährlich über Lage und Bedürfnisse des Ordens und ratifiziert internationale Vereinbarungen.[327] Er beruft das Generalkapitel sowie Kapitel der Professen ein und leitet die Sitzungen.[328] Nach Information des Souveränen Rats und der betroffenen Gliederungen kann er „motu proprio" Mitglieder in den Dritten Stand aufnehmen.[329] Auch legt er die Geschäftsordnung des Juridischen Beirats fest[330] und erteilt die Dispens für die Wahl eines Oboedienzmitglieds zum Regenten eines (Sub-) Priorats.[331]

In allen anderen Fragen, auch solchen, die die Verfassung konkret zu seinen eigenen Aufgaben zählt, benötigt er entweder den Beispruch des Souveränen Rats,[332] meist jedoch die Zustimmung des Rats der Professen,[333] des

---

[325] Art. 109 Codex.

[326] Art. 15 § 2 Verfassung.

[327] Art. 15 §§ 3 u. 4 Verfassung.

[328] Art. 144 u. 149 Codex.

[329] Art. 87 Codex.

[330] Art. 33 § 5 Verfassung.

[331] Art. 4 § 2 Verfassung.

[332] Bestätigung der Leitungsämter der nationalen Gliederungen (Art. 41 § 4, Art. 42 § 3, Art. 49 § 2, Art. 50 § 4 Verfassung), Ernennung und Abberufung des Koordinators für den Zweiten Stand (Art. 14 § 3 lit. f Verfassung), Ernennung der Mitglieder des Juridischen Beirats (Art. 33 § 3 Verfassung) sowie der Diplomaten (Art. 21 § 3 Verfassung). Temporär auch hinsichtlich der Übungsbestimmungen aufgrund des neuen Eigenrechts (Art. 60 Verfassung).

[333] Zulassung von Novizen (Art. 15 § 3 lit. e Verfassung, Art. 14 § 1 Codex), Zulassung zu den einfachen Gelübden (Art. 15 § 3 lit. e Verfassung, Art. 24 § 3 Codex), Zulassung zur den feierlichen Gelübden (Art. 15 § 3 lit. e Verfassung, Art. 35 § 2 Codex), Abberufung von Inhaber der Hohen Ämter (Art. 20 § 5 Verfassung), Errichtung und Auflösung des Konvents, Konventualhäuser und Noviziate (Art. 39 Verfassung), Amtsenthebung eines (Sub-) Priors und Ernennung eines Vikars (Art. 45 § 1 Verfassung) sowie Ernennung eines Prokurators (Art. 45 § 3 Verfassung).

Souveränen Rats[334] oder beider Gremien.[335] Damit geht das Eigenrecht deutlich über die wenigen zustimmungspflichtigen Akte des CIC hinaus.[336] Es ist jedoch darauf hinzuweisen, dass Beispruchsrechte den Großmeister nicht binden, allerdings zur Gültigkeit erforderlich sind (vgl. auch can. 127 § 2 Nr. 2 CIC).[337] Die Kontrollfunktion wird auch dadurch sichergestellt, dass er bei den Abstimmungen, die ihm diese Akte erlauben, weder im Rat der Professen noch im Souveränen Rat stimmberechtigt ist.[338] Andererseits sind alle Beschlüsse der beiden Gremien ungültig, wenn sie in Abwesenheit des Großmeisters gefasst wurden.[339]

Der Staatsrat kann grundsätzlich alternativ einen Statthalters für die Dauer eines Jahres wählen. Das Prozedere und die Wählbarkeitsvoraussetzungen (u. a. eine Terna) sind gleich. Zwar ist keine Bestätigung durch den Papst vorgesehen, doch muss der Gewählte den Pontifex informieren und ihn in einer Audienz um seinen Segen bitten. Die Befugnisse unterscheiden sich nicht, außer hinsichtlich der Ehrenvorrechte eines Souveräns.[340] Davon zu kontrastieren ist die außerordentliche Ordensregierung in Person des Großkomturs, der bei dauerhafter Amtsverhinderung, Amtsverzicht oder Tod des Großmeisters automatisch ins Amt eines Interimistischen Statthalters tritt. Die Kompetenzen sind jedoch auf die laufende Verwaltung beschränkt. Eine Amtsverhinderung wird mit Zweidrittelmehrheit vom

---

[334] Regelung zur Modalitäten von Wappen, Fahnen etc. (Art. 8 § 3 Verfassung), Ernennung eines Kommissarischen Leiters einer Assoziation (Art. 53 Verfassung), Zulassung von Kandidaten zur Promess (Art. 71 Codex, Art. 14 § 3 lit. g Verfassung spricht nur von Anhörung), Aufnahme von Mitgliedern in den Dritten Stand (Art. 83 § 3 Codex), Dispens für Rücktritt von Promess (Art. 81 § 1 Codex) sowie Ernennung von Präsidenten, Richter und Kanzler der Magistralgerichte (Art. 35 § 2 Verfassung).

[335] Art. 38 § 1 Verfassung.

[336] AYMANS/MÖRSDORF II, S. 653, Fn. 39 listet acht Fälle auf (u. a. Errichtung und Verlegung eines Noviziats, Austrittsindulte, Wiederaufnahme und Übertritt zwischen Instituten).

[337] Vgl. PRIMETSHOFER, Ordensrecht, S. 109.

[338] Art. 26 § 6 bzw. Art. 25 § 4 Verfassung. Der CIC verbietet eine Beteiligung an solchen Abstimmungen, vgl. PONTIFICA COMMISSIO CODICI IURIS CANONICI AUTHENTICE INTERPRETANDO, in: AAS 77 (1985), 771.

[339] Art. 24 Verfassung.

[340] Art. 19 Verfassung.

Souveränen Rat und dem Rat der Professen festgestellt, der auch ein Recht zur Selbsteinberufung hat. Zur Rechtskraft muss der Beschluss vom Papst bestätigt werden.[341] Wichtige Pflicht des einen Interimistischen Statthalters ist die Einberufung des Staatsrats innerhalb von fünfzehn bis 90 Tagen nach Eintritt der Behinderung.[342] Damit stellt er vor allem einen geordneten Übergang zu einer neuen regulären Leitung sicher.

II.3.3 Die Räte

Der Regierungsrat, der u. a. bei Wahlen und Gesetzesänderungen beteiligt war, wurde aufgelöst und dem Rat und Kapitel der Professen ein Teil seiner Mitwirkungsrechte übertragen.[343] Die Verfassung sieht nunmehr zwei Ratsgremien des Großmeisters vor, den Souveränen Rat und den Rat der Professen.[344] Dabei muss jeder Obere einen Rat haben (can. 627 § 1 CIC), dessen Ausgestaltung dem Eigenrecht überlassen ist (ebd. § 2).

II.3.3.1 Der Souveräne Rat

Neben den o. g. Zustimmungs- und Beispruchsrechten hat der Souveräne Rat eine alleinige Zuständigkeit bei der Errichtung und Organisation supranationaler nachgeordneter Gliederungen (z. B. Stiftungen).[345] Daneben steht die Nachwahl der Hohen Ämter bei Vakanz zwischen den Generalkapiteln.[346]

---

[341] Art. 18 § 1 Verfassung. Die Rolle des Papstes ist neu. Grundsätzlich wurde der Ablauf deutlich verkürzt, bei dem ein Antrag über den Souveränen Rat an das Magistraltribunal zu stellen war (Art. 17 § 2 Verfassung/1997). Die Feststellung der Amtsverhinderung unter Mitwirkung des Papstes sieht der CIC grundsätzlich nicht vor. Doch ist sie systematisch zu einer Wahlzustimmung zu verstehen.

[342] Art. 18 § 3 Verfassung.

[343] Vgl. Art. 22 Verfassung/1997.

[344] Art. 23 Verfassung.

[345] Art. 40 § 1 Verfassung.

[346] Art. 20 § 4 Verfassung, Art. 127 Codex. Es findet sich kein Hinweis auf die Amtszeit.

Der Rat besteht aus dem Großmeister bzw. dem Statthalter, den Inhabern der Hohen Ämter, vier Ratsmitgliedern aus dem Rat der Professen und vier weiteren Ratsmitgliedern, die vom Generalkapitel aus dem Ersten und Zweiten Stand gewählt werden. Die Amtsperiode beträgt sechs Jahre, wobei eine Wiederwahl möglich ist.[347] Korrekterweise ist hier – im Gegensatz zum Rat der Professen – die Einschränkung gegeben, dass Abweichungen bei den Amtszeiten aufgrund der geborenen Mitglieder denkbar sind.[348]
Zwar führt der Großmeister den Vorsitz, doch gibt seine Stimme bei Gleichheit nicht mehr den Ausschlag.[349]

Der Rat tagt mindestens sechsmal im Jahr nach Einberufung durch den Großkanzler.[350] Es ist das einzige Gremium neben der Rechnungskammer, bei dem Regelungen zur Unterkunft und Auslagenerstattung (bei Nicht-Professen) vorgesehen sind.[351]

II.3.3.2 Die Gremien der Professen

Die Stärkung des Ersten Standes wird durch zwei neue Gremien, das Kapitel und den Rat der Professen, einmal mehr unterstrichen.

Das Kapitel der Professen besteht aus allen Professrittern und Konventualkaplänen, wobei Rittern mit einfachem Gelübde kein Stimmrecht zukommt. Es geht dem Generalkapitel voraus, kann aber auch außerordentlich zusammentreten, sofern der Großmeister dies für erforderlich hält. Neben seinem Recht, dem Großmeister oder dem Generalkapitel alle Arten von Vorschlägen zu unterbreiten, fallen

---

[347] Art. 25 §§ 1-3 Verfassung.

[348] Bereits seit 1997 wurde die Notwendigkeit einer päpstlichen Dispens für Nicht-Professen im Souveränen Rat (Art. 11 § 2 und Art. 20 § 2b Verfassung/1961) aufgegeben. Die frühere Größe von acht Personen war an die Zungen angelehnt, vgl. HOFMEISTER, Reorganisation, S. 503.

[349] Diese Regelung fand sich noch in Art. 20 § 7 AbS. 2 Verfassung/1997.

[350] Art. 133 § 1.

[351] Art. 132 §§ 2 und 3. Hier hätte richtigerweise von Nicht-Professen gesprochen werden müssen, da auch die Professen Laien bleiben, sofern sie nicht Kleriker sind.

grundsätzlich alle Angelegenheiten, die den Ersten Stand betreffen, in seine Zuständigkeit. Die wichtigste rechtlich umschriebene Aufgabe ist jedoch die Aufstellung der Terna für die Wahl des Großmeisters und der Hohen Ämter. Die Mitglieder sind zur persönlichen Anwesenheit verpflichtet.[352] Daneben wählt das Gremium die zwölf Professritter und drei Konventualkapläne in das Generalkapitel[353] bzw. jeweils fünf Mitglieder in den Souveränen Rat[354] und in den Rat der Professen.[355] Die Einberufung liegt beim Großmeister oder Statthalter, wobei der Codex hier weitere geschäftsordnende Regelungen vorsieht.[356]

Der Rat der Professen wiederum ist als gewähltes Ratsgremium konstituiert. Ihm gehören neben den gewählten Ratsmitgliedern der Großmeister bzw. sein Statthalter und der Großkomtur an. Der Koordinator des Zweiten Standes kann, sofern Professe, beratend beigezogen werden. Die Amtsdauer beträgt vier Jahre, eine einmalige Wiederwahl ist möglich.[357] Die Mitglieder können vom Rat selbst mit einer Zweidrittelmehrheit abberufen werden, wogegen Beschwerde beim Hl. Stuhl möglich ist. Seine Aufgaben sind die Unterstützung des Großmeisters bei der geistlichen Betreuung des Ordens und die Leitung der ersten beiden Stände.[358] Das Gremium tagt mindestens sechsmal jährlich nach Einberufung durch den Großmeister.[359] Der Codex legt verschiedene geschäftsordnungsmäßige Regeln fest.[360]

---

[352] Art. 31 §§ 1-4, 6 Verfassung.

[353] Ebd. § 2 lit. c.

[354] Art. 25 § 1 lit. c Verfassung.

[355] Art. 26 § 1 lit. c Verfassung.

[356] Art. 149-152 Codex.

[357] Art. 26 §1 Verfassung. Die Formulierung an dieser Stelle, dass niemand mehr als zwei Amtsperioden Mitglied sein kann (ebd. § 4), ist insoweit unglücklich, dass dies nicht für die geborenen Mitglieder (Großmeister und Großkomtur) gilt. Es ist fraglich, ob aufgrund der Amtszeitbegrenzung bei der geringen Zahl an Professen überhaupt noch genügend Kandidaten für den Rat zur Verfügung stehen.

[358] Art. 27 §§ 1 u. 2 Verfassung.

[359] Art. 138 § 1 u. 136 Codex.

[360] Art. 136-141 Codex.

II.3.4 Die Hohen Ämter

Die Verfassung sieht vier Hohe Ämter vor, nämlich Großkomtur, Großkanzler, Großhospitalier und den Rezeptor des Gemeinsamen Schatzamtes.[361] Diese werden einzeln vom Generalkapitel aus einer Terna des Kapitels der Professen gewählt.[362] Die Ämter werden für sechs Jahre besetzt und können nur zwei Amtsperioden lang ausgeübt werden.[363] Alle Ämter – bis auf den Großkomtur – können nach Zustimmung des Großmeisters durch Oboedienzmitglieder ausgeübt werden.[364] Die Inhaber sind zur Anwesenheit am Ordenssitz verpflichtet.[365] Sofern es sich bei den Amtsinhabern um Nicht-Professen handelt,[366] haben sie Anspruch auf angemessene Vergütung und eine Unterkunft, falls sie nicht in Rom wohnhaft sind.[367]

Sie sind geborene Mitglieder des Souveränen Rats und damit auch des Generalkapitels sowie des Großen Staatsrats.[368] Dem Generalkapitel legen sie Berichte über ihre Zuständigkeitsbereiche vor.[369]

Dem <u>Großkomtur</u> kommen neben seiner Rolle als Interimistischem Statthalter[370] vor allem die Sorge um das geistliche Leben und die religiöse Observanz der Mitglieder zu. Dabei wird er vom Prälaten unterstützt.[371] Er wiederum unterstützt den Großmeister bei der Umsetzung des

---

[361] Art. 20 § 1 Verfassung.

[362] ebd. § 3, Art. 31 § 2 lit. b Verfassung.

[363] Art. 119 § 1 lit. a, 120 § 1, 121 § 1, Art. 123 § 1 Codex.

[364] Art. 20 § 3 S. 2. Ein Adelsprivileg für das Amt des Großkomturs (Art. 11 § 4 Verfassung/1997) ist abgeschafft.

[365] Ebd. § 6. Der Großmeister soll zu deren Sicherstellung beitragen (Art. 15 § 3 lit. k Verfassung).

[366] Richtig wäre auch hier die Bezeichnung Nicht-Professe gewesen.

[367] Art. 125 §§ 2 u. 3 Codex. Dies widerspricht allerdings ggf. dem nachfolgenden Art. 126, der bestimmt, dass die Inhaber ihren Wohnsitz in Rom haben Die unklare Formulierung kann jedoch darauf abheben, dass es eine Verpflichtung gibt, den Hohen Ämtern einen Wohnsitz zur Verfügung zu stellen.

[368] Art. 25 § 1 lit. c Verfassung.

[369] Art. 30 § 2 Verfassung.

[370] Art. 18 § 1 Verfassung.

[371] Art. 22 § 3 Verfassung.

Ordenscharismas, der Aufsicht über die Gliederungen und der Betreuung der Mitglieder.[372] Er schlägt ihm ein Reglement zur Disziplin der Religiosen vor.[373] Daneben verfasst er die Berichte des Großmeisters an den Hl. Stuhl (vgl. auch can. 592 § 1 CIC).[374]

Der Großkanzler hat verschiedene zugewiesene Aufgabenbereiche. Einerseits gehört dazu die außenpolitische Vertretung bzw. die Pflege der Beziehungen zu Staaten und internationalen Organisation,[375] andererseits gewisse organisatorische Pflichten. Ihm unterstehen die diplomatischen Missionen des Ordens, sodass er die Ernennung und Abberufung der Ordensdiplomaten vorschlägt.[376] Auch vertritt er den Orden als Ganzes und den Großmeister vor Gerichten anderer Staaten[377] bzw. steht ihm allgemein die aktive und passive Vertretung gegenüber Dritten zu.[378] Er fertigt offizielle Dokumente aus, die bei Dekreten zur Gültigkeit seiner Gegenzeichnung bedürfen.[379]
Im Rahmen der administrativen Aufgaben steht er der Ordenskanzlei vor und ist für die organisatorische sowie inhaltliche Vorbereitung, Einberufung und Protokollierung der Sitzungen des Souveränen Rats zuständig.[380]

Die wichtigsten Funktionen des Großhospitaliers sind einerseits die Überwachung des ordnungsgemäßen Ablaufs der vom Großmagisterium abhängigen karitativen Aktivitäten, aber auch die Förderung, Koordinierung und Aufsicht über die medizinischen und karitativen Ordenswerke der territorialen Gliederungen. Dazu gehört, dass die geistlichen Reglements des Rats der Professen in den Einrichtungen umgesetzt werden. Da der

---

[372] Art. 119 § 1 lit. b Codex.

[373] Art. 6 § 4 Codex.

[374] Art. 119 § 1 lit. c Codex.

[375] Art. 120 § 2 lit. ab Codex.

[376] Art. 21 §§ 1 u. 3 Verfassung.

[377] Art. 36 § 1 lit. a Verfassung.

[378] Art. 120 § 2 lit. b Codex.

[379] Art. 110 Codex. Allerdings können auch die anderen Inhaber der Hohen Ämter im Vertretungsfall ein Dekret gegenzeichnen.

[380] Art. 120 §§ 1-3 bzw. Art. 133 § 1 Codex.

Ordensklerus diese Aufgabe primär wahrnimmt, unterstützt er ihn dabei.[381] Er hat die Möglichkeit, einen Beirat einzurichten, dessen Mitglieder auf seinen Vorschlag hin vom Großmeister ernannt werden.[382]

Der Rezeptor des Gemeinsamen Schatzamts ist einerseits für die Finanzverwaltung des Großmagisteriums zuständig, anderseits übt er die Aufsicht über die Finanz- und Wirtschaftsverwaltung der Werke und Gliederungen aus. Seine diesbezüglichen Aufgaben werden unter II.5 behandelt.

Eine Besonderheit ist der Postdienst, der ebenfalls unter seiner Leitung steht,[383] seit Mitte der 1960er-Jahre eigene Briefmarken (seit 2005 in Euro) herausgibt und bilaterale Postabkommen mit ca. 60 Staaten hat.[384] Münzen (weiterhin in der alten Währung Scudi) werden ebenfalls von der Magistralpost herausgeben.

II.3.5 Geistliche Leitung und Aufsicht

Zwei rein geistliche Ämter sind an der Leitung des Ordens beteiligt: der Kardinalpatron und der Prälat, die jedoch unterschiedliche Aufgaben wahrnehmen.

Der Kardinalpatron ist der Vertreter des Papstes beim Orden. Zum Zeichen der Fürsorge soll er das geistliche Wohl der Gemeinschaft und der Mitglieder und die Beziehungen zum Hl. Stuhl fördern.[385] Er kann Sondervollmachten

---

[381] Art. 121 Codex.

[382] Art. 122 Codex.

[383] ebd. § 2 lit. g.

[384] https://www.orderofmalta.int/government/stamps-coins/associate-countries/ [Abruf: 1.3.2024].

[385] Damit hat sich diese Aufgabe in den wenigen Jahrzehnten ihres Bestehens immer weiter gewandelt. Die Funktion selbst wurde erst eingeführt, nachdem 1961 der Großprior von Rom nicht mehr vom Papst aus dem Kreis der Kardinäle ernannt wurde (vgl. noch Art. 24 Verfassung/1954). Er hatte bis 1998 kirchenrechtliche Aufsichtsfunktionen (Art. 4 § 2 Verfassung/1961) und bis zuletzt das Visitationsrecht der ordenseigenen Kirchen (Art. 132 § 2 Codex/1966, Art. 235 Codex/1997).

erhalten.[386] Der Großmeister leistet seinen Eid in die Hand des Kardinalpatrons.[387] Er ist sowohl vor der Ernennung des Prälaten zu hören[388] als auch bei der Aufnahme von Ehren- und Konventual-Großkreuz-Kaplänen.[389]

Die Ernennung der Erzbischöfe Giovanni Angelo Becciu und später Silvano Tomasi zu Sonderbeauftragten für den Orden übertrug de facto seine Aufgaben auf dieses Amt,[390] bereits verbunden mit den o. g. möglichen Sondervollmachten. Das Amt als alleinstehende Position wurde 1961 geschaffen, nachdem seit dem 15. Jahrhundert regelmäßig, ab 1525 grundsätzlich ein Kardinal das Amt des römischen Großpriors innehatte.

Während der Kardinalpatron extern bleibt – von der üblichen Verleihung der Mitgliedschaft abgesehen – so ist der Prälat als internes Amt zu verstehen.[391] Er wird allerdings nach Anhörung des Kardinalpatrons frei vom Papst ernannt, wodurch der Pontifex direkten Einfluss auf interne, wenn auch rein geistliche Angelegenheiten des Ordens nimmt.[392]

Er ist verantwortlich für den Ordensklerus und beaufsichtigt das geistlich-priesterliche Leben des Klerus hinsichtlich der Disziplin und des Geistes des Ordens.[393] Ihm unterstehen die Konventualkapläne direkt,[394] weitere

---

[386] Art. 5 § 5 Verfassung.

[387] Art. 14 Verfassung.

[388] Art. 22 Verfassung.

[389] Art. 85 § 2 Codex.

[390] PRESSEAMT DES HL. STUHLS, Tägliches Bulletin v. 4. Februar 2017https://press.vatican.va/content/salastampa/ en/bollettino/pubblico/2017/02/04/170204b.html [Abruf: 1.3.2024] bzw. Drs. vom 1. November 2020, https://press.vatican.va/content/salastampa/en/bollettino/pubblico/2020/11/01/201101c.h tml [Abruf: 1.3.2024]. TOMER, Ordine di Malta, S. 222, spricht davon, dass der Sonderbeauftragte die Aufgaben des Kardinalpatrons „absorbiert" hätte.

[391] Das neue Recht sieht nicht mehr vor, dass der Prälat den Kardinalpatron unterstützt (vgl. Art. 19 § 1 Verfassung/1997).

[392] Art. 22 § 1 Verfassung. Damit kommt dem Orden selbst kein Vorschlagsrecht mehr zu, als er aus einem Dreiervorschlag des Souveränen Rats gewählt wurde (vgl. Art. 19 § 1 Verfassung/1997). Das dürfte mit der Verbandsautonomie nur schwer vereinbar sein.

[393] Art. 22 § 2 Verfassung. Er ist allerdings nicht mehr kirchlicher Oberer (vgl. Art. 19 § 2 Verfassung/1997).

[394] Art. 44 § 2 Codex.

Ordenskleriker sollen mit ihm zusammenarbeiten.[395] Dies ist vor allem deshalb bemerkenswert, weil er nicht Professe sein muss. Er kann ein Regelwerk für den geistlichen Dienst des Klerus nach Vorlage an den Großmeister erlassen.[396] Er unterstützt den Großmeister, Großkomtur und den Koordinator des Zweitens Standes „in ihrer Sorge um das geistliche Leben und die religiöse Observanz" und nimmt dabei auch die Kleriker, die in den Werken tätig sind, in den Blick.[397] Dabei unterstützt ihn wiederum der Großhospitalier.[398]

Er ist Mitglied des Generalkapitels und des Großen Staatsrats.[399] Dem Generalkapitel und Rat der Professen legt er Berichte zur geistlichen Lage des Klerus vor.[400]

Zu seinen organisatorischen Zuständigkeiten gehört die Zustimmung zu den Reglements für Konventualkapläne,[401] bei der Zulassung zur Aspirantenzeit und zum Noviziat[402] sowie bei der Aufnahme von Klerikern.[403] Er bestätigt daneben die Chefkapläne der (Sub-) Priorate und Assoziationen.[404] Er kann von einer selbst gewählten Gruppe von Kaplänen (nicht explizit Diakonen) unterstützt werden.[405]

II.4 Die Gliederung

Wie auch bislang unterscheidet das Recht zwischen Prioraten, Subprioraten

---

[395] Art. 89 Codex.

[396] Art. 130 § 1 Codex.

[397] Art. 22 § 3 Verfassung, Art. 130 § 3 Codex.

[398] Art. 121 § 2 Codex.

[399] Art. 29 § 1 lit. c Verfassung und Art. 32 § 2 lit. c Verfassung.

[400] Art. 22 § 4 Verfassung. Damit stellen die Berichte nicht mehr die des gesamten Ordens (vgl. Art. 19 § 4 Verfassung/1997), womit sein personell klarer Zuständigkeitsbereich klarer wird.

[401] Art. 42 Codex.

[402] Art. 43 § 2 Codex.

[403] Art. 85 § 1 Codex.

[404] Art. 130 § 2 Codex.

[405] Art. 130 § 4 Codex. Diese tragen jedoch keinen besonderen Titel mehr (vgl. „Präfekt", Art. 58 § 1 Codex/1997).

und Assoziationen.[406] 2023 gab es sechs Großpriorate (Böhmen, England, Lombardei und Venedig, Neapel und Sizilien, Österreich sowie Rom), 47 Assoziationen und vier Subpriorate (Australien, Deutschland, Irland, USA mit Zuständigkeit für Amerika). Daneben steht eine überschaubare Zahl von Personen, die „in gremio religionis" oder motu proprio durch den Großmeister aufgenommen wurden bzw. werden können.[407]

II.4.1 Territoriale Gliederungen

Die territorialen Gliederungen sind zuständig für die Leitung der Mitglieder sowie zur Förderung und Beaufsichtigung der Ordenswerke.[408] Die Selbstverwaltung wird nur durch die personelle Zuständigkeit und Aufsicht des Großmeisters eingeschränkt.

Die kanonische Errichtung und Auflösung liegen beim Großmeister, der hierzu und für die Genehmigung der jeweiligen Statuten der Zustimmung des Souveränen Rates und – außer bei Assoziation – des Rats der Professen bedarf.[409] Mit der Errichtung werden auch die geografischen Grenzen festgelegt.[410]
Dabei ist die Errichtung eines Priorats bzw. eines Subpriorats dann obligatorisch, wenn mindestens fünf bzw. drei Professritter in dem Territorium ihren Wohnsitz haben.[411] Bei wenigstens 15 Rittern (Damen

---

[406] Art. 3 § 1 Verfassung. Die Bezeichnung Großpriorat wird dabei gesondert verliehen (ebd.). Wenn auch nicht mehr konkret erwähnt (vgl. Art. 28 § 2 Verfassung/1997), dürften bestehende „traditionelle" Großpriorate diese Bezeichnung behalten.

[407] Akten des Generalkapitels 2023, S. 39.

[408] Art. 3 § 2 Verfassung.

[409] Art. 38 §§ 1 1 u. 4 bzw. Art. 46 §§ 1 u. 2. Verfassung. Eine Anzeigepflicht der Errichtung gegenüber dem Papst oder eine Anhörung der entsprechenden territorialen Gliederung vor Genehmigung des Status ist nicht mehr vorgesehen (vgl. Art. 28 § 2 Verfassung/1997).

[410] Art. 183 § 1 Codex.

[411] Art. 38 § 2 Verfassung. Schon in Art. 27 § 1 Verfassung/1961 und Art. 29 § 1 Verfassung/1997 war die Mindestzahl von fünf Professen erforderlich, wobei dies nicht zu einer obligatorischen Gründung führte (Art. 222 § 2 Codex/1997). Für ein Subpriorat waren neun Oboedienzritter erforderlich (Art. 33 § 1 Verfassung/1997). Die Zahl drei dürfte sich an der Mindestanzahl von Personen zur Errichtung einer juristischen Person (can. 115 § 3 CIC) orientieren.

werden nicht konkret genannt) muss eine Assoziation errichtet werden, wobei der Großmeister mit Zustimmung der vorgenannten Gremien aus schwerwiegenden Gründen auch anders entscheiden kann.[412]

Alle Mitglieder gehören aufgrund ihres Wohnsitzes einer territorialen Gliederung an.[413] Sofern es keine Gliederung gibt, bestimmt der Großmeister die Zuordnung des Mitglieds.[414] Falls nur eine Assoziation vorhanden ist und der Präsident kein Professe ist, untersteht ein Religioser einem vom Großmeister zugewiesenen Oberen.[415] Das Kirchenrecht sieht nämlich grundsätzlich keine Laien als Obere vor (vgl. can. 623 CIC).
Sollten mehrere Gliederungen auf einem Gebiet vorhanden sein, so stimmen sich die Leiter regelmäßig hinsichtlich der Leitung und des Apostolats ab.[416]

Die nationalen Gliederungen besitzen kanonische Rechtspersönlichkeit, anderen Gliederungen kann diese aufgrund bestehenden Gewohnheitsrechts zukommen oder durch den Großmeister mit Zustimmung des Souveränen Rats zuerkannt werden.[417] Öffentliche Ordensgliederungen können die zivile Rechtspersönlichkeit nach Billigung des Großmeisters erlangen durch die zuständigen staatlichen Behörden erlangen.[418]

Die Priorate und Subpriorate unterstützen die auf ihrem Gebiet liegenden Assoziationen. Dabei fällt ihnen gegenüber den Assoziationen eine Aufsichtsfunktion zu, dass Charisma, Natur und Mission des Ordens

---

[412] Art. 46 § 1 Verfassung i.V.m. Art. 183 § 3 Codex.

[413] Art. 38 § 2. Zuvor war z. B. für Oboedienzmitglieder eine Mitgliedschaft sowohl im Subpriorat als auch der Assoziation möglich (Art. 10 § 4 Verfassung/1997).

[414] Art. 185 § 2 Codex.

[415] Art. 52 Verfassung. Dies ist dem communio-Gedanken sicherlich abträglich. Der alte Codex sah hier noch den zusätzlichen Stand „in gremio religionis" für Professen vor, die einer Assoziation angehörten (Art. 10 § 5 Verfassung/1997).

[416] Art. 38 § 3 Verfassung.

[417] Art. 180 §§ 1 u. 2 Codex.

[418] Art. 182 Codex. Hier kommen ggf. vereinsrechtliche staatliche Eingriffe als Entscheidungsgrundlage in Frage, wie der Wunsch des Ordens nach einer stärkeren Kontrolle seiner Werke.

respektiert werden.[419] Eine hierarchische Überordnung ist damit noch nicht konkret hergestellt und grundsätzlich nicht vorgesehen. Die Verwirklichung der Ziele einer Assoziation soll unter der Autorität eines rechtmäßigen Oberen erfolgen.[420] Dies unterstreicht noch einmal die gewünschte engere Bindung an ein (Sub-) Priorat. Einem solchen gehören grundsätzlich alle Mitglieder an, die in dem Gebiet ihren Wohnsitz haben.[421]

Geleitet werden die (Sub-) Priorate von einem gewählten Prior. Er fungiert als Oberer, der u. a. für die sozial-karitativen Werke des Ordens zuständig ist, Dekrete des Hl. Stuhls und des Großmeisters bekannt macht, und sich um deren Einhaltung bemüht. Er fördert die geistliche Entwicklung, sorgt für Berufungen und gibt ein Beispiel für christliche Tugenden und Treue zu den Ordenspflichten.[422] Damit wird er auch den kanonischen Verpflichtungen gerecht (cann. 618f. CIC). Ein formales Visitationsrecht der abhängigen Einrichtungen kommt dem Prior seltsamerweise nicht mehr zu.[423] Die kanonisch vorgesehene Residenzpflicht (can. 629 CIC) fehlt, ggf. aufgrund des grundsätzlichen Wohnorts der Professen im neuen Konvent in Rom.

Außer bei einer neuen Errichtung, wo der (Sub-) Prior durch den Großmeister ernannt wird, wählen ihn die Professen der Gliederung für sechs Jahre mit der Möglichkeit zweier Wiederwahlen.[424] Sofern dies nicht möglich

---

[419] Art. 46 § 3 Verfassung.

[420] Art. 191 Codex. Bisher war hier nur die „Anleitung des Großmeisters" genannt (Art. 229 Codex/1997).

[421] Art. 41 § 1 Verfassung. Vor der Reform gehörten dem Priorate nur alle Mitglieder an, sofern keine Assoziation vorhanden war bzw. dem Subpriorat nur Mitglieder der beiden ersten Stände (Art. 10 §§ 1-3 Verfassung/1997).

[422] Art. 187 Codex.

[423] Vgl. Art. 225 lit. b Verfassung/1997, die eine Visitationspflicht alle drei Jahre vorsah. Hier ist eine Akzentverschiebung hin zu der internationalen Ebene zu beobachten. Dem Autor wurde mehrfach bestätigt, dass die einzelnen Gliederungen de facto bislang relativ autark agieren konnten. Diese sieht das Kirchenrecht gleichsam vor (can. 628 §§ 1 u. 3 CIC).

[424] Art. 42 § 1 Verfassung und. Art. 186 Codex. Allerdings ist bei der zweiten Wiederwahl ein höheres Quorum erforderlich. Die alte Verfassung (hier wurde das Kapitel auch „kleiner Rat" genannt) eröffnete noch weitere Wiederwahlen (Art. 30 Verfassung/1997). PRIMETSHOFER, Ordensrecht, S. 103, betont, dass die ewige Profess Voraussetzung ist, da „es systemwidrig wäre, jemanden zum Oberen zu bestellen, der selbst dem Verband noch nicht endgültig eingegliedert" ist.

ist, kann ein Oboedienzritter zum Regenten gewählten werden. Hierzu ist jedoch eine Dispens des Großmeisters notwendig.[425] Grundsätzlich darf das Amt erst angetreten werden, nachdem die Bestätigung des Großmeisters vorliegt (vgl. can. 625 § 3 CIC), der zuvor den Souveränen Rat und den Rat der Professen konsultieren muss, und nachdem der Amtseid ablegen wurde.[426] Dieses Zustimmungsverfahren ist auch für andere Ämter der (Sub-) Priorate, nämlich den Kanzler, Rezeptor und Hospitalier, verpflichtend.[427] Er wird durch ein Kapitel unterstützt, das viermal im Jahr zu Beratungen wichtiger Angelegenheiten zusammenkommen soll und zusätzlich aus weiteren Amtsträgern besteht.[428] Neben den vier Ämtern gehören ihm alle Professritter und -kapläne unabhängig von der Art des Gelübdes, der Chefkaplan und je zwei Vertreter des Zweiten und Dritten Standes an.[429] Diese werden vom entsprechenden Stand gewählt, der Chefkaplan von den Kaplänen, die der Gliederung angehören.[430] Dabei wird nicht festgelegt, wie vorzugehen ist, falls die Anzahl von zu Wählenden nicht erreicht ist. Hier wäre an eine automatische Mitgliedschaft zu denken. Der Codex kann, hat aber keine näheren Regelungen erlassen, weshalb für Detailfragen auf das jeweilige Statut abzuheben ist.[431] Es bestimmt u. a. die Zuständigkeit der Kapitel und der (Sub-) Prioratsversammlungen.[432]

Dem Großmeister steht bei vorliegenden schweren Gründen das Recht zu, einen Prior oder Subprior (erstaunlicherweise nicht einen Regenten) abzurufen, nachdem er die Professmitglieder der jeweiligen Gliederung angehört und der Rat der Professen zugestimmt hat, und einen Vikar ernennen. Dessen Aufgabe besteht in der Einberufung einer

---

[425] Art. 42 § 2 Verfassung. Zuvor wurden nur die Leiter der Subpriorate als Regenten bezeichnet.

[426] Art. 41 § 4 Verfassung.

[427] Art. 42 § 3 Verfassung.

[428] Art. 188 Codex.

[429] Art. 43 § 1 Verfassung.

[430] Art. Art. 41 § 3 bzw. Art. 43 § 2 u. 3 Verfassung.

[431] Vgl. Art. 43 § 2 2. HS. Die alte Verfassung sah hier noch die Wahl durch die Prioratsversammlung vor (Art. 29 § 5 S. 2 Verfassung/1997).

[432] Art. 41 §§ 2 u. 5 Verfassung.

Wahlversammlung.[433]

Ein selbst gewählter Statthalter ist nicht mehr vorgesehen, was dem Großmagisterium weitere Eingriffsrechte erlaubt.[434] Es ist nämlich möglich, dass ein Prokurator ernannt wird, gleichsam nach der o. g. Anhörungs- und Zustimmungspflicht. Dieser ist bis zum Ablauf der regulären Amtszeit des Priors im Amt. Er soll „in der Regel ein Professritter" sein und muss nicht dem (Sub-) Priorat angehören.[435]

Erstmals werden auch Strukturen für die Assoziationen vorgegeben und nicht nur auf das Eigenrecht verwiesen.

Die Leitung liegt in den Händen eines Präsidenten, unterstützt durch einen Schatzmeister und einen Generalsekretär sowie einen Führungsrat.[436] Die Aufgaben des Präsidenten entsprechen bis auf die Funktion des kanonischen Oberen denen der (Sub-) Priore.[437] Der Führungsrat soll mindestens sechsmal jährlich zu „Beratungen der wichtigen Angelegenheiten" einberufen werden. Diese kann auch von drei Mitgliedern des Rats schriftlich verlangt werden.[438]

Die Führungsämter werden von der Versammlung der Assoziation vorzugsweise aus den ersten beiden Ständen auf vier Jahre mit der Möglichkeit zweimaliger Wiederwahl gewählt, wobei dem Großmeister ein

---

[433] Art. 45 §§ 1 u. 2 Verfassung. Es sei dahingestellt, ob die Namenswahl geglückt ist, zumal es sich nicht um den Stellvertreter eines Amtsträgers handelt, sondern um eine externe Besetzung temporärer Vollmacht, dessen Hauptaufgabe ist, die Neuwahl zu initiieren. Hier wäre wohl auch eine Bezeichnung wie Administrator denkbar gewesen.

[434] Dieser Prioratsstatthalter konnte für eine Amtszeit von bis zu einem Jahr gewählt oder ernannt werden (Art. 31 §§ 1-3 Verfassung/1997.

[435] Art. 45 § 4 Verfassung erlaubt also auch ein Mitglied des Dritten Standes. Das ist insoweit erstaunlich, als der vergleichbare Kommissarische Leiter ein Professe oder ein Oboedienzritter mit fünfjähriger Promess sein muss. Hier kann nur von einem redaktionellen Versehen auszugehen sein, das jedoch große Konsequenzen haben könnte. Das alte Recht sah hier noch vor, dass es sich um einen Profess- oder Oboedienzritter handeln musste (Art. 32 § 4 Verfassung/1997). Auch Rhode: Religiosenverbände, S. 859, betont, dass für aktiv ausgeübte Stellvertretung eines Oberen die gleichen Habilitäten wie beim eigentlichen Amtsinhaber gelten. Ein Nicht-Professe könnte daher wohl auch nicht als Oberer agieren.

[436] Art. 48 §§ 1 u. 2 Verfassung. Diese Bestimmung ist dahingehend redundant, dass beide Ämter bereits Teil des Führungsrates sind. Dennoch können die Statuten Detailregeln innerhalb der Assoziationen festlegen (Art. 51 Verfassung).

[437] Art. 193 Codex.

[438] Art. 194 Codex.

Bestätigungsrecht nach Anhörung des Souveränen Rats zukommt.[439] Dies gilt auch für die weiteren Mitglieder des Führungsrats, der den Leiter unterstützt: Chefkaplan und jeweils drei gewählte Vertreter des Zweiten und Dritten Standes. Die Professen gehören dem Führungsrat eo ipso an.[440] Auch der erste Führungsrat wird durch den Großmeister ernannt.[441]

Bei schwerwiegenden Gründen kann dieser gleichsam bei Assoziationen in die Leitung eingreifen, indem er nach Anhörung der Professen und mit Zustimmung des Souveränen Rats einen Kommissarischen Leiter einsetzt, der insbesondere innerhalb eines Jahres die Assoziationsversammlung einberuft, um einen ordentlichen Präsidenten zu wählen. Der Regelfall geht davon aus, dass damit auch die übrigen Amtsmandate der Assoziation erlöschen und auf den Kommissarischen Leiter übergehen.[442] Dieser muss entweder Professritter oder seit fünf Jahren Oboedienzritter sein, aber nicht der Assoziation angehören.[443]

Mitglieder sind grundsätzlich alle Ordensangehörige aller Stände, die auf dem Gebiet ihren Wohnsitz haben.[444] Nicht mehr vorgesehen ist, dass auf Antrag eine zweite Assoziation auf demselben Gebiet errichtet werden kann,[445] wobei eine solche rechtlich nicht ausgeschlossen wäre.

Beschlüsse werden, sofern das Recht nichts anderes vorsieht, durch die Versammlung der Assoziation getroffen, bei der prinzipiell alle Mitglieder stimmberechtigt sind.[446]

---

[439] Art. 49 §§ 1 u. 2 Verfassung

[440] Art. 50 Verfassung.

[441] Art. 192 Codex. Überraschenderweise ist hier keine Mitwirkung des Souveränen Rats vorgesehen.

[442] Ebd. 53 §§ 1-3 Verfassung. Hiervon kann im Einsetzungsdekret jedoch abgewichen werden. Dies muss jedoch sicherlich dahingehend eingeschränkt werden, als der Kommissarische Leiter z. B. nicht das Amt des Chefkaplans übernehmen kann.

[443] Ebd. § 4.

[444] Art. 47 § 1 Verfassung. Eine dezidierte Ausnahme für solche, die vor einem Umzug in das Gebiet bereits einer anderen Gliederung angehörten (vgl. Art. 230 § 1 Codex/1997), ist nicht mehr vorgesehen.

[445] Diese konnte auf Antrag von 30 Mitgliedern vom Großmeister nach Anhörung der bestehenden Assoziation errichtet werden (Art. 231 § 2 Codex/1997).

[446] Art. 47 § 2 Verfassung.

Gemeinschaftliche geistliche Pflichten finden sich im Codex. Alle Gliederungen sind zu jährlichen Exerzitien verpflichtet, die von den jeweiligen Oberen bzw. Präsidenten in Abstimmung mit dem Assoziationskaplan (gemeint ist wohl der Chefkaplan) festgesetzt werden, die Priorate und Subpriorate zu fünf ganzen Tagen, die Assoziationen zu drei ganzen Tagen.[447] Daneben werden für Professen „zusätzliche Zeiten des Gemeinschaftslebens" durch den Oberen festgelegt, für Mitglieder des Zweiten Standes verpflichtende Zeiten der geistlichen Einkehr.[448]

Nur im Codex und nicht in der Verfassung ist die Möglichkeit geregelt, Delegationen als regionale Gliederung unterhalb eines (Sub-) Priorats oder einer Assoziation zu gründen. In Ausnahmefällen ist dies auch auf dem Gebiet einer anderen Assoziation möglich, dies bedarf jedoch erstmals des nihil obstat des Großmeisters und der Vereinbarung der betroffenen Präsidenten.[449] Dies werden vom jeweiligen (Sub-) Prior bzw. Präsidenten errichtet, jeweils mit Zustimmung des Kapitels bzw. Führungsrats. Im Falle einer Assoziation ist jedoch zuvor ein Reglement für die Delegationen durch den Großmeister nach Anhörung des Souveränen Rats zu genehmigen.[450] Nicht mehr kodifiziert ist die Leitung der Delegationen. Nun obliegt die Binnenorganisation dem jeweiligen Reglement.[451]

II.4.2 Konvent

Auf Rhodos und Malta gab es noch einen geordneten und nach Zungen auf verschiedene Häuser verteilten Konvent. Wie oben gezeigt, wurde mit der

---

[447] Art. 189 § 1 bzw. Art. 195 Codex.

[448] Art. 189 § 2 Codex bzw. Art. 195 § 2 Codex. Überraschenderweise gelten diese Zeiten der geistlichen Einkehr nur für Oboedienzmitglieder in Assoziationen, nicht in (Sub-) Prioraten. Sofern diese in der Regel des geistlichen Lebens festgelegt werden sollen, wäre doch rechtssystematisch ein Hinweis hier angebracht.

[449] Art. 197 § 3 Codex.

[450] Art. 197 § 2 Codex.

[451] Hier war bislang ein Delegat vorgesehen, der außer zur Errichtung, von den Mitgliedern der Delegation gewählt wurde, im Falle eines Sub(Priorats) ein Mitglied des Ersten oder Zweiten Standes sein sollte (Art. 35 § 3 Verfassung/1997) und von einem Rat unterstützt wurde (ebd. § 4).

Verpflichtung einer Mindest-Anwesenheit im Konvent, um Kommenden oder Ämter zu erhalten, versucht, ein Gemeinschaftsleben zumindest in Ansätzen aufrechtzuerhalten. Seit dem Verlust der Insel zogen sich die Mitglieder auf die international verstreuten Ordensgüter zurück, sofern diese noch im Besitz waren. Wenngleich am Sitz des Ordens anschließend noch Mitglieder anwesend waren und auch bislang für die Inhaber der Hohen Ämter eine Anwesenheitspflicht am Ordenssitz bestand, existiert bis jetzt kein Konvent, von Einzelprojekten abgesehen.

Da das Kirchenrecht nur als subsidiäre Quelle des Eigenrechts gesehen wurde, konnte man sich hier auf eine Abweichung berufen.[452] Das Eigenrecht konstatierte sogar explizit, dass die Professen nicht zum Leben in Gemeinschaft verpflichtet sind.[453] Diese Spezialnorm war bereits seit den 1960er-Jahren Teil des Rechtslebens.[454] Idealler Hintergrund könnte durchaus gewesen sein, dass die „karitativen und fürsorglichen Aufgaben […] nur durch ein aktives Leben ‚in der Welt' verwirklicht werden" können.[455] Doch muss man hier sicherlich gleichsam auf die Tradition zurückgreifen, die lediglich für einen kleinen Teil der Mitglieder eine vita communis im Konvent auf Malta vorsah.

In der neuen Verfassung ist ein eklatanter Wandel zu beobachten. Das kanonische Recht verlangt von allen Ordensinstituten, dass die Mitglieder ein „brüderliches Leben in Gemeinschaft führen" (can. 607 § 2 CIC) und geht sogar so weit, dass sie in „einer rechtmäßig errichteten Niederlassung unter der Autorität eines nach Maßgabe des Rechts bestellten Oberen" leben (can. 608 CIC). Gerade dieses Gemeinschaftsleben kennzeichnet die Religiosenverbände von ihrem Wesen her.[456] Hintergrund ist neben dem Gedanken der Kommunität, auch in Abgrenzung zu Säkularinstituten, eine „gewisse Trennung von der Welt".[457] Die Nicht-Verpflichtung wurde ersatzlos gestrichen und im Gegenteil dazu der Hinweis aufgenommen, dass

---

[452] SCHWETZ, Malteser-Ritter-Orden, S. 31, der dies als lex specialis bezeichnet.

[453] Art. 9 § 1 Verfassung bzw. Art. 68 § 3 Codex.

[454] Art. 9 § 1 Verfassung/1961.

[455] LEISCHING, Malteser-Ritter-Orden, S. 100.

[456] Vgl. RHODE, Religiosenverbände, S. 849.

[457] AYMANS/MÖRSDORF II, S. 620; PRIMETSHOFER, Ordensrecht, S. 75.

die Professen „im gemeinsamen, brüderlichen Leben" die „Gegenwart des lebendigen auferstanden Christus erfahren". Die Anwesenheit im Konvent wird als das Fundament bezeichnet, „aus dem sich das geistliche Leben und karitative Handeln" des Ersten Standes erhebt. Näher an die Systematik des kanonischen Rechts angelehnt, wird eine Abweichung im Rahmen der Dispens geregelt.[458] Dies beinhaltet auch, dass für bisherige Professen die Sonderregelungen zum Gemeinschaftsleben bestehen bleiben, wobei sie die Möglichkeit haben, sich nach dem neuen Recht zu richten.[459] Für neu aufzunehmende Mitglieder dürfte diese Dispens entfallen bzw. durch die kirchliche Hierarchie zu erteilen sein.[460]

Wenn – wie zumindest im Laufe des 20. Jahrhunderts so betrachtet – die Verfassung den grundlegenden und von der Autorität genehmigten codex fundamentalis darstellt, dann wäre diese Bestimmung besser dort hinein aufgenommen worden, da hier der Ort für die Regelungen der Lebensordnung der Mitglieder ist (can. 587 § 1 CIC).

Zum Zeitpunkt der Abfassung dieser Arbeit ist ein solcher Konvent bislang nicht eingerichtet,[461] dieser wäre jedoch „entscheidende Voraussetzung des hier proklamierten gemeinschaftlichen Eigenlebens"[462]. Allerdings hat das Generalkapitel Anfang 2023 im Instrumentum laboris Hinweise auf den Ablauf der Schaffung und die zukünftige Struktur beschlossen. So stellt das Großmagisterium ein Gebäude samt Gästehaus in Rom für den Konvent zur Verfügung, dem auch die finanziellen Mittel seitens des Großmagisterium beigegeben werden. Damit verbunden werden soll eine Einrichtung zur Versorgung von älteren, kranken und pflegebedürftigen Professen.

Die Grundsätze für das Haus werden vom Großkomtur nach Anhörung des Rats der Professen dem Großmeister zur Promulgation vorgelegt. Aufgrund dieser Regeln wählt die Kommunität den Ortsoberen, ein Amt, das

---

[458] Art. 6 § 3 Codex.

[459] Art. 60 § 1 Verfassung

[460] AYMANS/MÖRSDORF II, S. 586, interpretiert den can. 593 CIC dahingehend.

[461] Stand Mai 2024. Dem Verfasser wurde vertraulich mitgeteilt, dass eine Einrichtung insoweit voranschreitet, dass die Professen gefragt wurden, ob sie in einen neuen Konvent innerhalb der Stadt Rom umziehen möchten.

[462] AYMANS/MÖRSDORF II, S. 620.

Verfassung und Codex nicht vorsehen. Hier sind wohl hilfsweise die Bestimmungen zur Ernennung bzw. Wahl der Oberen allgemein heranzuziehen.

Teil des Konvents soll auch das Novizenhaus sein.[463] Die Einrichtung als solche liegt beim Großmeister nach Zustimmung des Rats der Professen.[464] Zur Errichtung ist die Erlaubnis des Papstes in seiner Funktion als Bischof der Diözese Rom erforderlich (can. 609 § 1 CIC).[465]

Neben der sicherlich systematisch gewünschten Form des gemeinsamen Lebens dürfte jedoch ein solcher Konvent Auswirkungen auf die Arbeit und Struktur des Ordens haben:

Wie beschrieben sind für die Errichtung von (Sub-) Prioraten eine Mindestzahl von Professen erforderlich. Bereits heute wird diese Mindestzahl teilweise dadurch kompensiert, dass Personen einem gewissen Priorat zugewiesen sind, ohne dort zu leben.[466] Obwohl nicht geregelt ist, dass (Sub-) Priorate aufgelöst werden müssen, wenn die Mindestzahl an Professen unterschritten ist,[467] wäre ein dauerhafter Notzustand nicht wünschenswert.[468] Kanonisch ist klar definiert, dass Ordensangehörige ihren Wohnsitz am Ort des Ordenshauses haben (can. 103 CIC), das wäre also zukünftig Rom. Damit wäre die Residenzpflicht der Oberen (can. 629 CIC) in ihren Gliederungen nicht erfüllbar.

---

[463] Akten des Generalkapitels 2023, S. 9f. und S. 12.

[464] Art. 39 Verfassung.

[465] Nach RHODE, Religiosenverbände, S. 851, werden mit der Errichtung einer Niederlassung auch den mit dem Orden verbundenen Vereinen für das Gebiet der Diözese Rechtspersönlichkeit zuerkannt.

[466] Der Großprior von Böhmen ist beispielsweise Franzose, das Amt des Großpriors von Österreich wurde erst 2022 wieder besetzt, nachdem 15 Jahre ein Prokurator im Amt war und seit 2016 wird auch das Großpriorat der Lombardei und Venedig von einem Prokurator geleitet. Auch weiterhin scheint an dem Verfahren externe Professen zu überstellen festgehalten zu werden, vgl. SCHWETZ, Malteser-Ritter-Orden, S. 22.

[467] Auch can. 115 § 3 CIC fordert nur zur Errichtung einer juristischen Person mindestens drei Personen, nicht für deren Fortbestand. Vielmehr übernimmt ein verbleibendes Mitglied die Gesamtvertretung (can. 120 § 2 CIC).

[468] Eine kanonische Körperschaft erlischt 100 Jahre, nachdem sie zu handeln aufgehört hat (can. 120 § 1 CIC). Zuvor gehen die Rechte des Kollegiums (wobei fraglich ist, ob hier ein Kollegium vorliegt) bereits auf das ggf. letzte Mitglied dessen über (ebd. § 2).

Damit wird gleichsam die geistliche Aufsichtsfunktion über die nationalen Assoziationen oder Nichtprofessen in den (Sub-) Prioraten erschwert bis verunmöglicht. Die Leitung von Ordenswerken, die ebenfalls primär den Religiosen zukommt, dürfte entweder einer Anwesenheit dort bedürfen oder jedoch einer Abwesenheit vom Konvent mit der Gefahr einer erneuten Zersplitterung, wenn diese Werke nicht in geografischer Nähe zu diesem Haus lägen.

Es stellt sich darüber hinaus die Frage, ob ein Konvent in Rom dazu beitragen kann, Berufungen zum Ordensleben zu steigern, wenn zu der räumlichen Trennung (hier ist auch gerade an Nichteuropäer zu denken) auch noch sprachliche Barrieren hinzutreten. Die Gefahr, dass dies eine Distanz zwischen Ordenszentrale und Gliederungen befördert, wie sie bereits während der rhodesischen und maltesischen Zeit zu beobachten war, besteht fraglos.

II.5 Vermögensverwaltung

Aus der Stellung als öffentliche juristische Person ergibt sich auch die Vermögensfähigkeit für den Gesamtorden und die Gliederungen. Das Eigenrecht legt dabei gemeinsame Normen für alle rechtsfähigen Ordensteile und weitere Gliederungen vor. Die Verwaltung obliegt der Leitung, die das Ordens- oder Kirchenrecht jeweils vorsieht. Die Finanzverwaltung wurde grundlegend neu und zum ersten Mal überhaupt umfassend geordnet und dem CIC angeglichen.[469]

Daher verwaltet der Großmeister das Vermögen des Großmagisteriums, allerdings durch den Rezeptor des Gemeinsamen Schatzamts und unter Aufsicht der Rechnungskammer.[470] Der Rezeptor ist damit Ökonom i. S. d. can. 636 § 1 CIC, der die Normen des Kirchenrechts einzuhalten hat.[471] In der Praxis sind die Bestimmungen zur außerordentlichen Verwaltung

---

[469] Das überrascht, sieht doch der CIC u. a. vor, dass im Eigenrecht präzisiert werden muss, was zur außerordentlichen Verwaltung zählt und wie diese gestaltet wird (can. 638 § 1 CIC).

[470] Art. 15 § 3 lit j bzw. Art. 37 Verfassung.

[471] Art. 54 § 2 Verfassung.

bedeutsam, da ein Verstoß gegen diese eine Ungültigkeit der Rechtsakte zur Folge hat.[472] Darunter sind solche Akte wie Ausgaben, Veräußerungen, die Aufnahme von Schulden zu subsumieren, die einer Genehmigung bedürfen.[473] Hier ist v. a. an die vom Generalkapitel festzulegende Betragsgrenze zu denken, bei deren Überschreitung der Großmeister der in einer geheimen Abstimmung zu erteilenden Zustimmung des Souveränen Rats und des Rats der Professen bedarf.[474] Zusätzlich ist zur Gültigkeit ein vorhergehendes, nicht bindendes Votum der Rechnungskammer einzuholen.[475]

Für gewisse Veräußerungen bedarf es der Zustimmung des Hl. Stuhls, nämlich bei Dingen von künstlerischem oder historischem Wert und solchen, die aufgrund von Gelübden erworben wurden (vgl. can. 638 § 3 CIC). Auch stehen von der Kirche geschenkte Immobilien unter diesem Genehmigungsvorbehalt.[476]

Als Aufsichts- und Kontrollorgan fungiert die Rechnungskammer, deren sieben Mitglieder vom Generalkapitel aus dem Kreis der Ordensangehörigen gewählt werden und die selbst ihren Präsidenten bestimmen. Sie müssen nicht nur in Wirtschafts- und Finanzwissenschaften erfahren sein, sondern auch in der Jurisprudenz. Die Kammer hat Zustimmungsrechte und billigt den Jahresabschluss.[477]

---

[472] Art. 54 § 4 Verfassung, auch Art. 56 § 1, der sich konkret auf Akte des Großmeisters bezieht.

[473] Art. 55 § 1 Verfassung. Dabei wird auch konkret auf das Kirchenrecht verwiesen.

[474] Der CIC spricht hier grundsätzlich nur von der Zustimmung des Rates (can. 638 § 3 CIC). Hier zeigt sich erneut, dass die Aufgabenteilung zwischen beiden Gremien nicht klar abgegrenzt ist.

[475] Art. 56 §§ 1 u. 3 Verfassung. Bislang bedurften Veräußerungsakte und Verträge, die das Vermögen des Ordens und seiner Gliederungen belasteten, nur der Gegenzeichnung des Rezeptors (Art. 157 § 2 Codex/1997). Die Bezeichnung außerordentliche Verwaltung kam im alten Recht nicht vor.

[476] Art. 55 § 2 Verfassung. Eine Romgrenze wird nicht explizit genannt.

[477] Art. 37 Verfassung. Art. 176 Codex konkretisiert die Rechte dahingehend, dass sie auch die Rechnungsprüfung vornimmt, die Einhaltung des genehmigten Budgets überwacht, die Buchführung und Barbestände verifiziert, die Vermögensverwaltung nicht nur beaufsichtigt, sondern auch evaluiert und dem Souveränen Rat auf Anfrage Prüfberichte unterbreiten kann. Das kanonische Recht sieht nur die Vorlage eines Rechnungsabschlusses vor (can. 636 § 2 CIC), allerdings keine explizite Pflicht zur Billigung.

Sie berichtet folgerichtig dem Generalkapitel.[478] Doch stellt sich die Frage, ob das Generalkapitel eine wirklich Aufsicht ausüben kann, da es – wie oben gezeigt – nur alle sechs Jahre zusammentritt.

Der Rezeptor bereitet die Beschlüsse des Großmeisters im Rahmen der außerordentlichen Verwaltung der Gliederungen vor, die Veräußerungen und Annahme mit Bedingungen behafteter Erbschaften, Vermächtnisse und Stiftungen betreffen. Er erstellt den Jahresabschluss und das Budget des Großmagisteriums.[479] Daher legt er auch die vorgeschriebenen Prüfberichte vor.[480]
Er wird, vor allem in der inneren Verwaltung, von einem auf seinen Vorschlag und nach Zustimmung des Souveränen Rats vom Großmeister ernannten Generalsekretär unterstützt. Zusätzlich besitzt er Beiräte für Liegenschaftsverwaltung und Investitionen, deren Mitglieder in gleicher Weise ernannt werden.[481]

Daneben stehen Regeln für die Verwaltung der Gliederungen. Alle Funktionsträger, die juristische Personen leiten, müssen ihrem jeweiligen Oberen jährlich eine Abschlussbilanz und ein Budget vorlegen.[482] Diesen obliegt die Aufsicht über alle Güter der unterstellten juristischen Personen.[483] Die Ordensgliederungen legen auf ihrer jeweiligen Versammlung die Betragsgrenzen für Schuldenaufnahme und Veräußerungen fest, bei denen das Kapitel oder der Führungsrat in einer geheimen Abstimmung zustimmen muss.[484] Für gewisse Akte benötigen die Gliederungen überdies die Zustimmung des Großmeisters. Dieser Betrag wird vom Generalkapitel festgelegt.[485]

---

[478] Art. 179 Codex.

[479] Art. 123 Codex.

[480] Art. 124 Codex. Folgerichtig kann er eine ao. Sitzung der Rechnungskammer beantragen (Art. 177 Codex).

[481] Art. 123 §§ 3 u. 4 Codex.

[482] Art. 57 Verfassung.

[483] Art. 58 Verfassung.

[484] Art. 56 § 2 Verfassung. Damit ist erstmals eine rechtliche Grundlage für die außerordentliche Verwaltung für die Gliederungen geschaffen worden.

[485] Art. 56 § 1 Verfassung.

Hier ist eine Kollision mit dem staatlichen Vereinsrecht denkbar, da z. B. in Deutschland das Vereinsrecht eine grundsätzliche Autonomie vorsieht. So ist auch das weltweite Hilfswerk des Ordens, Malteser International, als Verein nach deutschem Recht mit Sitz in Köln registriert.[486] Hier dürfte es auf die Satzungsregelungen ankommen und inwieweit diese von den registerführenden staatlichen Stellen akzeptiert werden. Dies gilt in besonderem Maße für Geschäfte der außerordentlichen Verwaltung. Hier ist daran zu denken, dass ggf. vereinsrechtlich erlaubte Geschäfte ungültig gesetzt werden und dies Auswirkungen auf die zivilrechtliche Sphäre haben kann, sofern Vermögen als Ordens- und damit Kirchenvermögen gilt.[487]

Die Leiter der Gliederungen müssen jährlich dem Großmeister bzw. Rezeptor einen Rechenschaftsbericht über die Verwaltung der Finanzen ablegen, der vom jeweiligen Kapitel bzw. Führungsrat gebilligt ist. Dieser wird auch dem Souveränen Rat und Rat der Professen zugeleitet.[488]
Alle territorialen Gliederungen haben einen jährlichen Beitrag an das Großmagisterium zu leisten, der vom Generalkapitel festgelegt wird und sich an der wirtschaftlichen Leistungsfähigkeit bemisst.[489] Bei einem Verstoß dagegen werden ihnen eo ipso das Vorschlagsrecht für Aufnahmen und Auszeichnungen und das Entsendungsrecht von Vertretern in das Generalkapitel und den Großen Staatsrat entzogen. Auch kann der Souveräne Rat einen externen Rechnungsprüfer zulasten der Gliederungen bestellen.[490]

---

[486] Malteser International e.V., Köln, AG Köln, VR 17396. Auch die Deutsche Assoziation ist als Verein eingetragen (AG Köln VR 11141)

[487] Hier ist für Österreich u. a. die „Ordinariatsklausel" des Art. XIII § 2 des Konkordat zwischen dem Heiligen Stuhle und der Republik Österreich samt Zusatzprotokoll, SF: BGBl. II Nr. 2/1934, zu beachten.

[488] Art. 190 u. Art. 196 Codex. Hier ist sicherlich an Aufsichtsrechte im Einzelfall zu denken.

[489] Art. 59 Verfassung.

[490] Art. 175 Codex.

III. VÖLKERRECHTLICHE FRAGEN

Der Name "Souveräner Ritter- und Hospitalorden vom hl. Johannes zu Jerusalem, genannt von Rhodos, genannt von Malta" referiert, dass er zunächst Souverän von Rhodos, dann von Malta war.[491] Im Gegensatz zum alten Recht bezeichnet er sich selbst als Völkerrechtssubjekt, ohne die entsprechende Artikelüberschrift weiterhin mit dem Hinweis „Souveränität" zu versehen.[492] Er definiert sich als religiöser Laienorden und Subjekt des Völkerrechts.[493] Damit adaptiert der Orden eine Begrifflichkeit, die dem heutigen Völkerrecht, wie zu zeigen sein wird, gerechter wird.[494] Die Frage bleibt jedoch, wie der Orden gemäß der eigenen Proklamation im Völkerrecht zu verorten ist.

III.1 Souveränität im Völkerrecht

Das Völkerrecht und die Völkerrechtswissenschaft sind Wandlungen unterworfen, sowie sich auch das Verständnis von Souveränität aufgrund der historischen, politischen und sozialen Gegebenheiten gewandelt hat. War im Mittelalter Herrschaft noch weitestgehend fragmentiert bzw. umstritten – wie beim Verhältnis von Kaiser und Papst, gleichsam zwischen Kaiser und regionalen Herrschern –, so setzte in der frühen Neuzeit eine staatstheoretische Behandlung ein. Jean Bodin definierte 1576 die Souveränität als höchste (im Sinne von unübertreffliche), absolute (im Sinne von unbeschränkt) und ewige Macht (im Sinne von Dauerhaftigkeit trotz eines Wechsels der Person des Souveräns) innerhalb eines Staates. Diese Macht sei unabhängig von äußeren Einflüssen, jedoch materiell dem

---

[491] Art. 1 § 1 Verfassung. Dabei ist eine Selbstdeklaration sicherlich nicht souveränitätsbegründend, vgl. BARZ/PAPENTI, Verfassungssystem, S. 426f.

[492] Vgl. Art. 4 Verfassung. Art. 3 Verfassung/1997 war mit „Die Souveränität des Ordens" überschrieben und definierte, dass der Großmeister „die mit den Souveränitätsrechten verbundenen Funktionen" ausübe.

[493] Art. 1 § 2 Verfassung.

[494] HIMMELS, Malteser-Ritterorden, S. 214, hat analysiert, dass sich das Adjektiv souverän erst seit 1801 im Namen findet und vor den 1950er-Jahren nicht im Ordensrecht erschien.

Naturrecht unterworfen.[495] Auch geht er grundsätzlich noch von einem Verhältnis zwischen Monarchen aus, die einem Untertanenverband vorstehen.[496]

Dieses staatstheoretische Konstrukt wurde im Westfälischen Frieden mit einer völkerrechtlichen Bindung ausgestattet. Einerseits wurde die Unabhängigkeit der Staaten (zumindest innerhalb des Heiligen Römischen Reichs) anerkannt, andererseits die territoriale Integrität, die Gleichberechtigung der Staaten, aber auch die Praxis diplomatischer Beziehungen etabliert.[497] Dabei wird jedoch weiterhin grundsätzlich von einem Personenverband unter einem Monarchen ausgegangen. Die Ausbildung nationalen Gedankenguts (u. a. in den Revolutionen in Amerika und Frankreich, ebenfalls in den napoleonischen Kriegen[498]) führte immer stärker weg von einer Souveränität zwischen Monarchen und hin zu einem nationalstaatlichen Denken, das auch die Autorität weniger vom Fürsten ableitet, sondern aus dem Volk heraus. Damit verbunden kommen dem Individuum eigene Rechte zu, auch Abwehrrechte gegenüber dem Staat bzw. der Obrigkeit.

Georg Jellinek versuchte sich 1900 an einer allgemeinen Definition der Wesenselemente des Staates. Seine Drei-Elemente-Lehre fordert dazu ein Staatsgebiet, ein Staatsvolk und eine Staatsgewalt.[499] In den Umbrüchen des 20. Jahrhunderts wurde grundsätzlich die Frage gestellt, wie internationale

---

[495] Vgl. Wolfgang WEBER, Jean Bodin. Sechs Bücher über den Staat (1576), in: Manfred BROCKER, Geschichte des politischen Denkens, Frankfurt 2007, S. 151-166.

[496] Vgl. HIMMELS, Malteser-Ritterorden, S. 216.

[497] vgl. u. a. Heinhard STEIGER, Der Westfälische Frieden. Grundgesetz für Europa?, in: Heinz DURCHHARDT (Hg.), Der Westfälische Friede. Diplomatie - politische Zäsur – kulturelles Umfeld – Rezeptionsgeschichte (Historische Zeitschrift, Beiheft 26), Oldenburg 1998, S. 33-80.

[498] Wobei gerade in den ersten Jahren der Französischen Revolution der westfälische Gedanke dahingehend negiert wird, dass eine bestimmt Staatsform favorisiert wurden.

[499] Vgl. u. a. Hans BOLDT, Staat, Recht und Politik bei Georg Jellinek, in: Andreas ANTER (Hg.), Die normative Kraft des Faktischen. Das Staatsverständnis Georg Jellineks (Staatsverständnisse Bd. 6), Baden-Baden 2020, S. 13-38. Jellinek selbst sprach von einer „mit ursprünglicher Herrschermacht ausgerüstete[n] Verbandseinheit sesshafter Menschen" (Zit. ebd, S. 20).

Abkommen (abseits von Friedensverträgen) oder die Gründung von supranationaler und internationaler Organisation den Souveränitätsbegriff beeinflusst. So können schon historische Beispiele angeführt werden, dass supranationalen Verbänden, wie dem Deutschen Bund, Kompetenzen übertragen wurden. Territorien selbst blieben dabei meist unverändert, nur der Herrscher änderte sich.[500] Hillgruber warnt jedoch vor einem „verzerrenden Trugbild eines früher angeblich omnipotenten Staates".[501] Keine Souveränität (ob westfälisch geprägt oder vereinbart) war jemals ein stabiles Gleichgewicht.[502]

So wundert es nicht, dass die Völkerrechtslehre den Souveränitätsbegriff differenziert betrachtet und einzelne Elemente deskriptiv untersucht, u. a. völkerrechtliche, westfälische und innere Souveränität.[503] Die einzelnen Facetten umfassen dabei die Fragen der Akzeptanz innerhalb der Staatengemeinschaft, Exklusion externer Akteure oder die gesicherte Herrschaft über die Untergebenen ohne äußere politische oder rechtliche Einflüsse.

III.2 Völkerrechtssubjekte

Heute wird in der Völkerrechtslehre grundsätzlich zwischen zwei Gruppen von Subjekten unterschieden, den originären und derivaten. Während ersteren ihre Eigenschaft aus sich selbst heraus zukommt, bedürfen letztere eines Gründungsaktes. Beide nehmen jedoch am allgemeinen völkerrechtlichen Verkehr teil. Zusammenfassend kann die Formel

---

[500] Vgl. Wulf LOH, Völkerrechtliche Souveränität, in: Archiv für Begriffsgeschichte 20/61 (2018/2019), S. 363-408, v. a. S. 373f.

[501] Christian HILLGRUBER, Souveränität – Verteidigung eines Rechtsbegriffs, in: JuristenZeitung 22, 57. Jg. (2002), S. 1072-1080, hier S. 1073.

[502] Vgl. Stephen D. KRASNER, Sovereignty. Organized Hypocrisy, New Jersey 1999, S. 24. Wobei seine sehr negative Sicht auf die Souveränität im Laufe der Geschichte durchaus nicht nur Zustimmung gefunden hat.

[503] Vgl. u. a. Krasner ebd. v. a. S. 3-42.

angewandt werden, dass Völkerrechtssubjektivität die Fähigkeit bedeutet, Träger völkerrechtlicher Rechte und Pflichten zu sein.[504]

Für den Malteserorden von Bedeutung sind insbesondere die originären staatlichen oder nicht staatlichen Subjekte. Staaten bleiben die „Normalperson" des Völkerrechts, da nur sie unbegrenzt „über die Fähigkeit [verfügen], Völkerrecht zu begründen, zu verändern oder wieder aufzuheben".[505] Die Drei-Elemente-Lehre wird hier nach h.M. immer noch als relevant betrachtet, wobei sie hinsichtlich verschiedener Fragen ausdifferenziert wurde (z. B. bei Besetzung im Kriegsfall oder Annexion).[506] Die Staatsgröße ist dabei zumindest für eine Mitgliedschaft bei den Vereinten Nationen unerheblich.[507] Die UN-Charta selbst beschreibt diesen Grundsatz der souveränen Gleichheit (Art. 2 Nr. 1). Da sich diese jedoch nur auf die Mitgliedsstaaten bezieht, postuliert Loh, sei im „modernen Völkerrecht die UN-Mitgliedschaft mit der Anerkennung völkerrechtlicher Souveränität gleichzusetzen".[508] Die h.M. geht allerdings davon aus, dass die „Legitimation eines Staates [...] in seiner eigenen Existenz begründet" ist.[509] Der Anerkennung kommt dabei nur deklaratorische und keine konstitutive Bedeutung zu. Dennoch ist in der Praxis die Anerkennung der „key to personality".[510] Sonst würde es wohl grundsätzlich bei einer Selbstproklamation bleiben, die keine Außenwirkung entfalten kann. Dies

---

[504] So u. a. und undiskutable Matthias HERDEGEN, Völkerrecht, München [22]2023, S. 75, Rn. 1.

[505] Volker EPPING, Völkerrecht. Ein Studienbuch, München 2018, S. 76.

[506] Auch die Konvention von Montevideo aus dem Jahr 1933 nennt diese drei Elemente und ergänzt sie mit der Notwendigkeit, mit anderen Staaten in Kontakt zu treten zu können, Konvention über Rechte und Pflichten von Staaten. Montevideo, 26. 12. 1933, in: LNTS 165, S. 25.

[507] So können nach Art. 4 UN-Charta (Charta der Vereinten Nationen v. 26. Juli 1945, in: BGBl. 1973 II S. 430, 431) alle Staaten Mitglied werden. Dabei zeigt sich eine große Bandbreite hinsichtlich der Fläche z. B. zwischen Russland (rund 17 Mio. km²) und Monaco (rund 2 km²) oder der Einwohnerzahl von 10.000 Personen (Tuvalu) bis 1,4 Mio. (Indien).

[508] LOH, Völkerrechtliche Souveränität, S. 393.

[509] EPPING, Völkerrecht, S. 165, so auch schon Anzilotti, Dionisio: Lehrbuch des Völkerrechts, Berlin 1929, S. 125.

[510] Tiyanjana MALUWA, The Holy See and the concept of international legal personality. Some reflections, in: The Comparative and International Law Journal of South Afrika, Jg. 19, Nr. 1, S. 1-26, hie. S. 9.

zeigt das grundlegende Problem sehr deutlich: Es fehlt eine Autorität, die zwischen de iure und de facto vermitteln kann.[511]

Und doch bestimmen die Staaten schon lange nicht mehr allein den Völkerrechtsrechtsverkehr.[512] Die derivaten Subjekte sind längst zu den wichtigen Akteuren geworden, es gilt ein „Zwischenmächterecht".[513] Hier sind vor allem supra- oder internationale Organisationen, wie die Vereinten Nationen oder die Europäischen Union, zu nennen. Diese können dabei mit gewissen Rechten ausgestattet sein, die in die Souveränität der Mitgliedsstaaten eingreifen.[514] Ihnen kommt eine partielle Subjektivität zu, aber „nur in Bezug auf einzelne völkerrechtliche Rechte und Pflichten".[515] Diese bedürfen allerdings einer vertraglichen Definition.

Die Lehre versucht mit einer dritten Kategorie solche Subjekte zu erfassen, die weder die klassische Staatsdefinition erfüllen, noch derivate Subjekte sind. Sie werden häufig als originäre nicht staatliche Völkerrechtssubjekte bezeichnet. Originär deshalb, weil sie wie bestehende Staaten aus sich selbst heraus Rechtspersönlichkeit entfalten. Ihre Subjektivität bedarf keiner Gründung, doch zum völkerrechtlichen Verkehr einer Anerkennung.
Neben dem Internationalen Komitee vom Roten Kreuz, das eine rein funktionale und damit partielle Subjektivität u. a. aufgrund der Genfer Konventionen einnimmt, werden traditionell der Hl. Stuhl und der Orden abschließend aufgezählt. Epping bezeichnet beide als „traditionelle Völkerrechtssubjekte",[516] wobei dies nicht als Verweis auf eine Anerkennung zu verstehen ist, sondern auf ihre unbestrittene historische Existenz. Schweinsfurth wählt hier die passendere Formulierung als „nachstaatliches

---

[511] Vgl. auch. KNOPF-SILVESTRE, L'Ordre, S. 165-168.

[512] EPPING, Völkerrecht, S. 73ff.

[513] Alfred VERDROSS/Bruno SIMMA, Universelles Völkerrecht. Theorie und Praxis, Berlin 1976, S. 24.

[514] So ist bei den Vereinten Nationen u. a. an militärische Sanktionen (Art. 42 UN-Charta) zu denken, bei der Europäischen Union neben den Rechtssetzungsakten an Vertragsverletzungsverfahren. Auch ist auf Urteile des Internationalen Strafgerichtshofs oder an den Bündnisfall der NATO zu rekurrieren.

[515] EPPING: Völkerrecht, S. 74.

[516] Ebd., S. 437.

Völkerrechtssubjekt".[517] Man kann wohl sogar mit Cox festhalten, dass der Orden die erste internationale Rechtspersönlichkeit ist, die einen von Staaten und der Person des Herrschers unabhängigen Status hat. Er sicherte sich Attribute der Souveränität zu einer Zeit, als das Völkerrecht langsam neue Konzepte der Staatlichkeit entwickelte.[518]

Dabei ist der Hl. Stuhl sicherlich als einzig noch bestehendes Beispiel einer Rechtssubjektivität, die im Souverän begründet ist, zu sehen. Tatsächlich tritt im Regelfall der Hl. Stuhl im diplomatischen Verkehr in Erscheinung und nicht der ebenfalls bestehende Staat der Vatikanstadt.[519] Aufgrund der Personengleichheit im Oberhaupt ist hier wohl eine Union zwischen Staat im Sinne der Drei-Elemente-Lehre und funktionaler Souveränität zu beobachten. Auch wenn die Souveränität grundsätzlich nicht bestritten wird, ist die Frage der dogmatischen Begründung ungeklärt. Man könnte beim Hl. Stuhl durchaus davon sprechen, dass sein „Rechtstitel […] jedoch richtigerweise in jahrhundertelang gepflegter Gewohnheit" liegt,[520] was in abgestufter Form auch für den Orden festgestellt werden muss.

Gerade die Fokussierung der Lehre auf Staaten erklärt, weshalb der Status der Malteser noch heute nur schwer fassbar ist. Dabei hat der Internationale Gerichtshof (IGH) bereits 1949 versucht, eine Entität des Völkerrechts zu definieren. Im Gegensatz zum Staat mit seinen „traditionellen" Komponenten zeichnet diese Entität ein supranationaler Zweck, die Anerkennung der Zweckerreichung durch die Staatengemeinschaft und die Möglichkeit aus, Verträge zu schließen (das sog. ius congens).[521] Die Entwicklung, auch

---

[517] Theodor SCHWEISFURTH, Völkerrecht, Tübingen 2006, S. 28.

[518] Vgl. Noel COX, The Continuing Question of Sovereignty and the Sovereign Military Order of Jerusalem, of Rhodes and of Malta (June 2008), Online-Ressource: https://ssrn.com/abstract=1140462 (1.1.2024), S. 13 u. S. 19.

[519] So ist der Hl. Stuhl im Regelfall Vertragspartner, wie z. B. bei den Wiener Übereinkommen. Auch wird er von den Vereinten Nationen als Beobachter gelistet. Eine Übersicht gibt u. a. Friedrich GERMELMANN, Heiliger Stuhl und Vatikanstaat in der internationalen Gemeinschaft. Völkerrechtliche Praxis und interne Beziehungen, in: Archiv des Völkerrechts, Jg 47, Bd. 2 (2009), S. 147-186.

[520] Ebd., S. 156.

[521] Reparation for injuries suffered in the service of the Nations, Order of 11 April 1949, I.C.J. Reports 174, ICGJ 232 (ICJ 1949).

hinsichtlich Nichtregierungsorganisationen (NGO), zeigt, dass die Realität längst „mit einem Dogma des klassischen Völkerrechts" bricht.[522]

III.3 Souveränität des Ordens

III.3.1 Historische Betrachtung

Der Orden als Herrschaftsverband über die Insel Rhodos würde heute noch unwidersprochen als Staat anerkannt werden.[523] Er erfüllte die Drei-Elementen-Lehre und interagierte mit anderen Herrschern, sodass er gleichsam den Kriterien der Montevideo-Konvention genügte. Papst Nikolaus V. bestätigte ihm die eigene Gerichtsbarkeit, seine Unabhängigkeit in Finanz- und Verwaltungsangelegenheiten (auch vom Pontifex) und das Legationsrecht.[524] Zu diesem Zeitpunkt muss jedoch die internationale Rolle des Papstamtes innerhalb des europäischen Gefüges katholischer Herrscher von Gottes Gnaden bedacht werden.

Und heute unterhält der Orden diplomatische Beziehungen, prägt seit 1961 wieder eigene Münzen, hat eine eigene Hymne und gibt eigene Pässe heraus, besitzt eine Fahne und eigene Gerichte.

Doch schon hinsichtlich der Insel Malta stellt sich die Frage, inwieweit ein Lehen eine Souveränität weiterhin begründen konnte. Das war wohl auch der Grund dafür, dass der Orden erst sieben Jahre nach dem Angebot des Kaisers die Insel in Besitz nahm. Noch auf dem Generalkapitel 1527 wurde festgehalten, dass nur ein solches Gebiet angenommen werden könne, in dem man absolut souverän sei. Daher versicherte Karl V. den Kapitularen, die Insel sei ein „Präsent".[525]

---

[522] Mehrdad PAYANDEH, Internationales Gemeinschaftsrecht. Zur Herausbildung gemeinschaftsrechtlicher Strukturen im Völkerrecht der Globalisierung (Beiträge zum ausländischen öffentlichen Recht und Völkerrecht 219), Heidelberg u. a. 2010, S. 500.

[523] SCHWEISFURTH, Völkerrecht, S. 30.

[524] Vgl. HAFKEMEYER, Rechtsstatus, S. 67.

[525] Mathis MAGER, Krisenerfahrung und Bewältigungsstrategien des Johanniterordens nach der Eroberung von Rhodos 1522, Münster 2014, S. 244-251.

Es muss tatsächlich konstatiert werden, dass sich das Feudum Karls V. von der klassischen mittelalterlichen Form unterschied. Zwar fand die Übergabe des dinglichen Elements statt, doch ging damit keinerlei „auxilium et consilium" des Vasallen einher, auch wurden die Einwohner vom Eid gegenüber dem Kaiser bzw. dem Vizekönig von Sizilien entbunden. Es kann wohl dennoch nicht pauschal davon gesprochen werden, dass die rhodesische „Souveränität […] auf die Insel Malta übertragen" wurde,[526] wenngleich es dem nahekam.

Doch bleibt der Rechtsbegriff hier diffizil, da die Einheit der christlichen Staaten in mannigfaltigen hierarchischen Bindungen bestand, die feudale Strukturen als gegeben voraussetzten. Vielmehr ist gerade das Lehnsverhältnis ein „Indiz dafür, daß [!] der Orden […] nicht seine Handlungs- und Vertragsfreiheit als Subjekt des Völkerrechts eingebüßt" hat,[527] da keine direkte unterordnende Herrschaft begründet wurde, sondern eine gewisse Gleichheit der beiden Institution (Orden und Kaiser) vorausgesetzt wurde.

Auch wenn die Hintergründe eher strategischer Natur waren, ist Gazzoni nicht zu folgen, dass die territoriale Souveränität des Ordens nie sui generis gewesen sei, sondern immer dem Zweck des „archieving its basic institutional aims" diente.[528] Wie oben gezeigt, war noch vom Frieden von Amiens die Souveränität umfassend anerkannt, u. a. von Frankreich. Dies dürfte dazu geführt haben, dass die Malteser das schwedische Angebot ausschlug, auf Gotland einen neuen Ordensstaat zu errichten.[529]

Die Rechtswissenschaft ist sich gleichsam nicht einig in dem Urteil, wie die Völkerrechtssubjektivität des Ordens heute zu bewerten ist. Während vor allem die – spärlichen – deutschsprachigen Lehrbücher diese meist, wenn

---

[526] HOFMEISTER, Reorganisation, S. 479.

[527] Vgl. HIMMELS, Malteser-Ritterorden, S. 217.

[528] Francesco GAZZONI, Order of Malta, in: Encyclopedias of International Law 9, Amsterdam u. a. 2009, S. 256-258, hier S. 257

[529] Vgl. HAFKEMEYER, Rechtsstatus, S. 74.

auch eingeschränkt, bejahen,[530] bietet gerade die fremdsprachliche Literatur ein komplexeres Bild. Dort wird teilweise darauf verwiesen, dass es sich um eine Hilfsorganisation handle,[531] oder eine internationale Rechtspersönlichkeit völlig abgelehnt.[532] Es gibt auch den Versuch, ihn als „ent-territorialisiertes" oder „traditionelle[s]" Völkerrechtssubjekt" zu definieren, allerdings vergleichbar mit einer NGO.[533]

In der Praxis wird der Orden von den Vereinten Nationen, im Gegensatz zum Hl. Stuhl und dem Staat Palästina, nicht als "non-member state" gelistet, sondern als "Other entity having received a standing invitation to participate as Observer in the sessions and the work of the General Assembly" und damit zusammen u. a. mit dem Internationalen Komitee vom Roten Kreuz, der Interparlamentarischen Union und dem Internationalen Olympischen Komitee.[534] Damit wird eine gefährliche Nähe zu NGOs, die die Kerngedanken der Vereinten Nationen repräsentieren, hergestellt.
Allerdings ist die Debatte um Staatlichkeit bei anderen Vorzeichen wieder aktuell geworden. Die h.M. im deutschsprachigen Raum ging lange noch davon aus, dass es „zum Staatsuntergang [komme], wenn eines der drei Staatselemente wegfällt".[535]

Doch wird dies interessanterweise im Rahmen der Frage neu diskutiert, wie mit aufgrund des Klimawandels untergehenden Staaten umgegangen werden kann, und damit regelmäßig auf den Hl. Stuhl und den Orden verwiesen. So

---

[530] So u. a. DAHM, EPPING, HERDEGEN, HILLGRUBER und SCHWEINFURTH. Jelka MAR-SINGER, Unheilige Allianz oder segensreiche Partnerschaft? Der Heilige Stuhl und die Vereinten Nationen, in: Vereinte Nationen. German Review on the United Nations, Jg. 48, Nr. 6 (2000), S. 193-198, vertritt bezüglich des Hl. Stuhls die Anerkennungstheorie.

[531] So Paul GUGGENHEIM, Traité de Droit International Public, Genf 1954, S. 339f und Ian BROWNLIE, Principles of Public International Law, Oxford 1998, S. 64.

[532] Roberto QUADRI, Cours général de droit international public, in: Recueil des cours de l'Académie de La Haye en ligne 113 (1964), S. 420-422, auch bereits Wilhelm WEGLER, Völkerrecht, Berlin 1964, S. 165f., der widerspricht, dass eine Anerkennung durch Staaten den Orden zu einem Völkerrechtssubjekt macht.

[533] So Andreas von ARNAULD, Völkerrecht, Heidelberg ⁵2023, S. 22, Rn. 62.

[534] Siehe https://www.un.org/en/about-us/intergovernmental-and-other-organizations (1.5.2024).

[535] EPPING, Völkerrecht, S. 179.

wird unter anderem skizziert, dass es durchaus Unterschiede zwischen der Schaffung und der Kontinuität von Staaten geben könne und es letztlich auf die Identität ankomme.[536] Bergmann plädiert für die Einführung einer neuen Begrifflichkeit im Völkerrecht und spricht in diesem Zusammenhang von enträumlichten souveränen Verbänden.[537]

Der Orden ist hier (bislang noch) „ein überaus seltenes Beispiel für die Rückentwicklung eines politisch und rechtlich organisierten Gebiets- und Personenverbands zu einem bloßen Personenverband mit beschränkter völkerrechtlicher Rechtspersönlichkeit".[538] Dieser Kreis könnte jedoch durchaus unter den vorgenannten Voraussetzungen mittelfristig erweitert werden. Damit würde das klassische Völkerrecht grundsätzlich neu gedacht. Unbeantwortet bleibt bei diesen Überlegungen, wie mit dann nachstaatlichen Institutionen und Repräsentanten umzugehen ist. Dies war schon historisch beim Oberhaupt des Malteserordens nicht unkompliziert.

Hinsichtlich des Großmeisters definiert das Ordensrecht, dass ihm die „Vorrechte und Ehren eines Souveräns" zukommen. Nicht bestimmt wird jedoch, dass er tatsächlich ein Souverän ist. Neben zeremoniellen Fragen, die sich u. a. beim Zusammentreffen mit ausländischen Staatsoberhäuptern und Regierungschefs zeigen, wird dies u. a. durch die Anrede unterstrichen, die von der Verfassung als „Hoheit und Eminenz" wiedergegeben wird.[539]

Es fehlt in beiden Verfassungs- und Codexversionen der Hinweis auf den Fürstenstatus des Großmeisters, obwohl dieser gängig als „Fürst und Großmeister" bezeichnet wird. Der erbliche Fürstentitel war ihm zwischen 1607 und 1620 vom Kaiser verliehen worden und wurde 1880 – und damit nach dem Verlust Maltas – durch den österreichischen Monarchen

---

[536] Vgl. Jonathan GLIBOFF, Waterproofing Statehood, in: Columbia Law Review, Jg. 123, Nr. 6 (2023), S. 1747-1794, v. a. S. 1755-1765. Ähnlich argumentiert auch Rouven DIEKJOBST, Sea-Level Rise and Public International Law, in: Humanitäres Völkerrecht, Jg. 4, Nr. 1/2 (2021), S. 50-61, S. 58.

[537] Nina BERGMANN, Versinkende Inselstaaten. Auswirkungen des Klimawandels auf die Staatlichkeit kleiner Inselstaaten (Schriften zum Völkerrecht 2019), Berlin 2016, v. a. S. 159-178.

[538] EPPING, Völkerrecht, S. 442.

[539] Art. 12 Verfassung.

bestätigt.[540] Interessant zu erwähnen ist jedoch, dass mit diesem Titel kein Sitz im Reichsfürstenrat verbunden war, wie es beim Großprior von Deutschland als Fürst von Heitersheim zu beobachten ist. Es dürfte sich daher um einen reinen Ehrentitel gehandelt haben, auch war damit keine konkrete Anrede wie Hoheit präjudiziert, die im Laufe der Zeit selbstständig angenommen wurde.[541]

Außerdem wurde ihm spätestens 1630 das Prädikat „Eminenz" durch Papst Paul V. verliehen.[542] 1929 wurden ihm sowohl der Titel eines Fürsten als auch die Anrede „Hoheit und Eminenz" (Altezza Eminentissima) innerhalb Italiens vom König anerkannt.[543]

Im selben Jahr – nachdem der Lateranvertrag in Kraft getreten war – wurde bestimmt, dass dem Großmeister die Ehre eines und der protokollarische Platz nach den Kardinälen zukäme und die Justiz-Ritter des Großmagisteriums hinter den ausländischen Diplomaten residierten.[544] Dies entspricht einem der höchsten protokollarischen Ränge, da Kardinäle an dritter Stelle nach der Königsfamilie und dem Ministerpräsidenten

---

[540] STIFTUNG DEUTSCHES ADELSARCHIV, Gothaisches Genealogisches Handbuch der Fürstlichen Häuser, Fürstliche Häuser 2, Marburg 2018, S. 175, nennt die Erhebung in den Reichsfürstenstand durch Kaiser Rudolf II. 1607 und durch Kaiser Ferdinand II 1620. Zur gleichen Zeit auch Rang nach den Kardinälen mit Prädikat Eminenz. Beides 1880 durch Österreich und 1928 Italien (mit vereinigtem Prädikat Hoheit und Eminenz) bestätigt. Es gibt kein Indiz dafür, dass damit der Titel eines Fürsten von Malta, Rhodos oder ähnliches verliehen wurde. Allerdings sah das Ordensjahrbuch zumindest noch 1987 diesen Titel vor, vgl. BARZ/PAPENTI, Verfassungssystem, S. 432.

[541] MARQUESE G.S.P., Del titolo di 'Altezza' del Gran Maestro dell'Ordine Gerosolimitano, in: Revista del Collegio Araldico I (1903), S. 270-274, führt aus, dass sich der Großmeister in keiner zeitgenössischen Fürstenliste findet. Im Übrigen geht er davon aus, dass die Verleihung tatsächlich erst 1620 erfolgte.

[542] Vgl. ebd., S. 273. Der Autor analysiert u. a. die Nutzung von Anreden im italienischen Sprachraum der Zeit und stellt die These auf, dass die Verleihung der Anrede „Eminenz" eine Reaktion auf die Verleihung der Fürstenwürde war und nicht schon 1607 erfolgt sein kann. Die Anrede „Eminenz" für Kardinäle wurde erst 1630 offiziell eingeführt, sodass wohl der These von G. S. P. am ehesten zu folgen ist; so auch HOFMEISTER, Reorganisation, S. 501.

[543] Art. 51, Kgl. Dekret v. 21. Januar 1929, Nr. 61, "Approvazione Ordinamento dello stato nobiliare itallano", in: Gazzetta Ufficiale del Regno d'Italia, Anno 70, Numero 28 (2. Februar 1929), S. 522.

[544] Kgl. Dekret v. 28. November 1929, Nr. 2029, „Norme relative al trattamento del Sovrano Militare Ordine di Malta nell'ordine delle precedenze a Corte e nelle pubbliche funzioni", in: Gazzetta Ufficiale del Regno d'Italia, Anno 70, Nr. 280 (2. Dezember 1929), S. 5393. Außerdem wurde in gleichem Dekret festgelegt, dass Justiz-Baillis die Anrede einer Exzellenz genießen.

rangierten.[545] Ausländische Herrscher werden in den Regelwerken nicht eigens erwähnt.

III.3.2 Völkerrechtliche Beziehungen

Wie oben gezeigt, sind es vor allem zwei Elemente, die einem Völkerrechtssubjekt Souveränität zuerkennen: die Anerkennung der Gleichheit durch andere Staaten und die Nichteinmischung in die inneren Angelegenheiten durch andere Staaten (das vor allem in der Politikwissenschaft bezeichnete „Westfälische System"). Dabei ist vor allem die Aufnahme diplomatischer Beziehungen – im Gegensatz zu Arbeitsbeziehungen oder auch Zusammenarbeit im Rahmen derivater Organisationen – ein ausdrücklicher Akt der völkerrechtlichen Anerkennung.[546]

Die Verfassung deklariert, dass der Orden diplomatische Beziehungen mit Staaten und internationalen Organisationen unterhält,[547] konkret genannt wird dabei der Hl. Stuhl.[548] Die einzelnen Vertretungen unterstehen dem Großkanzler, der auch dem Großmeister die jeweiligen Vertreter zur Ernennung nach Anhörung des Souveränen Rats vorschlägt.[549] Dabei vertreten die Missionschefs explizit den Großmeister, nicht den Orden gegenüber den fremden Regierungen und internationalen Organisationen, bei denen sie akkreditiert sind.

Tatsächlich dürfte hier kein Unterschied zu Staaten gemacht werden, bei denen keine formale Beglaubigung im Sinne des Wiener Übereinkommens

---

[545] Art. 2, Kgl. Dekret v. 19. April 1868, Nr. 4368, „Decreto che regola le precedenze tra la varie cariche e dignità a Corte e nelle funzioni pubbliche", in: Gazzetta Ufficiale del Regno d'Italia, Numero 124 (5. Mai 1868), S. 1.

[546] EPPING, Völkerrecht, S. 159f.

[547] Art. 4 Verfassung.

[548] Art. 5 § 6 Verfassung.

[549] Art. 21 § 1 u. 2 Verfassung.

vorgesehen oder aufgrund der gestuften Anerkennung des Ordens möglich ist.[550]

Die Amtszeit der Vertreter beträgt vier Jahre und kann verlängert werden. Zu den Aufgaben gehören die Pflege der guten und freundschaftlichen Beziehungen zu den Ordensstrukturen im Empfangsstaat – überraschend nicht explizit die zu den Organen der Staaten – und halbjährliche Berichte über politische und religiöse Lage des Landes, aber auch die Aktivitäten des Ordens und über die Meinung, die Öffentlichkeit, Bischöfe und kirchliche Strukturen über den Orden haben,[551] was durchaus der Funktion der päpstlichen Gesandten nahe kommt (vgl. can. 364 CIC). Daher ist nur folgerichtig, dass sie nicht den territorialen Gliederungen unterstehen.[552]

Das Recht sieht keine Qualifikation vor, auch wenn es in der Praxis Ordensmitglieder mit diplomatischem Hintergrund sind, die die Position ehrenamtlich ausüben.[553] Die Tätigkeit ist nicht mit gewissen Funktionen auf internationaler Ebene oder der Leitung von Gliederungen vereinbar.[554]

Sofern reguläre diplomatische Beziehungen errichtet werden (unabhängig von der Klasse des Missionschefs), gelten die üblichen Vorrechte wie Immunität des Diplomaten, der Räumlichkeiten und zur Aufgabenerfüllung. Wenngleich der Orden nicht dem Wiener Übereinkommen beigetreten ist, das diese rechtlichen Grundlagen festlegt, so wurde bei der Aufnahme diplomatischer Beziehungen der letzten Jahre konkret darauf rekurriert,[555] wohl da es allgemein als Völkergewohnheitsrecht anerkannt ist.

---

[550] Wiener Übereinkommen über diplomatische Beziehungen v. 18. April 196, BGBl. 1964 II, S. 958 (= WÜD). Im diplomatischen Bereich ist das Verfahren größeren Formalitäten unterworfen. Es sind daneben Arbeitsbeziehungen möglich.

[551] Art. 129 Codex.

[552] Art. 21 § 2 Verfassung.

[553] Vgl. SCHWETZ, Malteser-Ritterorden, S. 83.

[554] Art. 118 Codex. Im alten Recht fand sich diese Unvereinbarkeit nicht. Ordensämter konnten zwar grundsätzlich nur von Mitgliedern ausgeübt werden, jedoch konnten Ausnahmen für Diplomaten gemacht werden (vgl. Art. 145 § 6 Codex/1997).

[555] Eine Übersicht findet sich unter https://treaties.un.org/Pages/showDetails.aspx?objid=0800000280033940 [Abruf: 2.5.2024]. Dennoch wird Abkommen darauf rekurriert. So 2008 mit den Bahamas (https://www.un.int/orderofmalta/news/diplomatic-relations-established-between-sovereign-military-order-malta-and-commonwealth) [Abruf: 2.5.2024] oder 2023 in einem Kooperationsabkommen mit dem Niger (https://www.orderofmalta.int/news/cooperation-agreement-order-of-malta-and-niger) [Abruf: 2.5.2024].

III.3.2.1 Bilaterale Beziehungen

Die Anzahl der Staaten, mit denen der Orden Beziehungen pflegt ist kontinuierlich gewachsen. 1950 unterhielt er nur zu fünf Staaten diplomatische Beziehungen, 1954 bereits zu 15 Ländern (neben dem Heiligen Stuhl[556]).[557] Es fällt auf, dass es in den 1950er-Jahren vor allem solche Staaten mit traditionell katholischer Prägung waren. Bis Anfang 2024 wurde diese Zahl auf 113 Staaten ausgedehnt zuzüglich offizieller Beziehungen zu fünf weiteren Staaten.[558] San Marino erkennt den Orden ausdrücklich als Staat an.[559]

Gesandtschaftsrechte wurden bis zum Verlust von Malta aktiv ausgeübt beim Hl. Stuhl, in Österreich, Spanien und Frankreich.[560] Beim Hl. Stuhl war damit ein nicht unerheblicher Einfluss auf den Papst verbunden und damit, je nach Pontifex, der Weg zu weiteren Privilegierungen geebnet.[561] Manchmal war es auch die Aufgabe des Papstes, zwischen Staat und Orden zu vermitteln, z. B. bei Besitztümern.[562]

Eine Besonderheit stellte die grundsätzliche Erfordernis dar, dass die Gesandten beim Orden selbst Mitglieder sein mussten.[563] Prominentestes Beispiel ist hier sicherlich Hompesch. Er war einerseits 22 Jahre lang Gesandter des österreichischen Hofs beim Orden, zur gleichen Zeit jedoch

---

[556] Allerdings ernennt der Hl. Stuhl keine Vertretung beim Orden, wohl daher, weil das Nuntiaturwesen primär auf die Ortskirche und subsidiär auf die Diplomatie zielt (vgl. can. 364 CIC, das die Hauptaufgabe darin sieht, die Einheit zwischen dem Hl. Stuhl und den Teilkirchen zu stärken), vgl. auch BARZ/PAPENTI, Verfassungssystem, S. 427.

[557] Übersicht v. 23.8.1954, PAAA B26, 54.

[558] Vgl. https://www.orderofmalta.int/de/diplomatische-aktivitaeten/bilaterale-beziehungen [Abruf: 2.5.2024].

[559] Vgl. KNOPF-SILVESTRE, L'Ordre, S. 157.

[560] Vgl. Charles d'Olivier FARRAN, The Sovereign Order of Malta in International Law, in: The International and Comparative Law Quarterly, Jg. 3, Nr. 2 (1954), S. 217-234, hier S. 220.

[561] Siehe u. a. David ALLEN, Upholding Tradition. Benedict XIV and the Hospitaller Order of St John of Jerusalem at Malta. 1740-1758, in: The Catholic Historical Review, Jg. 80, Nr. 1 (1994), S. 18-35.

[562] Siehe u. a. Thomas FRELLER, Rußlands Blick auf eine neue Welt. Katharina II. und die russische Annäherung an den Malteserorden, in: Jahrbücher für Geschichte Osteuropas Bd. 51 Heft 2 (2003), S. 161-184.

[563] Vgl. auch verschiedene Beispiele bei ALLEN, Upholding.

Inhaber verschiedener Ordensämter (so u. a. Bailli von Brandenburg und Großbailli des Ordens).[564] In seinem Fall führte dies u. a. zu einem Interessenkonflikt, als der Kaiser die Besetzung vakanter Ämter der deutschen Ordenszunge mit seinen eignen Kandidaten verlangte.[565]

Nach dem Verlust des Staatsterritoriums kamen schließlich gleichermaßen die diplomatischen Beziehungen auf höchster Ebene zum Erliegen.[566] Diese Unterbrechungen sind beim Hl. Stuhl nicht zu beobachten, der trotz seines Gebietsverlustes 1870 seine Diplomatie ausbaute und um sein völkerrechtliches Engagement gebeten wurde, wie 1898 in den Friedensverhandlungen von Den Haag.[567]

Der Orden nahm seine diplomatischen Beziehungen – mit Ausnahme Österreichs[568] – erst mehr als 100 Jahre später wieder auf. Ein neuer Botschafter beim Hl. Stuhl wurde erst 1930 akkreditiert.[569]

Die Schwierigkeit, den Orden zu definieren, zeigte sich u. a. in den langjährigen Verhandlungen, welche Beziehungen die Bundesrepublik Deutschland zum Orden aufnehmen sollte. Erst im Herbst 2017 wurden diplomatische Beziehungen vereinbart. Bereits der Aufnahme von Arbeitsbeziehungen 1956 gingen mehrjährige Gespräche voraus. Ein Vorstoß 1959, diese auf diplomatische Ebene zu verlagern, scheiterte aus politischen und grundsätzlichen Gründen. Da der Orden primär von katholischen Staaten anerkannt werde, sein Konflikt mit dem Hl. Stuhl nicht beendet sei und u. a. Frankreich und Belgien ihn nicht anerkennen, sah das Auswärtige

---

[564] Vgl. EBE/GALEA, Hompesch, S. 18-21.

[565] Vgl. ebd. S. 21.

[566] Allerdings war ein Geschäftsträger beim Hl. Stuhl akkreditiert, Großbritannien ernannte den Gouverneur von Malta zum Gesandten, 1803-1811 gab es erneut einen Botschafter in Wien, vgl. Farran: Sovereign Order, S. 220f.

[567] Vgl. Robert John ARAUJO/John T. LUCAL, A Forerunner for International OrganizationS. The Holy See and the Community of Christendom. With Special Emphasis on the Medieval Papacy, in: Journal of Law and Religion, Jg. 20, Nr. 2 (2004-2005), S. 305-350, v. a. S. 313 u. S. 321f.

[568] Diese wurden bereits 1868 wieder aufgenommen und dauerten bis zum „Anschluss" an das Dt. Reich fort, vgl. HAFKEMEYER, Rechtsstatus, S. 147.

[569] Vgl. KNOPF-SILVESTRE, L'Ordre, S. 129. Dies dürfte jedoch v. a. daran gelegen haben, dass erst 1929 der Rechtsstatus des Hl. Stuhls durch den Lateranvertrag geregelt wurde.

Amt „keine Veranlassung mit der Aufnahme diplomatischer Beziehungen voranzugehen".[570]

Beinahe zeitgleich ging Österreich einen anderen Weg und knüpfte 1957 nahtlos an 1938 an, wenngleich bis 1975 auf Ebene einer Gesandtschaft.[571]

In Italien lag die Situation anders, wohl auch deshalb, weil sich die Güter des Großmagisteriums auf dem Staatsgebiet befinden und die Priorate hier schon früh wiederrichtet wurden. Das Land erkennt u. a. in ständiger Rechtsprechung des Kassationsgerichtshofs dem Orden eine eingeschränkte Immunität zu. 1931 bejahte er seine Rechtspersönlichkeit im Völkerrecht, weshalb er „in den Angelegenheiten, die im Kreis seiner besonderen Aufgaben liegen, nicht der staatlichen Gerichtsbarkeit" unterliegt.[572] Jedoch wurden erst 1956 formale diplomatische Beziehungen aufgenommen,[573] nachdem seit 1933 wieder offizielle Beziehungen bestanden.[574]

Ein Notenwechsel aus dem Jahr 1960, der die Vorrechte explizit bestätigen sollte, gewährt dem Großmeister u. a. seine „souveränen Vorrechte [...] bei der Ausführung seiner Regierungsfunktionen in derselben Weis wie bei anderen Staatsoberhäuptern", diplomatische Immunität der beiden Ordenssitze in Rom (Magistralpalast im historischen Zentrum und Villa del Priorato di Malta auf dem Aventin) und Gleichstellung mit anderen Staaten bei einer eventuellen Beschlagnahmung und Pfändung von Ordensgütern. Daneben kommen Zoll- und Steuererleichterungen und die Anerkennung der Körperschaften nach melitensischem Recht.[575]

---

[570] Ua. Schreiben v. 15. Oktober 1959, Auswärtiges Amt an Deutsche Botschaft beim Hl. Stuhl, PAAA B26, 149. Daneben finden sich ebd. zahlreiche Dokumente, die die regierungsinternen Diskussionen widerspiegeln.

[571] HOFFMANN-RUMERSTEIN, Malteser-Ritter-Orden, S. 256f.

[572] Entscheidung v. 17. Dezember 1931, zit. nach Konrad DUDEN, Internationalprivatrechtliche Rechtsprechung Italiens in den Jahren 1932, 1933, 1934, in: Zeitschrift für ausländisches und internationales Privatrecht 9 (1935), S. 200-237, hier S. 223f.

[573] Vgl. https://italyembassy.orderofmalta.int/it/relazioni-con-italia [Abruf: 8.6.2024].

[574] Vgl. HAFKEMEYER: Rechtsstatus: S. 147.

[575] Der Notenwechsel ist u. a. im it. Original und in dt. Übersetzung abgedruckt in Wolf-Dieter BARZ, Frankfurt – ein völkerrechtliches Rückzugsgebiet des Deutsch-Ritter-Ordens? Zugleich eine späte Teilbesprechung zu Paul Steinert: Geistliche Souveräne. Eine Völkerrechtliche Studie, in: Zeitschrift des Vereins für Hessische Geschichte und Landeskunde 92 (1987), S. 191–204, hier S. 203f.

Diese Immunität wurde in verschiedenen Urteilen zwischen 1989 und 1993 auf die Niederlassungen (u. a. Priorate) ausgedehnt. Dabei stellte der Gerichtshof allerdings klar, dass diese auf die „institutionellen Zwecke" beschränkt sei.[576] Schon 1868 hatte die italienische Regierung in einem Gutachten festgestellt, dass der Orden „niemals aufgehört hat, souverän zu sein".[577]

III.3.2.2 Multilaterale Beziehungen

Neben den diplomatischen Beziehungen steht der Orden in offizieller Verbindung zu supranationalen Organisationen, primär sind hier die Organe bzw. Sonderorganisationen der Vereinten Nationen zu nennen.[578]

Obwohl sich seit den 1950er-Jahren die Anzahl der Staaten, mit denen er diplomatische Kontakte pflegt, kontinuierlich gesteigert hat, fand eine Anerkennung durch die UN als solche erst in den 1990er-Jahren statt. Ein Grund war die langanhaltende Opposition der meisten ständigen Mitglieder des Sicherheitsrates gegen einen Beitritt. Vor allem Großbritannien rekurrierte dabei auf die fehlende Staatlichkeit.[579]
Bei der United Nations Educational, Scientific and Cultural Organization (UNESCO) hatte er jedoch bereits seit der Generalkonferenz 1962 als internationale NGO bzw. halbstaatliche Organisation (vgl. Art. 7 Geschäftsordnung der UNESCO) einen Beobachterstatus.[580] Ähnlich dürfte

---

[576] Vgl. Andrea SCHULZ, Gerichtsbarkeit und Immunität im Spiegel der italienischen Rechtsprechung 1989-1993, in: Archiv für Völkerrecht, Jg. 33, Nr. 3 (1995), S. 377-415, hier S. 401f.

[577] Das Gutachten von Conte Cibario im Auftrag der Regierung ist teilweise zitiert in HAFKEMEYER, Rechtsstatus, S. 117.

[578] Eine regelmäßig aktualisierte Übersicht veröffentlicht der Orden unter https://www.orderofmalta.int/de/diplomatische-aktivitaeten/multilaterale-beziehungen [Abruf: 13.2.2024].

[579] Vgl. Carlo MARULLO DI CONDOJANNI, Il Sovrano militare ordine di Malta osservatore permanente alle Nazioni Unite. Testimonianze, Palermo 2008, v. a. S. 8-16.

[580] 61 EX/Decisions (Resolutions and Decisions adopted by the Executive Board at its Sixty-First Session), S. 29, TOP 14.3. bzw. 62 EX/Decisions (Resolutions and Decisions adopted by the Executive Board at its Sixty-Second Session), S. 10, TOP 7.1.

es sich mit der Food and Agricultural Organization (FAO) im Rom verhalten, bei dem der Orden seit 1983 die gleichen Rechte hat, bzw. mit der Weltgesundheitsorganisation (WHO).

1994 schließlich erlangte der Orden einen Beobachterstatus bei der Generalversammlung der Vereinten Nationen, obwohl dieser in der UN-Charta nicht vorgesehen ist und daher auch Verfahrensfragen nicht geregelt waren. Dies kam dem Orden zu Gute.

Im Referenzjahr unterstützte Italien die Aufnahme und brachte den Antrag in Umgehung des Sicherheitsrates in den Präsidialausschuss als vorbereitenden Ausschuss der Sitzungen der Generalversammlung ein.[581] Damit dürfte der Möglichkeit begegnet worden sein, dass durch die Nicht-Zustimmung eines der fünf ständigen Mitglieder des Sicherheitsrates eine Abstimmung in der Generalversammlung nicht zustande gekommen wäre.[582] Benin unterstrich die Bedeutung des Ordens als älteste Hilfsorganisation der Welt, die mit dem Status geehrt werde und die Effektivität seiner Arbeit steigere.[583] Obwohl Großbritannien die Besserstellung des Ordens gegenüber ähnlichen Organisation ablehnte, wurde der Antrag am Ende von 72 Staaten unterstützt.[584] In der anschließenden Generalversammlung bezeichnete Italien den Orden als „sui generis institutio", ein Begriff, der auch heute noch partiell zur Beschreibung seines Status genutzt wird. In allen Wortbeiträgen wurde unterstrichen, dass diese Anerkennung seine humanitären Aktivitäten stärken könne, teilweise sogar, dass sein Engagement der „raison d'être" der UN seien. Schließlich wurde die Resolution (48/265) ohne formelle

---

[581] Antrag v. 29. Juni 1994, A/48/957. Argentinien, Benin, Ecuador, Elfenbeinküste, Guatemala, Italien, Kroatien, Libanon, Litauen, Malta, Marokko, Polen, Portugal, Rumänien, San Marino, Thailand, Togo, Tschechien, Ungarn, Uruguay, Venezuela und Zaire (heute Republik Kongo) traten als Antragsteller auf und damit auch Staaten, mit denen der Orden zu dem Zeitpunkt keine diplomatischen Beziehungen unterhielt. Burkina Faso, Korea, Österreich, Spanien folgten vor der Sitzung des Präsidialausschusses am 22. Juli 1994, A/48/957/Add.1.

[582] Nach Art. 27 Abs. 3 UN-Charta bedürfen Beschlüsse des Sicherheitsrats außerhalb von Verfahrensfragen der Zustimmung der fünf Ständigen Mitglieder (China, Frankreich, Großbritannien, Russland und die USA). Sofern sich der jeweilige Staat nicht enthält, wird eine Nicht-Zustimmung als Veto bezeichnet.

[583] Vgl. Protokoll der 13. Sitzung des Präsidialausschusses der Generalversammlung v. 22. Juli 1994, A/BUR/48/SR.13.

[584] Antrag v. 22. August 1994, A/48/L.62 bzw. A/48/L.62/Add.1.

Abstimmung angenommen,[585] wobei die USA und Großbritannien dies als Präzedenz ablehnten.[586] Als Ergebnis dieses Antrags beriet das höchste UN-Gremium ab dem Herbst des gleichen Jahres über einheitliche Regeln zur Erlangung des Beobachterstatus von Organisationen.[587]

III.3.3 Innere Souveränität

Das Westfälische System bezeichnet, auf Grundlage der Friedensverträge von Münster und Osnabrück 1648, vor allem das Interventionsverbot in die inneren Angelegenheiten fremder Länder. Ein Staat ist demnach nur dann souverän, wenn er „allein dem Völkerrecht und keiner anderen Autorität, insbesondere keiner anderen staatlichen Rechtsordnung, untersteht".[588] Diese „Letztentscheidungsbefugnis ist also Kennzeichen staatlicher Souveränität".[589] Sobald ein Staat wesentliche Funktionen der Staatsgewalt (dauerhaft) aufgibt, z. B. indem er „anderen Staaten die Einmischung in sein Verfassungsleben gestattet", wird er nur noch zu einem Gebilde mit „beschränkter Hoheitsgewalt".[590] Dies bedeutet jedoch nicht, dass er seine Souveränität automatisch verliert, da sie „der Abstufung fähig ist".[591] Wobei hier immer fraglich sein dürfte, wann ein Mindestmaß unterschritten ist. Dabei steht außer Frage, dass sich Entitäten selbst in ihren Rechten einschränken können, sei es im Rahmen von internationalen Verträgen oder von bilateralen Abkommen.[592] Dabei kommen primär Kleinstaaten in den

---

[585] Veröffentlichung der Resolution 48/265 v. 24. August 1994, A/RES/48/265.

[586] Protokoll der 103. Sitzung der Generalversammlung der Vereinten Nationen, A/48/PV.103, S. 3-10.

[587] Die Entscheidung wurde unter Dokumentennummer A/DEC/49/426 veröffentlicht.

[588] EPPING, Völkerrecht, S. 139f.

[589] HILLGRUBER, Souveränität, S. 1075.

[590] Jost DELBRÜCK/Rüdiger WOLFRUM, Völkerrecht I/1, Berlin/New York 1989, S. 217.

[591] Ebd., S. 223.

[592] Der Vergleich von SCHWETZ, Malteser-Ritter-Orden, S. 81, zwischen dem Verhältnis Orden/Hl. Stuhl und Mitgliedsstaaten/EU krankt jedoch, wenn man bedenkt, dass bei supranationalen Organisationen eine Austrittsmöglichkeit besteht und ein Eingriff in nationales Verfassungsrecht nur indirekt und freiwillig erfolgt.

Blick. Daneben können diese Bindungen auch historisch gewachsen sein (z. B. bei einer sukzessiven Entlassung aus einem Kolonialverhältnis oder Protektorat).[593]

Allerdings können Staaten sich selbst einem anderen Staat oder einer supranationalen Organisation (wie der EU oder NATO) unterwerfen, in „ausdrücklicher oder stillschweigender Weise".[594] Diese „Freiheit zur Selbstbindung" wird dabei sogar als Ausprägung der Souveränität akzeptiert.[595] Beim Fehlen eines gegenteiligen Vertrags kann daher „kein Staat oder Gruppe von Staaten gegenüber anderen Staaten geltend machen, diese würden seiner Hoheitsgewalt unterliegen.[596] Grundsätzlich kann also festgehalten werden, dass die rechtliche Souveränität „nicht mit Unabhängigkeit gleichzusetzen" ist.[597]

Historisch wurde die Souveränität des Ordens prinzipiell anerkannt, formal noch auf dem Wiener Kongress.[598]
Doch hatten längst Staaten in die Ordensgüter eingegriffen. In Frankreich wurde das Vermögen schon 1792 entschädigungslos enteignet, wobei es wohl primär als kirchliches Gut angesehen wurde.[599] Das Fürstentum Heitersheim

---

[593] Verschiedene Beispiele werden aufgeführt von Maurice MENDELSON, Diminutives States in the United Nations, in: The International and Comparative Law Quaterly, Jg. 21, Nr. 4 (1072), S. 609-630. Die Stellung innerhalb eines Protektorats dürfte jedoch diesen souveränen Status gerade einschränken, ihn geradezu nur scheinbar souverän machen, vgl. Knut IPSEN, Völkerrecht, München [8]2024, S. 158f., Rn. 152f.

[594] Ebd., S. 215.

[595] Andreas von ARNAULD, Souveränität als fundamentales Konzept des Völkerrechts, in: Dekonstruktion von Souveränität. Diskurse zur Legitimierung militärischer Interventionen (Die Friedenswarte, Vol. 89, Nr. 3/4, 2014), S. 51-72, hier S. 53.

[596] EPPING, Völkerrecht, S. 206.

[597] PAYANDEH, Internationales Gemeinschaftsrecht, S. 507.

[598] Vgl. die historische Darstellung von Arthur BREYCHA-VAUTHIER, Der Malteser-Orden im Völkerrecht, in: Österreichische Zeitschrift für öffentliches Recht (1950), S. 401-413. KRETHLOW, Malteserorden I, S. 290-313, zeigt jedoch deutlich, dass sich dies vor allem dahingehend niederschlug, ein mögliches Territorium für einen neuen Ordensstaat zu finden, das jedoch v. a. aus politischen Gründen nie verwirklicht werden konnte. Siehe auch Tomer, Ordine, S. 106-118.

[599] Vgl. KRETHLOW, Malteserorden II, S. 101.

wurde 1806 dem Großherzogtum Baden zugeschlagen.[600] Die enge Bindung der brandenburgischen Ballei an den Preußischen König trotz Zugehörigkeit zum Ordensverband ließ u. a. die Auflösung und Wiederbegründung durch den Monarchen zu.[601] Auch in Spanien und Italien wurden die Güter staatlich annektiert.[602] Bei der Besetzung von Ämtern oder territorialen Änderungen war der Orden bisweilen de facto vom Kaiser abhängig, der u. a. 1811 die Vergabe von Kommenden innerhalb seines Gebiets zeitweise de jure unterband und die Aufnahme neuer Novizen in Prag untersagte.[603] Dennoch blieb das Großpriorat Böhmen die einzige Entität des Ordens, die institutionell fortbestand. Die zwischen 1780 und der Mediatisierung 1806 bestehende Englisch-Bayerische Zunge muss gleichsam als Beispiel einer externen Intervention angesehen werden.[604]

Das Verhältnis zum Hl. Stuhl war historisch grundsätzlich gut. So suchte der Orden die Nähe zum Papstamt, v. a. zur Sicherung und Gewinnung von Privilegien, vor allem im hl. Land. Inventionen waren dabei meist im Spannungsfeld zwischen herrschaftlicher Macht und kirchlicher Jurisdiktion angesiedelt, wie beim o. g. Bestellungsrecht des Bischofs von Malta. Auch Eingriffe in die Ordensregel wurden grundsätzlich gesucht, einerseits aufgrund ihrer hierarchischen Verankerung, anderseits aufgrund der schiedsrichterlichen Stellung des Pontifex im Mittelalter.[605] Nach dem Verlust Maltas war der Orden wohl sogar auf das päpstliche Protektorat angewiesen,

---

[600] Die Herrschaft Heitersheim war im 13. Jahrhundert durch Schenkungen entstanden und wurde im 16. Jahrhundert zum Sitz des Großpriorats Deutschland. Der Großprior wurde 1548 zum Reichsfürsten erhoben. Es bestand bis zu seiner Mediatisierung fort. Hierzu: Georg HAFKEMEYER, Das Großpriorat Deutschland, in: WIENAND, Johanniterorden, S. 291-302.

[601] Vgl. Axel Freiherr von CAMPENHAUSEN, Zum Rechtsstatus des Johanniter-Ordens, in: Zeitschrift der Savigny-Stiftung für Rechtsgeschichte. Kanonistische Abteilung 69 (1983), S. 325-340.

[602] Vgl. ausführlich KRETHLOW, Malteserorden I, v. a. S. 122-127).

[603] Vgl. EBE/GALEA, Hompesch, S. 21f. Zur Vergabe der Kommenden und der Entscheidung des Kaisers vom 24. September 1811: POHL, Verlust, v. a. ab S. 144.

[604] Diese wurde nach der Schaffung des Großpriorats Bayern durch Kurfürst Karl Theodor gegründet und zur Wiederbelebung der englischen Zunge durch den Orden sanktioniert. Vgl. u. a. Ludwig STEINBERGER, Die Gründung der baierischen Zunge des Johanniterordens. Ein Beitrag zur Geschichte der Kurfürsten Max II. Emanuel, Max III. Joseph und Karl Theodor von Baiern (Historische Studien 89), Berlin 1911.

[605] Vgl. HAFKEMEYER, Rechtsstatus, S. 106.

um überhaupt fortbestehen zu können. Seine Einrichtungen waren handlungsunfähig, sodass „unter den veränderten Umständen die Ordensgesetze nicht mehr genau eingehalten werden konnten". Dies galt in besonderem Maße für das Ordensrecht. Das komplizierte Wahlprozedere war zwar weiterhin in Kraft, konnte jedoch nicht effizient durchgeführt werden. So sind zwischen 1803 und 1880 eine zweistellige Zahl von Eingriffen überliefert.[606]

Eine Trennung zwischen einem völkerrechtlich relevanten und einem kirchlichen Teil des Ordens wurde nie erreicht (und gleichsam nicht forciert). Der Großmeister hat beide Funktionen als Ordensoberer und Oberhaupt der internationalen Rechtsperson inne, die – wie die Entwicklung im gesamten 20. Jahrhundert zeigt – grundsätzlich in Konflikt geraten können. Der Orden „handelt nicht als Organ des Hl. Stuhls", dennoch kann ein „intimer Konnex" nicht ignoriert werden.[607] Die Rechtsnormen zeigen, dass der Papst „ein wesentlicher Bezugspunkt für den Orden ist und eine enge Bindung [...] gewünscht wird."[608]
Aus kirchenrechtlicher Perspektive muss noch hinzugefügt werden, dass das Vermögen von kanonischen Lebensverbänden Kirchenvermögen darstellt (can. 635 CIC) und daher auch hier eine Einschränkung hinsichtlich der Handlungsfähigkeit gegeben ist. Ausgenommen dürften die Werke sein, die rein staatliche Rechtspersönlichkeit haben.

Dass der Hl. Stuhl dem Orden erst 1880 wieder die Erlaubnis gab, einen Großmeister zu wählen, kann nur als direkter Eingriff auch in die nicht trennbare Sphäre des Völkerrechtssubjekts gewertet werden. Gleiches gilt für die o. g. Eingriffe vor und nach dem Urteil des Kardinaltribunals Anfang der 1950er-Jahre. Dieses hatte neben der Ordenseigenschaft zwar grundsätzlich eine Souveränität anerkannt, doch bilden diese „für den Orden nicht jenen Komplex von Macht und Vorrechten, der jenen Völkerrechtssubjekten zu eigen ist, die souverän in der vollen Bedeutung des Wortes sind".[609] Dies

---

[606] HOFMEISTER, Reorganisation, S. 467-470, hier S. 467.

[607] PRANTNER, Malteserorden, S. 51 bzw. 59.

[608] SCHWETZ, Malteser-Ritter-Orden, S. 13.

[609] Vgl. Fn. 83 u. 105.

entspricht, nach Barz, einer partiellen Völkerrechtssubjektivität, die aufgrund der bestehenden diplomatischen Beziehungen grundsätzlich „nicht mehr negiert werden kann".[610] Damit würde jedoch diplomatischen Beziehungen eine größere konstitutionelle Funktion zukommen, als die h.m. ihr zuerkennt.

Die Geschehnisse rund um Großmeister Festing und Großkanzler Boeselager können sicherlich noch als bewusste Bitte um Eingriff qualifiziert werden.[611] Dies gilt jedoch nicht für die anschließende Verfassungsreform. Die vom Orden selbst eingereichten Vorschläge wichen einem „radikal überarbeiteten Verfassungsentwurf".[612]

Waren 1997 verschiedene päpstliche Eingriffsrechte in den Ordensalltag beseitigt worden (u. a. die Bestätigung der Wahl des Großmeisters und die gemischte Kommission zwischen Staatssekretariat und Religiosenkongregation) und damit die innere Souveränität gestärkt, hat die neue Verfassung dies klar erneut korrigiert. Bereits hinsichtlich der Verfassung/1961 sprach Hofmeister von einer Romanisierung.[613] So erfordert die Wahl des Großmeisters wieder die Bestätigung durch den Papst, auch die Feststellung seiner Regierungsunfähigkeit (s. o.). Der Pontifex, der nicht nur ohne vorhergehenden Beschluss des Generalkapitels ein neues Ordensrecht promulgiert hat, hat nun nicht mehr nur die Kompetenz, den codex fundamentalis zu ratifizieren, sondern daneben das niederrangige Eigenrecht (den Codex).[614] Dies hätte ggf. dadurch umgangen werden können, wenn die vom Kirchenrecht für den Codex fundamentalis vorgesehenen Regeln nicht auf zwei Rechtsbücher verteilt worden wären. Rechtsakte des Kirchenoberhaupts gehen systematisch denen des Generalkapitels vor[615] und schließlich muss er bei gewissen Veräußerungen zustimmen.[616] Es ist Gambi und Sandonato de León daher zu widersprechen,

---

[610] BARZ/PAPENTI, Verfassungssystem, S. 428.

[611] MAGNIS, Gefallene Ritter, S. 294 spricht davon, dass der Papst in der Gemengelage um Hilfe gebeten worden sei. Dem ist sicherlich zu folgen.

[612] Ebd. S. 290.

[613] HOFMEISTER, Reorganisation, S. 523.

[614] Art. 30 § 3 Verfassung.

[615] Art. 6 Nr. 2 Verfassung.

[616] Art. 55 § 2 Verfassung.

dass die Normen des Ordens „selbst gültig und wirksam sind" und es keiner Gegenzeichnung oder Ratifizierung bedürfe.[617] Eine „weder von der Kirche noch einem Staate abgeleitete Rechtsordnung", die Verdross und Simma noch als Zeichen der sui generis-Qualität ansehen, dürfte als beseitigt anzusehen sein.[618]

Es muss allerdings festgehalten werden, dass diese Eingriffe durch das Generalkapitel 2018 sanktioniert wurden. Die Alternative wäre höchstwahrscheinlich ein Schisma des Ordens gewesen, welches die handelnden Personen nicht riskieren wollten und wohl auch nicht konnten. Ob es sich hierbei um eine Selbstaufgabe der Souveränität handelt oder eine temporäre Akzeptanz aufgrund einer unbeherrschbaren Situation wird sich erst in den nächsten Jahren zeigen. Auch müssen die völker- und kirchenrechtliche Pole im Alltag weiter austariert werden.

Marti, der grundsätzlich einen souveränen Status des Ordens anerkennt, spricht u. a. davon, dass der Orden aufgrund dieser Verbindung nur scheinbar souverän ist.[619] Hl. Stuhl und Orden seien organisch verbunden, doch aufgrund der Anerkennung anderer Staaten tangiere dies nicht die internationale Rechtspersönlichkeit als solche.[620] Dem ist grundsätzlich zu folgen, doch steht eine Definition der Autonomie weiterhin aus bzw. ist in die Ferne gerückt.

III.3.4 Funktionale Souveränität

Die Verfassung des Ordens führt aus, dass die hoheitlichen Befugnisse in Bezug auf die Ziele des Ordens ausgeübt werden,[621] womit sie klar funktionell sind. Die völkerrechtlich relevanten Absichten sind hierbei die Hilfe für

---

[617] Paolo GAMBI/Pablo José SANDONATO DE LEÓN, La soberana militar Orden de Malta en el orden jurídico eclesial e internacional, in: Ius Canonicum, Jg. 44, Nr. 87 (2004), S. 197-231, hier S. 217.

[618] VERDROSS/SIMMA, Völkerrecht, S. 218.

[619] MARTI, Short Notes, S. 79.

[620] Ebd., S. 87.

[621] Art. 4 Verfassung. Art. 3 Verfassung/1997 sprach noch von „mit den Souveränitätsrechten verbundenen Funktionen".

Kranke, Bedürftige und Heimatlose. Diese „institutionellen Aufgaben" werden in den Bereichen „medizinischer und sozialer Hilfe, insbesondere durch den Beistand für Opfer von Katastrophen und Kriegen" erfüllt.[622] Ähnlich dem Hl. Stuhl, dem vom Königreich Italien die „völlige Unabhängigkeit bei der Erfüllung seiner hohen Aufgabe" zukommt,[623] hat die o. g. italienische Rechtsprechung gezeigt, dass der Orden grundsätzlich funktional bewertet wird und der Umfang seiner Rechtsfähigkeit, wie bei anderen nicht-staatlichen Völkerrechtssubjekten, durch seine Aufgaben begrenzt wird.[624]

Wie der Hl. Stuhl ist der Orden „fremdnützig".[625] Gerade diese fremdnützigen Ziele unter dem Dach eines konfessionellen und religiösen Charakters machen, so Tomer, seine souveräne Stellung aus, sodass diese verloren ginge, wenn sich der Orden säkularisierte.[626] Dabei wird allerdings vergessen, dass diese fremdnützigen Zwecke auch ohne religiöse Bindung erfüllt werden könnten. Diese Verknüpfung ist aus dem Gründungsapostolat und der Geschichte des Ordens erwachsen, könnte jedoch unabhängig voneinander bestehen.

Dies hält auch der historischen Betrachtung stand, da er nicht als funktionsloser Staat existierte, sondern sich u. a. in den Dienst christlicher Herrscher stellte.[627] Zu denken ist hierbei an Pflege von Pilgern in der Levante, die Beteiligung an der Verteidigung des hl. Landes, als kämpfende Einheit gegen muslimische Flotten auf Rhodos, Abwehr der osmanischen Truppen im Mittelmeer während der Zeit auf Malta, „als christliche See-Polizei des Mittelmeeres",[628] maritimer Schutz des Kirchenstaates,[629] bis zum

---

[622] Art. 2 § 3 Verfassung.

[623] Präambel, Vertrag zwischen dem Heiligen Stuhl und Italien (Lateranvertrag) v. 11. Februar 1929, zit. nach Friedrich BERBER, Völkerrecht. Dokumentensammlung I, München 1967, S. 831.

[624] Hermann MOSLER, Die Erweiterung des Kreises der Völkerrechtssubjekte?, in: Zeitschrift für ausländisches öffentliches Recht und Völkerrecht 22 (1962), S. 1-48, hier S. 28.

[625] GERMELMANN, Heiliger Stuhl, S. 160.

[626] Vgl. TOMER, Ordine di Malta, S. 187.

[627] Vgl. KNOPF-SILVESTRE, L'Ordre, S. 176.

[628] FRELLER, Großmeister, S. 22.

[629] Vgl. ALLEN, Upholding, S. 22

Versuch, ihn für eine Intervention in Äthiopien zu gewinnen.[630] Nach dem Verlust Maltas fiel die militärische Komponente ersatzlos weg und ab Mitte des 19. Jahrhunderts operierte der Orden „unter den Völkern sozialassistierend."[631]

Damit wird er dem funktionalen Charakter, den der IGH an internationale Persönlichkeiten anlegt, gerecht. Auch in der Lehre hat sich die Meinung gebildet, dass einer Entität dann Völkerrechtssubjektivität zukommen kann, wenn sie ein globales Profil hat, um ihre Funktionen auszuüben und von einem erheblichen Teil der internationalen Gemeinschaft dahingehend anerkannt sind.[632] Doch eröffnet dies zwangsweise eine Perspektive, die Organisationen in den Blick zu nehmen, die ähnliche Aufgaben erfüllen, ohne einen solchen herausgehobenen Status zu besitzen.

Die klassische Völkerrechtslehre stößt beim Orden an ihre Grenzen, wenn überhaupt im 21. Jahrhundert noch von einer klassischen Lehre gesprochen werden kann. Denn die Akteure haben sich grundlegend gewandelt. Zwar bilden weiterhin Staaten den Kern des Völkerrechts, doch in Zeiten von NGOs und transnationalen Unternehmen ändert sich die Betrachtungsweise signifikant. Allerdings hat sich tatsächlich in einer erheblichen Anzahl der Wissenschaft der allgemeine Grundsatz durchgesetzt, dass Souveränität generell „kein Selbstzweck [ist], sondern [...] der Verfolgung politischer und gesellschaftlicher Ziele" dient.[633]

Dabei kommt niemand umhin, die sich wandelnde Rolle von NGOs in den Blick zu nehmen. Auch sie sind keine originären oder derivaten Völkerrechtssubjekte, sondern nach nationalem Recht der Sitzstaaten organisiert. Waren sie dabei lange Jahrzehnte eher beratend tätig – was die breite Mehrzahl heute noch ist – kommen ihnen mittlerweile mehr Funktionen zu, als Art. 71 UN-Charta i. V. m. Resolution 1296 des

---

[630] Ebd., S. 25-28. BARZ/PAPENTI, Verfassungssystem, S. 423, rekurriert auf die funktionale Souveränität.

[631] PRANTNER, Malteserorden, S. 83

[632] Vgl. MALUWA, The Holy See, S. 12.

[633] PAYANDEH, Internationales Gemeinschaftsrecht, S. 505.

Wirtschafts- und Sozialrates der UN offiziell zubilligt.[634] Hier ist nur an das Handelsrecht zu denken, aber auch an Beschwerderechte im Rahmen von Menschenrechtsverletzungen.[635] Gleichsam ist die Mitarbeit in Beratungsgremien der UN-Organisationen zu nennen.[636]

Das Rote Kreuz ist ein Beispiel dafür, wie sich weiterhin privatrechtlich organisierte Einrichtungen zu einem unstreitig völkerrechtlichen Spieler gewandelt haben, der, ohne ein Subjekt sui iuris zu sein, frei am zwischenstaatlichen Verkehr im Rahmen seiner Zwecksetzung teilnimmt.[637] So urteilte 1951 u. a. das deutsche Auswärtige Amt basierend auf einem Gutachten für die Bundesregierung, dass die internationalen Aktivitäten des Ordens hinter dem Roten Kreuz zurückstünden.[638] Der Kritik, dass es sich um einen Verein unter Schweizer Recht handelt, muss damit begegnet werden, dass die Ordenswerke selbst im Regelfall nach staatlichem Recht organisiert sind. Ihr Status ist damit meist vereinsrechtlich definiert.

Es wird sich in den nächsten Jahren auch außerhalb der Völkerrechtswissenschaft die Frage stellen, inwieweit noch ein Sonderstatus akzeptiert werden kann, wenn Nichtregierungsorganisationen weiter an Einfluss gewinnen und in immer mehr Bereiche eindringen, die bislang unter funktionale Souveränität fallen. Die Unterscheidung zwischen Beobachter-

---

[634] UN ECOSOC Res 1296/XLIV v. 23.5.1998. Die Resolution sieht verschiedene Abstufungen vor. Zur Kat. I gehören vor allem große Organisationen, die aufgrund ihrer Mitgliederzahl und Repräsentanz von Bevölkerungsgruppen einer großen Zahl von Ländern einen wirklichen Beitrag zur Verwirklichung der Ziele der UN leisten können.

[635] Verschiedene Beispiele werden aufgeführt von Stephan HOBE, Der Rechtsstatus der Nichtregierungsorganisationen nach gegenwärtigem Völkerrecht, in: Archiv für Völkerrecht, Jg. 37, Bd. 2 (1999), S. 152-176.

[636] Vgl. u. a. Barbara K. WOODWARD, The Role of International NGO. An Introduction, in: Willamette Journal of International Law and Dispute Resolution, Jg. 19, Nr. 2 (2011), S. 203-231, v. a. S. 212ff.

[637] Vgl. Peter SCHNEIDER, Zur Rechtsstellung des Internationalen Roten Kreuzes, in: Archiv für Völkerrecht, Bd. 5, Nr. 3 (1955), S. 257-271, v. a. S. 264-266.

[638] Das Gutachten von Prof. Kaufmann, dem Berater für völkerrechtliche Fragen des Bundeskanzleramts, 1951 erstellt, ist enthalten in: PAAA B26, 149. Dabei war der Orden in verschiedener Intensität seit Beginn in den Verhandlungen um die Genfer Abkommen und Konventionen beteiligt und ist seit Anfang der 1960er-Jahre als eine der nationalen Hilfsorganisationen nach Art. 26 des Genfer Abkommens I anerkannt, vgl. Joseph EBE, Malteser-Hilfsdienst und Genfer Konventionen, [wohl] Freiburg 1963, ebenfalls im gleichen Aktenbestand.

und Konsultationsstatus ist kein Qualifikationsmerkmal mehr.[639] Schon heute kann sicherlich festgestellt werden, dass sich international tätige NGOs von einer Beratertätigkeit zu einer Partnerschaft mit den Staaten gewandelt haben.[640] Es könnte somit nur eine Frage der Zeit sein, bis auch solche Organisationen ein Gesandtschaftsrecht beanspruchen wie der Hl. Stuhl oder der Orden, denen dieses – wie Schneider meint – „kraft der Tradition und nicht kraft der Eigentümlichkeit ihres Wesens (und ihrer Stellung in der Völkergemeinschaft) zusteht".[641]

Hier ist auch an andere Religionsgemeinschaften zu denken, damit sie „unabhängig von staatlichen Interessen zum Wohl der Menschen an der internationalen Rechtsentwicklung und an internationalen Entscheidungen teilnehmen".[642] Ob bisherige Institutionen wie der Orden oder auch der Hl. Stuhl noch als internationales Ende der menschlichen Gesellschaft betrachtet werden können,[643] muss hinterfragt werden. Sie haben jedoch unzweifelhaft einen der institutionellen Grundsteine dafür gelegt.

Die Souveränität bleibt „zweifelsohne ein sensibles Thema".[644] Der Orden ist, wie gezeigt, ein „untypischer Fall in der internationalen Gesellschaft und es scheint, dass die Kontroverse, die er auslöst, nicht verschwinden wird",[645] und ihm „in tatsächlicher Hinsicht der endgültige, allgemeine völkerrechtliche ‚Durchbruch' noch bevorsteht".[646]

[639] So noch Heribert Franz KÖCK, Der Souveräne Malteser-Ritter-Orden als Völkerrechtssubjekt, in: STEEB/STRIMITZER: Malteser-Ritter-Orden, S. 282-306, hier S. 300. Dies hat sich schon durch die o.g. Verleihung des Beobachterstatus z. B. an das Internationale Olympische Komitee überholt, das nach h.M. nicht als souveräne Entität wahrgenommen wird.

[640] Vgl. die Genese von Paul WILLETTS, From „Consultative Arrangements" to "Partnership". The Changing Status of NGOs in Diplomacy at the UN, in: Global Governance, Jg. 6, Nr. 2 (2000), S. 191-212.

[641] SCHNEIDER, Rechtstellung, S. 266.

[642] Marco KALBUSCH, Der Beobachterstatus des Heiligen Stuhls – historisches Relikt oder zukunftsweisendes Modell, in: Vereinte Nationen. German Review on the United Nations, Jg. 60, Nr. 4, S. 159-163, hier S. 163.

[643] Zit. Von Manfredi Siotto-Pintor nach MALUWA, The Holy See, S. 14

[644] HIMMELS, Malteser-Ritterorden, S. 215.

[645] KNOPF-SILVESTRE, L'Ordre, S. 188 [Üb. durch Verfasser].

[646] BARZ/PAPENTI, Verfassungssystem, S. 429.

IV. ZUSAMMENFASSUNG

Der Malteser-Orden blickt auf eine wechselvolle Geschichte zurück. In der Levante wandelte sich die krankenpflegende Bruderschaft zu einer militärischen Einheit, blieb allerdings dabei kirchlicher Orden. Immer wieder suchte die Gemeinschaft die Nähe zum Papsttum, vor allem, um Privilegien bestätigen zu lassen, die ihn schnell exemt von der bischöflichen und landesherrlichen Gewalt werden ließen.

Als er dann die Insel Rhodos eroberte, wurde er selbst zum Landesherrn. Er baute nicht nur eine Verteidigungsbastion gegen muslimische Heere im Mittelmeer auf, sondern auch staatliche Strukturen. Nach dem Verlust der Insel an Süleyman den Prächtigen blieb er für einige Jahre ohne zentralen Sitz, bis ihm Karl V. 1530 Malta und einige dazugehörige Nachbarinseln als Lehen übergab. Doch im Unterschied zu den traditionellen feudalen Strukturen wurde er damit erneut souveräner Herrscher über ein bereits bevölkertes Gebiet. Zwar blieben in dieser Zeit Konflikte mit Kirche und der maltesischen Bevölkerung nicht aus, doch war sein Status unangefochten. Dazu trug bei, dass er mit der Verteidigung der strategisch gelegenen Insel und dem umliegenden Mittelmeer grenzpolizeiliche Maßnahmen für die europäischen Herrscher übernahm.

Einschneidend wirkte sich daher die erzwungene Kapitulation gegenüber Napoleon 1798 aus. Obwohl der Orden weiterhin als souveräne Entität behandelt wurde – so vor allem im Friedensvertrag von Amiens, der sogar seine Rückkehr nach Malta festhielt – war damit fortan keine konkrete Herrschaft verbunden. Im Gegenteil wurden die international verstreuten Güter häufig von Herrschern als Verfügungsmasse angesehen, ohne dass sich der Orden dagegen wirksam wehren konnte. Nach der kurzzeitigen Amtsübernahme des Zaren und dem Rücktritt des letzten maltesischen Großmeisters war ein allgemeiner Zersetzungsprozess zu beobachten. Dem Orden blieb, um überleben zu können, nur die Rückbindung an den Papst. Doch dieser Versuch, jenseits der überkommenen und nicht mehr einzuhaltenden Statuten nur eine Neuorganisation und Neuwahl des Ordensoberhaupts zu erreichen, führte zu einem jahrzehntelangen

Interregnum. Erst 80 Jahre später gestattete der Papst wieder einen neuen Großmeister.

Seit diesem Zeitpunkt scheint der Orden in vielen Fragen nicht mehr frei agieren zu können. Anfang der 1950er-Jahre definierte ein Kardinaltribunal die Gemeinschaft zuallererst als kirchlichen Orden, dem jedoch eine Souveränität in seinen funktionalen Aufgaben zukommt. Spannungen innerhalb des Ordens führten dann ab 2016 zu einer Kette von Ereignissen, die grundsätzliche Fragen in die Hände von päpstlichen Sondergesandten legten. 2022 schließlich wurde ein neues Eigenrecht durch den Pontifex diktiert, das den Orden – und hier vor allem den Ersten Stand, der aus den Mitgliedern mit Profess besteht und der den Kern bildet – an die geltende kanonische Rechtssystematik angleicht.

Die eingangs gestellte Frage, was Souveränität im Laufe der Geschichte für den Orden bedeutete und wo sie verletzt wurde bzw. an Grenzen stieß, lässt sich klar beantworten. Mit dem Verlust von Malta endete seine Historie als Landesherr und doch blieb er aus historischer Reminiszenz ein Völkerrechtssubjekt im Sinne eines globalen Akteurs, protokollarisch gleichwertigen Partners und funktioneller Gemeinschaft mit einem Mehrwert für die Staatengemeinschaft. Ein staatsähnlicher Status ist damit nicht verbunden, wird aber auch in der Verfassung des Ordens nicht postuliert, die nach der herrschenden Lehre korrekterweise erstmals von Völkerrechtssubjektivität statt Souveränität spricht.

Dies ist sicherlich, um diese weitere Frage zu beantworten, keine rein proklamatorische Formel. Völkerrechtliche Begrifflichkeiten haben sich im Laufe der Zeit deulich gewandelt. Lange ging die Lehre und Praxis von souveränen Herrschern aus, die über einem Personenverband von Untertanen standen. Gleichheit und Nichteinmischung in die inneren Angelegenheiten der Herrschaftsverbände waren u. a. Ausfluss des Westfälischen Friedens. Seit der Herausbildung moderner Nationalstaaten wurden diese Gedanken auf Staatsvölker übertragen und manifestierten sich nicht mehr in der Person der Monarchen. Diese Grundprinzipien beherrschen auch heute noch das scholastische Bild von Souveränität. Und doch traten in der Historie immer wieder neue Formen in Erscheinung. Angefangen beim Deutschen Bund 1815, der sich als Bund von Staaten verstand, über die Vereinten Nationen bis hin zur Europäischen Union, bei der eine klare freiwillige Verlagerung von

Kompetenzen auf die Union zu beobachten ist. Daneben treten verstärkt NGOs, die supranationale Aufgaben ausüben können, wenngleich sie aus der Zivilgesellschaft heraus entstehen. Im Zusammenhang mit dem drohenden Untergang von Inselstaaten kommt erneut der Malteser-Orden in den Blick und seine Anerkennung als Entität ohne originäres Staatsgebiet.

Die Unsicherheit des Umgangs zeigte sich nicht zuletzt in den Debatten, wie mit dem Orden innerhalb der Vereinten Nationen umzugehen war. War zu Beginn noch das Internationale Komitee vom Roten Kreuz als Pflichtenträger der Genfer Konventionen und damit als Teil der wichtigsten internationalen Abkommen der Neuzeit als ständiger Beobachter akzeptiert, wurde dieser Kreis sukzessive erweitert. Seit Mitte der 1990er-Jahre gehört der Orden als nicht-staatliche „andere Entität" zu diesen Beobachtern. Dabei fällt auf, dass darunter immer mehr Organisationen gruppiert werden, die lange Zeit als NGOs verstanden wurden, denen aufgrund ihrer Völker verbindenden Aufgabe ein neuer dieser Status gewährt wurde. Im Unterschied zum Orden unterhalten diese Organisationen jedoch keine diplomatischen Beziehungen zu Staaten mit allen protokollarischen Rechten, die damit traditionell verbunden sind. Doch ohne die melitensische Historie wären Verbindungen auf höchster politischer Ebene zwischen Staaten und Nicht-Staaten wohl kaum denkbar. Darin liegt ein Verdienst der Malteser.

Dabei erscheint regelmäßig der Versuch, dem Orden eine funktionale Souveränität zuzuerkennen, ohne dabei eine Abgrenzung zu anderen Organisationen zu erreichen. Der italienische Staat erkennt diese uneingeschränkt an und bezieht alle verliehenen Immunitäten konkret hierauf. Sicherlich ist zu folgen, dass er einer „raison d'être" der Vereinten Nationen entspricht. Dies ist jedoch kein singuläres Merkmal dieser Gemeinschaft. So ist es nicht auszuschließen, dass in der Zukunft eine Debatte stattfindet, die diesen Sonderstatus überdenkt oder ihn so weit ausdehnt, dass er kein Alleinstellungsmerkmal bleibt und daher abgewertet wird. Allerdings ist das Völkerrecht – jenseits der Diskussion innerhalb der Lehre – nicht für schnelle Entwicklungslinien bekannt.

Zumindest ist nach den anfänglichen Klärungen des Kardinaltribunals in den 1950er-Jahren der kirchenrechtliche Status im neuen Eigenrecht unzweifelhaft. Es ist zwar nicht ausgeschlossen, aber doch ungewöhnlich, dass die kirchliche Hierarchie, so wie 2022 geschehen, in die Normen eines Ordens eingreift. Zwar steht dem Papst bei Instituten päpstlichen Rechts ein Approbationsrecht des codex fundamentalis (i. S. der Verfassung des Malteser-Ordens) zu, das niederrangigere Eigenrecht ist davon jedoch in der Praxis ausgenommen. Dass diese Eingriffe dennoch erfolgten, vor allem als Diktat und nicht als Ende des ohnehin laufenden Diskussionsprozesses, unterstreicht die Dramatik. Der Papst wollte eine radikale geistliche Erneuerung des Ordens. Und diese zeigte sich gleichsam daran, dass nicht nur Recht geändert wurde, sondern die Führungsspitze des Ordens durch päpstliches Dekret ausgetauscht wurde.

Dies ist klar ein Eingriff in die Autonomie der Malteser. Aufgrund der untrennbaren Doppelnatur als Völkerrechtssubjekt und Ordensgemeinschaft bedeutet das damit auch eine Intervention in die inneren Angelegenheiten einer souveränen Entität.

Die neue Verfassung und der Codex atmen dabei das Kirchenrecht. Ganz auf der Grundlage der besonderen Bedeutung der Professen als einzigem originärem Ordensteil wird dieser Erste Stand noch stärker als bislang in die Leitung der Gemeinschaft auf allen Ebenen einbezogen. Auch sollen andere Funktionen nunmehr vorwiegend von diesen bekleidet werden, was allerdings bei der aktuell geringen Zahl an Professen eher wenig praktikabel erscheint. Diese Fokussierung schlägt sich auch auf die territorialen Gliederungen nieder. Die stärkere Aufsichtsfunktion von Prioraten und Subprioraten – die ab einer unterschiedlichen Anzahl von Professen gegründet werden müssen – gegenüber anderen Gliederungen fällt dabei ebenso ins Auge wie die klare Struktur, dass jeder Professe, aber auch eingeschränkt jedes Oboedienzmitglied, einen kirchlichen Oberen hat. Eklatanteste Änderung ist, dass die Allgemeindispens vom Gemeinschaftsleben ausnahmslos entfällt. Zwar wird es Wahlmöglichkeiten für die bisherigen Professen geben, doch wird ein Konvent in Rom den Zentralisationspunkt des Ordens darstellen, u. a. wird hier das Novizenhaus untergebracht. Damit entfällt der (de facto nicht de iure) Zwischenstatus zwischen Säkularinstitut und Religiosenverband. Und dies wird sicherlich ein anderes geistliches Leben der Professen mit sich bringen als der bisherige zersplitterte Status.

Nicht beantwortet ist jedoch die Frage, welche Auswirkungen dieser Wandel perspektivisch auf die Rolle der Professen in den Gliederungen hat. Nachdem der Weg zur Zentralisierung klar beschritten ist, dürften – gleichsam aufgrund des Altersschnitts der Professen – zukünftig wohl nur noch Professen in Rom und nationale Assoziationen für die Mitglieder des Zweiten und Dritten Standes existieren. (Sub-) Priorate sind spätestens beim Ausscheiden ihres letzten Mitglieds auch kanonisch nicht zu halten. Auch wird sich zeigen müssen, wie zwischen dem Finanzwesen auf kodikarischer Grundlage und der zivilen Vereinseigenschaft der Ordenswerke die Funktionsfähigkeit aufrechterhalten werden kann.

Nachdem zu Beginn gefragt wurde, inwieweit der Orden Autonomiemöglichkeiten wahrnehmen kann, so zeigt sich, dass das enge Korsett des CIC hier genutzt wird. Das Profil der Gemeinschaft hinsichtlich ihres Apostolats wird deutlich unterstrichen, sodass das Patrimonium klar erkennbar bleibt. Die Voraussetzungen zur Aufnahme in den Ersten Stand, wie die vorherige Mitgliedschaft, bedeutet einen klaren eigenen Akzent. Dass nicht das Generalkapitel, sondern der Große Staatsrat die Wahl des Großmeisters vornimmt und gleichsam die Gremien und Einrichtungen historische oder auf Geschichte rekurrierende Bezeichnungen haben, wird der besonderen Natur gerecht. Wenngleich sich in Rängen – die nur mehr bruchstückhaft im Codex erwähnt werden – noch der alte adlige Charakter widerspiegelt, ist ein Adelsprivileg für Ämter abgeschafft.
Grundsätzlich kann abseits dessen jedoch nicht mehr davon gesprochen werden, dass der Orden eine rechtliche Sonderstellung im kirchlichen Ordensrecht einnimmt. Eine Angleichung hat sukzessive über die letzten Jahrzehnte stattgefunden und scheint nun weitestgehend abgeschlossen zu sein. Dabei wird sich allerdings die Wechselwirkung zwischen dem ordens- und kanonisch-vereinsrechtlichen Teil der einzelnen Stände im Hinblick auf den Gesamtordensverbund in der Praxis weiter austarieren müssen. Daher ist nicht ausgeschlossen, dass 2022 nicht das Ende eines Reformprozesses des Eigenrechts darstellt.

Inwieweit in den nächsten Jahren und Jahrzehnten eine Akzentverschiebung von völkerrechtlicher zu kirchlicher Wahrnehmung erfolgt, kann bislang nicht abschließend vorausgesehen werden. Die öffentlich-rechtliche (sei es staats-

oder völkerrechtlich) Sonderstellung ist sicherlich Ausfluss der über 900-jährigen Geschichte. Diese war immer eng mit der Kirche und dem Papstamt verbunden. Der Orden kommt nicht umhin, sich in einer veränderten Staatenwelt und unter ändernden völkerrechtlichen Voraussetzungen zurechtfinden zu müssen. Das gelingt ähnlichen Organisationen auch ohne souveräne Rechte. Indes garantieren diese eine Augenhöhe auch außerhalb der expliziten Notwendigkeit in humanitären Krisensituationen.

A. Abkürzungsverzeichnis

Abs.	Absatz
Art.	Artikel
Bd.	Band, Bände
BGBl.	Bundesgesetzblatt
bzw.	beziehungsweise
ca.	circa
can.	canon
cann.	canones
CIC	Codex Iuris Canonici (1983)
CIC/1917	Codex Iuris Canonici (1917)
Drs.	Derselbe, Dieselbe
Ebd.	ebendort, ebendieser
ECOSOC	Wirtschafts- und Sozialrat der Vereinten Nationen
etc.	et cetera
EU	Europäische Union
f.	folgende Seite
FAO	Ernährungs- und Landwirtschaftsorganisation der Vereinten Nationen
FS	Festschrift
ff.	folgende Seiten
gem.	gemäß
ggf.	gegebenenfalls
h.M.	herrschende Meinung

HdbKathKR	Handbuch des Katholischen Kirchenrechts
Hg.	Herausgeber
Hgg.	Herausgeber (mehrere)
Hl.	Heiliger, heilig
IGH	Internationaler Gerichtshof
i. d. R.	in der Regel
i. S. v.	im Sinne von
i. V. m.	in Verbindung mit
lit.	littera, Buchstabe
NGO	Nichtregierungsorganisation
o. V.	ohne Verfasser (Verfasserin)
S.	siehe, Seite
s. o.	siehe oben
s. u.	siehe unten
u. a.	unter anderem
UN	Vereinte Nationen
UNESCO	Organisation der Vereinten Nationen für Bildung, Wissenschaft und Kultur
vgl.	vergleiche
WÜD	Wiener Übereinkommen über diplomatische Beziehungen
z. B.	zum Beispiel
Zit.	zitiert, Zitat

B. Quellen- und Literaturverzeichnis

1. Archivalien und Rechtsquellen

Approvazione Ordinamento dello stato nobiliare itallano, in: Gazzetta Ufficiale del Regno d'Italia, Anno 70, Numero 28 (2. Februar 1929), S. 522.

Atti approvati dal Capitolo Generale Straordinario, Ariccia, 25-29 gennaio 2023, Rom 2023, o.V.

Carta Costituzionale del Sovrano Militare Ordine Ospedaliero di San Giovanni di Gerusalemme, detto di Rodi, detto di Malta (= Verfassung/1961), abgedruckt in: Scientia (Malta) Jg. 18 Nr. 3 (1962), S. 97-115.

Charta der Vereinten Nationen v. 26. Juli 1945, in: BGBl. 1973 II S. 430, 431 (= UN-Charta).

Codex Iuris Canonici. Codex des kanonischen Rechtes. Lat.-dt. Ausgabe, hg. i. Auftr. der Deutschen Bischofskonferenz, Kevelaer [10]2021.

Codice del sovrano militare ordine ospedaliero di San Giovanni di Gerusalemme detto di Rodi detto di Malta, promulgiert am 1. August 1966, Rom 1966 (= Codex/1966).

Decreto che regola le precedenze tra la varie cariche e dignità a Corte e nelle funzioni pubbliche, in: Gazzetta Ufficiale del Regno d'Italia, Numero 124 (5. Mai 1868), S. 1.

FRANZISKUS, Apostolische Konstitution Praedicate Evangelium (19.3.2022), in: AAS 114 (2022) 375-455.

Konvention über Rechte und Pflichten von Staaten. Montevideo, 26. 12. 1933, in: League of Nations Treaty Series (LNTS) 165, S. 25.

Norme relative al trattamento del Sovrano Militare Ordine di Malta nell'ordine delle precedenze a Corte e nelle pubbliche funzioni, in: Gazzetta Ufficiale del Regno d'Italia, Anno 70, Nr. 280 (2. Dezember 1929), S. 5393.

PIUS XX, Apostolische Konstitution Provida Mater Ecclesia (2.2.1947), in: AAS 39 (1947) 114-124.

Politisches Archiv des Auswärtigen Amtes, Berlin, B26, 54
Politisches Archiv des Auswärtigen Amtes, Berlin, B26, 149.

PONTIFICA COMMISSIO CODICI IURIS CANONICI AUTHENTICE INTERPRETANDO, in: AAS 77 (1985), 771.

Reparation for injuries suffered in the service of the Nations, Order of 11 April 1949, I.C.J. Reports 174, ICGJ 232 (ICJ 1949).

UN ECOSOC Res 1296/XLIV v. 23.5.1998.

UNESCO, 62 EX/Decisions.
UNESCO, 61 EX/Decisions.

Vereinte Nationen, A/48/957 bzw. A/48/957/Add.1.
Vereinte Nationen, A/48/L.62 bzw. A/48/L.62/Add.1.
Vereinte Nationen, A/BUR/48/SR.13.
Vereinte Nationen, A/RES/48/265.
Vereinte Nationen, A/48/PV.103.

Wiener Übereinkommen über diplomatische Beziehungen v. 18. April 196, BGBl. 1964 II, S. 958 (= WÜD).

Wirtschafts- und Sozialrat der Vereinten Nationen (ECOSOC), Res 1296/XLIV v. 23.5.1998.

Verfassung und Codex des Souveränen Ritter- und Hospitalordens vom Hl. Johannes zu Jerusalem, genannt von Rhodos, genannt von Malta, promulgiert am 3. September 2022 (= Verfassung bzw. Codex).

Verfassung und Codex des Souveränen Ritter- und Hospitalordens vom Hl. Johannes zu Jerusalem, von Rhodos und von Malta, verlautbart am 27. Juni 1961, reformiert vom Außerordentlichen Generalkapitel vom 28.-30. April 1997.

2. Quelleneditionen

DELAVILLE LE ROULX, Joseph, Cartulaire général de l'Ordre des Hospitaliers, 4 Bd., Paris 1894-1904 (= Cartulaire I-IV).

GAMS, Pius, Series episcoporum ecclesiae catholicae I, Regensburg 1873.

HIESTAND, Rudolf, Papsturkunden für Kirchen im Heiligen Lande, Göttingen 1985.

Leonis XIII Pontificis Maximis Acta, Bd. 1, Vatikan 1881.

Official Papers, Relative to the Preliminaries of London and the Treaty of Amiens II, London 1803, o.V.

3. Sekundärliteratur

ALLEN, David, The Social and Religious World of a Knight of Malta in the Caribbean. 1632-1660, in: Stanley FIORINI/Victor MALLIA-MILANES (Hgg.), Malta. A Case Study in International Cross-Currents, Malta 1991, S. 147-157.

ALLEN, David, Upholding Tradition. Benedict XIV and the Hospitaller Order of St John of Jerusalem at Malta. 1740-1758, in: The Catholic Historical Review, Jg. 80, Nr. 1 (1994), S. 18-35.

ANUTH, Bernhard, Drittorden, in: Josef Kandler u. a. (Hgg.), 100 Begriffe aus dem Ordensrecht, St. Ottilien 2015), S. 147-150.

ANZILOTTI, Dionisio, Lehrbuch des Völkerrechts, Berlin 1929.

ARAUJO, Robert John/LUCAL, John T., A Forerunner for International Organizations. The Holy See and the Community of Christendom. With Special Emphasis on the Medieval Papacy, in: Journal of Law and Religion, Jg. 20, Nr. 2 (2004-2005), S. 305-350.

ARNAULD, Andreas von, Souveränität als fundamentales Konzept des Völkerrechts, in: Dekonstruktion von Souveränität. Diskurse zur Legitimierung militärischer Interventionen (Die Friedenswarte, Vol. 89, Nr. 3/4, 2014), S. 51-72.

ARNAULD, Andreas von, Völkerrecht, Heidelberg ⁵2023.

AYMANS, Winfried/MÖRSDORF, Klaus, Kanonisches Recht. Lehrbuch aufgrund des Codex iuris Canonici, Bd. 2, Verfassungs- und Vereinigungsrecht, Paderborn u. a. 1997 (= AYMANS/MÖRSDORF II).

BARBARO DI SAN GIORGIO, Maria, Storia della Costituzione del Sovrano Militare Ordine di Malta, Rom 1927.

BARZ, Wolf-Dieter/PAPENTI PELLETIER DE BERMINY, Paolo, Das neue Verfassungssystem des Souveränen Malteserordens, in: Peter HÄBERLE (Hg.), Jahrbuch des Öffentlichen Rechts der Gegenwart 48, Tübingen 2000, S. 325–350.

BARZ, Wolf-Dieter, Die letzte Karawane des Johanniterordens von 1784. Betrachtet im Zusammenhang mit seinem Niedergang auf Malta, in: Militärgeschichtliche Zeitschrift 44, Heft 2 (2014), S. 41-49.

BARZ, Wolf-Dieter, Die Verfassung des Souveränen Malteser-Ritter-Ordens, in: Jahrbuch des öffentlichen Rechts der Gegenwart 38 (1989), S. 423-445.

BARZ, Wolf-Dieter, Frankfurt – ein völkerrechtliches Rückzugsgebiet des Deutsch-Ritter-Ordens? Zugleich eine späte Teilbesprechung zu Paul Steinert: Geistliche Souveräne. Eine Völkerrechtliche Studie, in: Zeitschrift des Vereins für Hessische Geschichte und Landeskunde 92 (1987), S. 191–204.

BERBER, Friedrich, Völkerrecht. Dokumentensammlung I, München 1967.

BERGMANN, Nina, Versinkende Inselstaaten. Auswirkungen des Klimawandels auf die Staatlichkeit kleiner Inselstaaten (Schriften zum Völkerrecht 2019), Berlin 2016.

BOLDT, Hans, Staat, Recht und Politik bei Georg Jellinek, in: Andreas ANTER (Hg.), Die normative Kraft des Faktischen. Das Staatsverständnis Georg Jellineks (Staatsverständnisse Bd. 6), Baden-Baden 2020, S. 13-38.

BOSSELMANN-CYRAN, Kristian, Xenodochium, in: Enzyklopädie Medizingeschichte, Berlin/New York 2005, S. 1509.

BRADFORD, Ernle, Der Schild Europas. Der Kampf der Malteserritter gegen die Türken 1565, Frankfurt 1995.

BREYCHA-VAUTHIER, Arthur, Der Malteser-Orden im Völkerrecht, in: Österreichische Zeitschrift für öffentliches Recht (1950), S. 401-413.

BROWNLIE, Ian, Principles of Public International Law, Oxford 1998.

CAMPENHAUSEN, Axel Freiherr von, Zum Rechtsstatus des Johanniter-Ordens, in: Zeitschrift der Savigny-Stiftung für Rechtsgeschichte. Kanonistische Abteilung 69 (1983), S. 325-340.

CASTILLO, Dennis, The Knights Cannot Be Admitted. Maltese Nationalism, the Knights of St John, and the French Occupation of 1798-1800, in: The Catholic Herald Review 79 (1993), S. 434-453.

COX, Noel, The Continuing Question of Sovereignty and the Sovereign Military Order of Jerusalem, of Rhodes and of Malta (June 2008), Online-Ressource: https://ssrn.com/abstract=1140462 (1.1.2024).

DELBRÜCK, Jost/WOLFRUM, Rüdiger, Völkerrecht I/1, Berlin/New York 1989.

DEUTSCHE ASSOZIATION DES SOUVERÄNEN MALTESER-RITTERORDENS, Der Malteserorden in Deutschland, Haar/München 2001.

DIEKJOBST, Rouven, Sea-Level Rise and Public International Law, in: Humanitäres Völkerrecht, Jg. 4, Nr. 1/2 (2021), S. 50-61.

DUDEN, Konrad, Internationalprivatrechtliche Rechtsprechung Italiens in den Jahren 1932, 1933, 1934, in: Zeitschrift für ausländisches und internationales Privatrecht 9 (1935), S. 200-237.

EBE, Joseph/GALEA, Michael, Ferdinand Freiherr vom Hompesch. 1744-1805. Letzter Großmeister des Johanniterordens/Malteserordens auf Malta, Paderborn 1985.

EBE, Joseph, Malteser-Hilfsdienst und Genfer Konventionen, [wohl] Freiburg 1963.

EDBURY, Peter, The Kingdom of Cyprus and the Crusades. 1191-1374, Cambridge 1991.

EPPING, Volker, Völkerrecht. Ein Studienbuch, München 2018.

FARRAN, Charles d'Olivier, The Sovereign Order of Malta in International Law, in: The International and Comparative Law Quarterly, Jg. 3, Nr. 2 (1954), S. 217-234.

FRELLER, Thomas, Großmeister - Fürst - Exilant. Ferdinand vom Hompesch - eine politische Biographie, St. Ottilien 2019

FRELLER, Thomas, Rußlands Blick auf eine neue Welt. Katharina II. und die russische Annäherung an den Malteserorden, in: Jahrbücher für Geschichte Osteuropas Bd. 51 Heft 2 (2003), S. 161-184.

GAMBI, Paolo/SANDONATO DE LEÓN, Pablo José, La soberana militar Orden de Malta en el orden jurídico eclesial e internacional, in: Ius Canonicum, Jg. 44, Nr. 87 (2004), S. 197-231.

GAZZONI, Francesco, Order of Malta, in: Encyclopedias of International Law 9, Amsterdam u. a. 2009, S. 256-258.

GERMELMANN, Friedrich, Heiliger Stuhl und Vatikanstaat in der internationalen Gemeinschaft. Völkerrechtliche Praxis und interne Beziehungen, in: Archiv des Völkerrechts, Jg 47, Bd. 2 (2009), S. 147-186.

GLIBOFF, Jonathan, Waterproofing Statehood, in: Columbia Law Review, Jg. 123, Nr. 6 (2023), S. 1747-1794.

GODSEY, William, Adelsversorgung in der Neuzeit. Die Wiederbelebung des Deutschen Ritterordens in der österreichischen Restauration, in Vierteljahrschrift für Sozial- und Wirtschaftsgeschichte 90, Heft 1 (2003), S. 25-43.

GUGGENHEIM, Paul, Traité de Droit International Public, Genf 1954.

HAERING, Stephan, § 57 Grundfragen der Lebensgemeinschaften der evangelischen Räte, in: Drs. u. a. (Hg.), Handbuch des katholischen Kirchenrechts, Regenburg [3]2015, S. 831-845.

HAFKEMEYER, Georg, Das Großpriorat Deutschland, in: WIENAND, Johanniterorden, S. 291-302.

HAFKEMEYER, Georg, Der Rechtsstatus des souveränen Malteser-Ritter-Ordens als Völkerrechtssubjekt ohne Gebietshoheit, Schötmar 1955.

HERDEGEN, Matthias, Völkerrecht, München [22]2023.

HILLGRUBER, Christian, Souveränität – Verteidigung eines Rechtsbegriffs, in: JuristenZeitung 22, 57. Jg. (2002), S. 1072-1080.

HIMMELS, Heinz, Der Souveräne Malteser-Ritterorden als Völkerrechtssubjekt, in: Jürgen GOYDKE (u. a.), Vertrauen in den Rechtsstaat. Beiträger zur deutschen Einheit im Recht. FS für Walter Remmer, Köln u. a. 1995, S. 213-230.

HOBE, Stephan, Der Rechtsstatus der Nichtregierungsorganisationen nach gegenwärtigem Völkerrecht, in: Archiv für Völkerrecht, Jg. 37, Bd. 2 (1999), S. 152-176.

HOFFMANN-RUMERSTEIN, Ludwig, Der Souveräne Malteser-Ritter-Orden von 1945 bis heute, in: STEEB/STRIMITZER, Malteser-Ritterorden, S. 250-271.

HOFMEISTER, Philipp, Die Reorganisation des Malteserritterordens nach 1798, in: Archiv für katholisches Kirchenrecht 137 (1968), S. 463-523.

IPSEN, Knut, Völkerrecht, München [8]2024.

KALBUSCH, Marco, Der Beobachterstatus des Heiligen Stuhls – historisches Relikt oder zukunftsweisendes Modell, in: Vereinte Nationen. German Review on the United Nations, Jg. 60, Nr. 4, S. 159-163.

KNOPF-SILVESTRE, Frédérique, L'Ordre Souverain de Malte en Droit International Public, Villeneuve d'Ascq 2020.

KÖCK, Heribert Franz, Der Souveräne Malteser-Ritter-Orden als Völkerrechtssubjekt, in: STEEB/STRIMITZER, Malteser-Ritter-Orden, S. 282-306.

KRANER, Stephen D., Sovereignty. Organized Hypocrisy, New Jersey 1999.

KRETHLOW, Carl Alexander, Der Malteserorden. Chancen und Herausforderungen transnationaler Strukturen im 19. Jahrhundert, in: Rottenburger Jahrbuch für Kirchengeschichte 34 (2015), S. 99-110 (= KRETHLOW, Malteserorden II).

KRETHLOW, Carl Alexander, Der Malteserorden. Internationalität und soziale Vernetzung im 19. Jahrhundert (Europäische Hochschulschriften 890, Reihe 3), Bern u. a. 2001 (= KRETHLOW, Malteserorden I).

LASPINA, Salv, Outlines of Maltese History, Malta 1971.

LEISCHING, Peter, Der souveräne Malteser-Ritterorden als Religio, in: Österreichisches Archiv für Kirchenrecht 20 (1969), S. 89-107.

LEISCHING, Peter, Der Souveräne Malteserritterorden als Religio, in: Adam WIENAND u. a. (Hg.), Der Johanniterorden. Der Malteserorden. Der ritterliche Orden des hl. Johannes vom Spital zu Jerusalem. Seine Geschichte, seine Aufgaben, Köln 1988, S. 439-452.

LOH, Wulf, Völkerrechtliche Souveränität, in: Archiv für Begriffsgeschichte 20/61 (2018/2019), S. 363-408.

MAGER, Mathis, Krisenerfahrung und Bewältigungsstrategien des Johanniterordens nach der Eroberung von Rhodos 1522, Münster 2014.

MAGNIS, Constantin, Gefallene Ritter. Malteserorden und Vatikan - Der Machtkampf zwischen zwei der ältesten Institutionen der Welt, Hamburg [2]2023.

MALUWA, Tiyanjana, The Holy See and the concept of international legal personality. Some reflections, in: The Comperative and International Law Journal of South Afrika, Jg. 19, Nr. 1, S. 1-26.

MARQUESE G.S.P., Del titolo di 'Altezza' del Gran Maestro dell'Ordine Gerosolimitano, in: Revista del Collegio Araldico I (1903), S. 270-274.

MAR-SINGER, Jelka, Unheilige Allianz oder segensreiche Partnerschaft? Der Heilige Stuhl und die Vereinten Nationen, in: Vereinte Nationen. German Review on the United Nations, Jg. 48, Nr. 6 (2000), S. 193-198.

MARTI, Federico, Short Notes on the International Status of Sovereign Order of Malta under International Law. Functional Limits and Dependence upon the Holy See in the light of the New Constitution of 3 September 2022, in: Stato, Chiese e pluralismo confessionale 1 (2023), S. 73-87.

MARULLO di Condojanni, Carlo, Il Sovrano militare ordine di Malta osservatore permanente alle Nazioni Unite. Testimonianze, Palermo 2008.

MENDELSON, Maurice, Diminutives States in the United Nations, in: The International and Comparative Law Quaterly, Jg. 21, Nr. 4 (1072), S. 609-630.

MEYER SETTON, Kenneth, The Papacy and the Levant I. 1204-1571. The thirteenth and fourteenth century, Philadelphia 1976.

MICALLEF, Antonio (Hg.), Lectures on the Statues of the Sacred Order of St. John of Jerusalem at the University (of Studies) of Malta 1792, Karlsruhe 2012.

MILLER, Timothy, The Knights of Saint John and the Hospitals of the Latin West, in: Speculum 53, S. 709-733.

MOSLER, Hermann, Die Erweiterung des Kreises der Völkerrechtssubjekte?, in: Zeitschrift für ausländisches öffentliches Recht und Völkerrecht 22 (1962), S. 1-48.

Münsterischer Kommentar zum Codex Iuris Canonici unter besonderer Berücksichtigung der Rechtslage in Deutschland, Österreich und der Schweiz, hg. v. Klaus LÜDICKE, Essen [2020] (Loseblattsammlung).

OPGENOORTH, Ernst, Die Ballei Brandenburg des Johanniterordens im Zeitalter der Reformation und Gegenreformation (Jahrbuch der Albertus-Universität zu Königsberg, Preußen. Beiheft 24), Würzburg 1963.

PAYANDEH, Mehrdad, Internationales Gemeinschaftsrecht. Zur Herausbildung gemeinschaftsrechtlicher Strukturen im Völkerrecht der

Globalisierung (Beiträge zum ausländischen öffentlichen Recht und Völkerrecht 219), Heidelberg u. a. 2010.

PERTA, Giuseppe, A Crusader without a Sword. The Sources relating to the Blessed Gerard, in: Flocel SABATÉ, Life and Religion in the Middle Ages, Cambridge 2015, S. 125-139.

POHL, Thomas, Der Verlust von Malta 1789 und die daraus resultierenden Folgen für den Orden in Böhmen und Österreich, in: STEEB/STRIMITZER, Malteser-Ritter-Orden, S. 135-161.

PORTER, Whitworth, A History of the Knights of Malta Or The Order of the Hospital of St John of Jerusalem, Cambridge 2013.

PRANTNER, Robert, Malteserorden und Völkergemeinschaft (Schriften zum Völkerrecht 39), Berlin 1974.

PRIMETSHOFER, Bruno, Ordensrecht. Auf der Grundlage des Codex Iuris Canonici 1983 unter Berücksichtigung des staatlichen Rechts der Bundesrepublik Deutschland, Österreichs und der Schweiz, Rombach 2003.

QUADRI, Roberto, Cours général de droit international public, in: Recueil des cours de l'Académie de La Haye en ligne 113 (1964), S. 420-422.

RHODE, Ulrich, § 58 Religiosenverbände, in: Stephan HAERING u. a. (Hgg.), Handbuch des katholischen Kirchenrechts, Regenburg ³2015, S. 846-878.

SCHNEIDER, Peter, Zur Rechtsstellung des Internationalen Roten Kreuzes, in: Archiv für Völkerrecht, Bd. 5, Nr. 3 (1955), S. 257-271.

SCHULZ, Andrea, Gerichtsbarkeit und Immunität im Spiegel der italienischen Rechtsprechung 1989-1993, in: Archiv für Völkerrecht, Jg. 33, Nr. 3 (1995), S. 377-415.

SCHWEINSFURTH, Theodor, Völkerrecht, Tübingen 2006.

SCHWETZ, Florian, Der Souveräne Malteser-Ritter-Orden. Eine kirchen- und staatsrechtliche Betrachtung nach der Reform 2022, Wien ²2023.

SIRE, Henry, Der Diktatorpapst. Aus dem Innersten seines Pontifikats, Bad Schmiedeberg 2018.

STAEHLE, Ernst, Geschichte der Johanniter und Malteser, 4 Bd., Gnas 2002.

STEEB, Christian/STRIMITZER, Birgit, Der Souveräne Malteser-Ritter-Orden in Österreich, Graz 1999.

STEIGER, Heinhard, Der Westfälische Frieden. Grundgesetz für Europa?, in: Heinz DURCHARDT (Hg.), Der Westfälische Friede. Diplomatie – politische Zäsur – kulturelles Umfeld - Rezeptionsgeschichte (Historische Zeitschrift, Beiheft 26), Oldenburg 1998, S. 33-80.

STEINBERGER, Ludwig, Die Gründung der baierischen Zunge des Johanniterordens. Ein Beitrag zur Geschichte der Kurfürsten Max II. Emanuel, Max III. Joseph und Karl Theodor von Baiern (Historische Studien 89), Berlin 1911.

STIFTUNG DEUTSCHES ADELSARCHIV, Gothaisches Genealogisches Handbuch des Fürstlichen Häuser, Fürstliche Häuser 2, Marburg 2018.

TOMER, Alberto, Il nuovo assetto del Sovrano Militare Ordine di Malta. La riforma del 2022 nella fedeltà a una storia millenaria, Bologna 2023.

VERDROSS, Alfred/SIMMA, Bruno, Universelles Völkerrecht. Theorie und Praxis, Berlin 1976.

WALDSTEIN-WARTENBERG, Berthold, Rechtsgeschichte des Malteserordens, Wien/München, 1969.

WEBER, Wolfgang, Jean Bodin. Sechs Bücher über den Staat (1576), in: Manfred BROCKER, Geschichte des politischen Denkens, Frankfurt 2007, S. 151-166.

WEGLER, Wilhelm, Völkerrecht, Berlin 1964.

WIENAND, Adam u. a. (Hg.), Der Johanniterorden. Der Malteserorden. Der ritterliche Orden des hl. Johannes vom Spital zu Jerusalem. Seine Geschichte, seine Aufgaben, Köln 1988.

WILLETTS, Paul, From "Consultative Arrangements" to 'Partnership". The Changing Status of NGOs in Diplomacy at the UN, in: Global Governance, Jg. 6, Nr. 2 (2000), S. 191-212.

WOODWARD, Barbara K., The Role of International NGO. An Introduction, in: Willamette Journal of International Law and Dispute Resolution, Jg. 19, Nr. 2 (2011), S. 203-231.

4. Internetseiten (in Reihenfolge der Erwähnung)

https://www.katholisch.de/Art./11955-souveraen-auf-augenhoehe/ [Abruf: 2.12.2023].

https://www.orderofmalta.int/de/diplomatische-aktivitaeten/bilaterale-beziehungen/ [Abruf: 1.6.2024].

https://www.orderofmalta.int/press-releases/il-gran-maestro-fra-matthew-festing-si-e-dimesso [Abruf: 26.5.2024].

https://www.orderofmalta.int/wp-content/uploads/2017/02/Factsheet-and-Timeline-events-December-2016-January-2017.pdf [Abruf: 26.5.2024].

https://press.vatican.va/content/salastampa/it/bollettino/pubblico/2017/02/ 04/0075/00185.html [Abruf: 26.5.2024].

https://press.vatican.va/content/salastampa/en/bollettino/pubblico/2021 /10/ 26/211026d.html [Abruf: 26.5.2024].

https://press.vatican.va/content/dam/salastampa/it/bollettino/
documentazioneinkata/Decreto%20Nomina%20Luogotenente%20di%20G
ran%20Maestro%2013.06.2022.pdf [Abruf: 25.4.2024].

https://www.vatican.va/content/francesco/en/motu_proprio/documents/
20220903-Decreto-Smom.html [Abruf: 25.4.2024].

https://www.orderofmalta.int/de/pressemitteilungen/erklaerung-des-
grossmagisteriums-des-malteserordens [Abruf: 25.4.2024].

https://www.orderofmalta.int/de/nachrichten/fra-john-dunlap-ist-81-
grossmeister-malteserordens [Abruf: 25.4.2024].

https://press.vatican.va/content/salastampa/it/bollettino/pubblico/2023/
06/ 19/0453/01013.html#malt/ [Abruf: 25.4.2024].

https://www.katholisch.de/Art./11955-souveraen-auf-augenhoehe [Abruf:
2.12.2023].

https://www.orderofmalta.int/de/diplomatische-aktivitaeten/
bilaterale-beziehungen/ [Abruf: 1.6.2024].

https://www.orderofmalta.int/press-releases/il-gran-maestro-fra-matthew-
festing-si-e-dimesso [Abruf: 26.5.2024].

https://www.orderofmalta.int/wp-content/uploads/2017/02/Factsheet-
and-Timeline-events-December-2016-January-2017.pdf [Abruf: 26.5.2024].

https://press.vatican.va/content/salastampa/it/bollettino/pubblico/2017/
02/04/0075/00185.html [Abruf: 26.5.2024].

https://press.vatican.va/content/salastampa/en/bollettino/pubblico/2021
/10/26/211026d.html [Abruf: 26.5.2024].

https://press.vatican.va/content/dam/salastampa/it/bollettino/documenta
zionelinkata/Decreto%20Nomina%20Luogotenente%20di%20Gran%20Ma
estro%2013.06.2022.pdf [Abruf: 25.4.2024].

https://www.vatican.va/content/francesco/en/motu_proprio/documents/
20220903-Decreto-Smom.html [Abruf: 25.4.2024].

https://www.orderofmalta.int/de/pressemitteilungen/erklaerung-des-
grossmagisteriums-des-malteserordens [Abruf: 25.4.2024].

https://www.orderofmalta.int/de/nachrichten/fra-john-dunlap-ist-81-
grossmeister-malteserordens [Abruf: 25.4.2024].

https://press.vatican.va/content/salastampa/it/bollettino/pubblico/2023/
06/19/0453/01013.html#malt [Abruf: 25.4.2024].

C. SCHLUSSBEMERKUNGEN UND DANKSAGUNG

Diese Arbeit wurde in weiten Teilen als Masterthesis im postgradualen Studiengang Vergleichendes Kanonisches Recht, der in Zusammenarbeit der Università della Svizzera italiana Lugano mit der Europäische Gesellschaft für Kirchenrecht in Österreich organisiert wird, eingereicht.

Sehr herzlich danke ich Univ.-Prof. Lic. iur. can. Dr. Dr. Andreas Kowatsch, LL.M von der Universität Wien für die Betreuung und Begutachtung. Auch geht der Dank an em. Univ.-Prof. Dr. Wilhelm Rees von der Universität Innsbruck für das Zweitgutachten und sein Engagement während des Studiengangs.

Oberstudienrätin a. D. Antje Burmester-Balzer hat im Rahmen des Korrektorats wichtige Anmerkungen gegeben.

Zuletzt danke ich verschiedenen Mitgliedern des Malteserordens für ihre wertvollen Hinweise und internen Einblick. Gerade weil ich bei sensiblen Themen Vertraulichkeit zugesichert habe, waren die offenen Gespräche von unschätzbarem Wert.

Der Autor wünscht dem Malteserorden, dass es ihm gelingt, seine wertvolle Arbeit unter den geänderten Umständen fortzuführen und auszubauen.

Berlin, im Dezember 2024

Dr. Andreas Rademachers

D. ANHANG

1. VERFASSUNG

DES SOUVERÄNEN RITTER- UND HOSPITALORDENS VOM HL. JOHANNES ZU JERUSALEM, GENANNT VON RHODOS, GENANNT VON MALTA[647]

KAPITEL I
DER ORDEN UND SEIN WESEN

Artikel 1
Ursprung und Wesen des Ordens

§ 1 - Der Souveräne Ritter- und Hospitalorden vom Hl. Johannes zu Jerusalem, genannt von Rhodos, genannt von Malta traditionsgemäß zugleich ritterlich und adelig, ist aus der Gruppe der „Hospitalarii" des Hospitals des Hl. Johannes in Jerusalem entstanden und wurde durch die Zeitumstände berufen, seine ursprünglich karitativen Aufgaben um den ritterlichen Schutz der Pilger, des Hl. Landes und dessen christlicher Kultur zu ergänzen. Im Laufe der Zeit war er zunächst Souverän der Insel Rhodos, dann der Insel Malta.

§ 2 - Er ist ein von Papst Paschalis II. mit der Bulle *Pie postulatio voluntatis* anerkannter religiöser Laienorden sowie Subjekt des Völkerrechts.

---

[647] Diese Übersetzung ist keine Modifikation des italienischen Textes, welcher von Papst Franziskus am 3. September 2022 erlassen wurde.

Im Falle unterschiedlicher Interpretationen gilt der offizielle Text in italienischer Sprache gemäß Artikel 61, § 3 der Verfassung.

Die Übersetzung wurde zwischen dem Großpriorat von Österreich, der Deutschen Assoziation und der Schweizer Assoziation abgestimmt und von

Seiner Hoheit und Eminenz dem Fürsten und Großmeister Fra' John Dunlap und dem Souveränen Rat vom 21. Juni 2023 genehmigt.

§ 3 - In der vorliegenden Verfassung und im Codex wird der Souveräne Malteser Ritterorden „Malteserorden" oder „Orden" genannt.

§ 4 - In den folgenden Bestimmungen bezeichnet der Begriff „Codex" den Codex des Ordens.

Artikel 2
Die Ziele des Ordens

§ 1 - In Übereinstimmung mit seinen jahrhundertealten Traditionen hat der Orden die Aufgabe, die Ehre Gottes und die Heiligung seiner Mitglieder durch die *tuitio fidei* und das *obsequium pauperum* – insbesondere den Armen und Kranken gegenüber – und im Einsatz für den Hl. Vater zu mehren.

§ 2 - Getreu den göttlichen Geboten und den Räten unseres Herrn Jesus Christus und in Treue zu den Lehren der Kirche gibt der Orden Zeugnis von den christlichen Tugenden der Nächstenliebe und Brüderlichkeit und leitet seine Mitglieder an, glaubwürdige Jünger Christi zu werden.

§ 3 - Der Orden verrichtet die Werke der Barmherzigkeit zugunsten der „Herren Kranken", der Bedürftigen und der Heimatlosen ungeachtet ihres Glaubens, ihrer Rasse, ihrer Herkunft oder ihres Alters. Er erfüllt seine institutionellen Aufgaben vornehmlich im Bereich medizinischer und sozialer Hilfe, insbesondere durch den Beistand für Opfer von Katastrophen und Kriegen und gibt so ein Zeugnis christlicher Nächstenliebe.

Artikel 3
Territoriale Gliederung

§ 1 - Die territorialen Strukturen des Ordens untergliedern sich in Priorate, Subpriorate und Nationale Assoziationen. Durch Beschluss des Generalkapitels können Priorate zu Großprioraten erhoben werden.

§ 2 - Unbeschadet der Vorrechte und Zuständigkeiten des Großmeisters sind die Priorate, Subpriorate und Nationalen Assoziationen in den jeweiligen Gebieten allein zuständig und verantwortlich für die Leitung der Ordensmitglieder sowie die Förderung und Beaufsichtigung der hospitalären und der karitativen Tätigkeiten des Ordens. Sie verwalten ihre Besitztümer unter der Aufsicht des Großmagisteriums. Zudem können gemäß Art. 40 der vorliegenden Verfassung nachgeordnete Ordensgliederungen auf internationaler wie auch auf lokaler Ebene errichtet werden.

Artikel 4
Völkerrechtssubjektivität

Als Subjekt des Völkerrechts übt der Orden seine hoheitsrechtlichen Befugnisse mit Bezug auf die in Art. 2 angeführten Ziele aus. Er unterhält diplomatische Beziehungen mit Staaten und internationalen Organisationen.

Artikel 5
Die Beziehungen zum Hl. Stuhl

§ 1 - Der Malteserorden besitzt *ipso iure* die öffentliche Rechtspersönlichkeit in der Kirche.

§ 2 - Infolge ihrer Gelübde unterstehen die Religiosen des Ordens und infolge ihrer Promesse die Mitglieder des Zweiten Standes ihren zuständigen Ordensoberen.

§ 3 - Die Kirchen und Konventualhäuser des Ordens sind von der Jurisdiktion des Ortsbischofs exemt und unterstehen direkt dem Hl. Stuhl.

§ 4 - Nach Maßgabe des CIC bleiben die wohlerworbenen Rechte, die Gewohnheitsrechte sowie die Privilegien, die dem Orden seitens der Päpste gewährt oder zuerkannt wurden, unangetastet, sofern sie nicht ausdrücklich widerrufen wurden.

§ 5 - Der Papst benennt als seinen Vertreter beim Orden einen Kardinal, der den Titel *Cardinalis Patronus* führt und dem gegebenenfalls Sonderbefugnisse zukommen. Zum Zeichen der Fürsorge des Hl. Vaters dem Orden gegenüber obliegt es dem Kardinalpatron, das geistlichen Wohl des Ordens und seiner Mitglieder sowie die Beziehungen zwischen dem Hl. Stuhl und dem Orden zu fördern.

§ 6 - Als Völkerrechtssubjekt hat der Orden gemäß den Normen des internationalen Rechtes auch eine diplomatische Vertretung beim Hl. Stuhl.

§ 7 - Der religiöse Charakter des Ordens schließt die Ausübung derjenigen Vorrechte nicht aus, die ihm als ein von den Staaten anerkanntes Völkerrechtssubjekt zukommen.

Artikel 6
Quellen des Melitensischen Rechts

Die Quellen Melitensischen Rechts sind:

1. Die Ordensverfassung, der Codex und das Kirchenrecht,

2. den Orden betreffende Dekrete von Rechtsvorschriften des Papstes,

3. Gesetzgebungsakte nach Art. 15 § 3 lit. a der Verfassung,

4. internationale Vereinbarungen, die gemäß Art. 15 § 3 lit. d der Verfassung ratifiziert wurden,

5. rechtmäßig erworbene und nicht ausdrücklich widerrufene Gewohnheitsrechte und Privilegien.

Artikel 7
Amtssprache

Die Amtssprache des Ordens ist Italienisch. Offizielle Mitteilungen können neben der italienischen Sprache auch in anderen Sprachen abgefasst werden.

Artikel 8
Fahnen, Insignien und Wappen des Ordens

§ 1 - Die Fahne des Ordens zeigt auf rotem Feld entweder ein lateinisches Kreuz oder ein weißes achtspitziges Kreuz („Malteserkreuz").

§ 2 - Das Wappen des Ordens zeigt auf dem achtspitzigen Kreuz das lateinische Kreuz in ovalem rotem Feld, eingefasst von einem Rosenkranz, überhöht von einer Fürstenkrone und von einem Fürstenmantel umgeben.

§ 3 - Ein besonderes, vom Großmeister mit Zustimmung des Souveränen Rates erlassenes Dekret regelt die Charakteristika und die Modalitäten des Gebrauches von Fahnen, Insignien und Wappen des Ordens.

KAPITEL II
DIE MITGLIEDER DES ORDENS

Artikel 9
Die Stände

§ 1 - Der Souveräne Malteser Ritterorden besteht aus Mitgliedern, die entsprechend ihrem jeweiligen Lebensstand, dem Charisma und dem Auftrag des Ordens nachkommen.

Die Mitglieder des Ersten Standes, also die Professritter, auch Professen genannt, und die Profess-Konventualkapläne, die entweder Einfache oder Feierliche Gelübde abgelegt haben, bilden den wesentlichen Kern des Ordens. Ihnen kommen alle Pflichten und Rechte in vollem Umfang zu.

In Anbetracht des Laiencharakters des Ordens besitzen die Professkapläne lediglich ein aktives Wahlrecht, abgesehen von den Regelungen in Art. 29 § 1 lit. d, denen zufolge sie über ein passives Wahlrecht verfügen.

§ 2 - Den Mitgliedern des Zweiten Standes, die dem Orden durch die Promesse verbunden sind, und den Mitgliedern des Dritten Standes kommen in Abhängigkeit von ihrem Stand jeweils eigene Pflichten und Rechte zu.

§ 3 - Die Stände und Zugehörigkeiten regelt im Einzelnen der Codex.

§ 4 - Der Codex sieht eine Ernennung von Ehrenmitgliedern vor.

Artikel 10
Pflichten der Ordensmitglieder

§ 1 - Eingedenk ihrer Berufung und ihrer gegenüber Kirche und Orden freiwillig eingegangenen Verpflichtungen müssen die Professen ihr Leben gemäß Verfassung und Codex nach dem Geist des Evangeliums und dem Lehramt der Kirche ausrichten, nach religiöser Vollkommenheit streben und sich zum Zeugnis für den Glauben und die Nächstenliebe den Werken des Apostolats des Ordens widmen.

§ 2 - In Übereinstimmung mit den Pflichten ihres Standes und dem Charisma des Ordens müssen die Mitglieder des Zweiten und des Dritten Standes ihr Leben in vorbildlicher Weise nach dem Evangelium, den Lehren und Vorschriften der Kirche ausrichten und sich zum Zeugnis für Glauben und Nächstenliebe den Werken des Apostolats des Ordens widmen.

KAPITEL III
DIE REGIERUNG DES ORDENS

Artikel 11
Ausübung der Amtsgewalt im Orden

Legislative, Exekutive und Rechtsprechung sind nach Maßgabe von Verfassung und Codex den jeweils kompetenten Organen des Ordens vorbehalten.

Artikel 12
Der Großmeister

Dem Großmeister ist das Oberhaupt des Ordens; ihm stehen die Vorrechte und Ehren eines Souveräns und der Titel „Hoheit und Eminenz" zu.

Artikel 13
Erfordernisse für die Wahl zum Großmeister

§ 1 - Zum Großmeister können ausschließlich Professritter in Feierlichen Gelübden gewählt werden.

§ 2 - Der Großmeister wird vom Großen Staatsrat gemäß Art. 32 für einen Zeitraum von zehn Jahren oder bis zur Vollendung des fünfundachtzigsten Lebensjahres gewählt, wobei die Amtszeit mit dem Eintritt des ersten der vorgenannten Umstände endet. Ist der Gewählte jünger als fünfzig Jahre, so muss er seit mindestens zehn Jahren in Feierlichen Gelübden leben; bei Professrittern, die älter als fünfzig Jahre alt sind und dem Orden seit mindestens zehn Jahren angehören, ist ein Zeitraum von drei Jahren in Feierlichen Gelübden hinreichend. Nach Ablauf seiner Amtszeit kann der Großmeister einmal für einen weiteren Zeitraum von zehn Jahren, jedoch nicht länger als bis zur Vollendung des fünfundachtzigsten Lebensjahres im Amt bestätigt werden.

§ 3 - Der gewählte Großmeister teilt seine Wahl dem Hl. Vater in einem eigenhändig verfassten Brief mit.

Artikel 14
Der Eid des Großmeisters

Der gewählte Großmeister leistet, nachdem er vom Hl. Vater die Bestätigung seiner Wahl erhalten hat, in feierlicher Sitzung des Großen Staatsrates in die Hand des Kardinalpatrons folgenden Eid:

„Ich, …, verspreche und schwöre feierlich bei diesem hochheiligen Kreuzesholz und Gottes heiligen Evangelien: Verfassung, Codex, Regel und die lobenswerten Gewohnheiten unseres Ordens zu wahren und dessen Angelegenheiten gewissenhaft zu leiten. Dazu helfe mir Gott. Und wenn ich darin fehle, sei es auf die Gefahr meines Seelenheiles."

Artikel 15
Die Amtsgewalt des Großmeisters

§ 1 - Die persönliche Amtsgewalt des Großmeisters erstreckt sich nach Maßgabe der Ordensgesetze über alle Personen, Ordensgliederungen und Besitztümer.

§ 2 - Kraft seiner höchsten Amtsgewalt übernimmt der Großmeister die Führung der Regierungsgeschäfte und verfügt die Besetzung von Ämtern und

Funktionen gemäß diesem Artikel.

§ 3 - Insbesondere kommt es dem Großmeister zu:

a) bevollmächtigt vom Generalkapitel Gesetze oder Weisungen in Angelegenheiten zu erlassen, die weder von der Verfassung, noch vom Codex, noch von anderen Ordensgesetzen geregelt sind;

b) Regierungsakte durch Dekrete zu veröffentlichen;

c) Dekrete des Hl. Stuhles, soweit sie den Orden betreffen, umzusetzen und den Hl. Stuhl jährlich über Lage und Bedürfnisse des Ordens zu informieren;

d) internationale Vereinbarungen zu ratifizieren;

e) nach Maßgabe der Regelungen des Codex Ordensmitglieder zum Noviziat und zu den Einfachen und den Feierlichen Gelübden zuzulassen;

f) nach Anhörung des Souveränen Rates einen Koordinator für den Zweiten Stand auf sechs Jahre zu ernennen oder für eine weitere Amtszeit zu bestätigen oder ihn aus schwerwiegenden Gründen abzuberufen;

g) nach Anhörung des Souveränen Rates die Mitglieder des Dritten Standes zur Promesse zuzulassen;

h) Mitglieder des Dritten Standes in den Orden aufzunehmen;

i) das Kapitel der Professen und das Generalkapitel entsprechend den Bestimmungen der Verfassung und des Codex einzuberufen;

j) durch den Rezeptor des Gemeinsamen Schatzamtes das Vermögen des Großmagisteriums zu verwalten und die ordnungsgemäße Verwaltung des Vermögens der juristischen Personen des Ordens zu überwachen;

k) nach Zustimmung des Rates der Professen und des Souveränen Rates die in Art. 56 § 1 geregelte Genehmigung zu erteilen;

l) die wirksame Präsenz der Hohen Ämter beim Großmagisterium sicherzustellen.

§ 4 - Es ist Aufgabe des Großmeisters, darüber zu wachen, dass in allen Konventualhäusern, Kirchen des Ordens und Einrichtungen, denen das Ordensemblem zu führen gestattet wurde, Disziplin eingehalten wird und ein religiöser Geist herrscht.

Artikel 16
Residenz

Der Großmeister hat seine Residenz im Großmagisterium und darf sich von dort nur in Wahrnehmung seiner Amtspflichten oder aus billigen Gründen entfernen.

Artikel 17
Der Amtsverzicht des Großmeisters

Um Rechtskraft zu erlangen, muss der Amtsverzicht des Großmeisters vom Großen Staatsrat, den er zu diesem Zweck einberufen hat, angenommen und dem Hl. Vater mitgeteilt werden.

Artikel 18
Die Außerordentliche Ordensregierung

§ 1 - Im Falle dauernder Amtsverhinderung, des Amtsverzichts oder des Todes des Großmeisters wird der Orden durch einen Interimistischen Statthalter in der Person des Großkomturs geleitet, der bis zur Wahl eines neuen Großmeisters oder eines Statthalters des Großmeisters ausschließlich Maßnahmen der laufenden Verwaltung vornehmen kann, ohne Neuerungen einzuführen.

§ 2 - Eine dauernde Amtsverhinderung des Großmeisters wird mit einer Zweidrittelmehrheit von den Mitgliedern des Souveränen Rates und des Rates der Professen festgestellt, deren Einberufung und Vorsitz dem Großkomtur oder – bei dessen Abwesenheit – dem Großkanzler obliegt, oder die sich mit absoluter Mehrheit selber einberufen. Die Entscheidung wird erst nach Erhalt ihrer Bestätigung seitens des Hl. Stuhles rechtskräftig.

§ 3 - Nach Anhörung des Souveränen Rates beruft der Interimistische Statthalter den Großen Staatsrat frühestens fünfzehn Tage und spätestens drei Monate nach Erhalt der im vorstehenden § 2 angeführten Bestätigung ein.

Artikel 19
Die Provisorische Ordensregierung

§ 1 - Der Statthalter des Großmeisters wird für die Dauer eines Jahres gemäß Art. 32 aus dem Kreis derjenigen Ritter gewählt, die über die erforderlichen Voraussetzungen für die Wahl zum Großmeister verfügen.

§ 2 - Der gewählte Statthalter des Großmeisters teilt in einem eigenhändig verfassten Brief dem Hl. Vater seine Wahl mit und begibt sich zu ihm, um seinen Segen zu erbitten.

§ 3 - Um Rechtskraft zu erlangen, muss der Amtsverzicht des Statthalters des Großmeisters vom Großen Staatsrat, den er zu diesem Zwecke einberufen hat, bestätigt und dem Hl. Vater mitgeteilt werden.

§ 4 - Der Statthalter des Großmeisters verfügt über dieselben Befugnisse wie der Großmeister, mit Ausnahme der Ehrenvorrechte eines Souveräns.

Artikel 20
Die Hohen Ämter

§ 1 - Die Hohen Ämter sind:

Der Großkomtur

Der Großkanzler

Der Großhospitalier

Der Rezeptor des Gemeinsamen Schatzamtes

Ihre jeweiligen Aufgaben sind im Codex geregelt.

§ 2 - Das Amt des Großkomturs ist einem Professritter in Feierlichen Gelübden vorbehalten.

§ 3 - Die Inhaber der Hohen Ämter werden vom Generalkapitel auf der Grundlage eines vom Kapitel der Professen erstellten Dreiervorschlages für ein jedes der Hohen Ämter gewählt. Abgesehen vom Großkomturamt kann, nach Zustimmung des Großmeisters, als Amtsträger auch ein Mitglied in Oboedienz gewählt werden. Nach fünf unentschiedenen Wahlgängen wird ein neuer Dreiervorschlag unterbreitet.

§ 4 - Im Falle einer Vakanz oder einer dauernden Amtsverhinderung in einem der Hohen Ämter verfährt der Souveräne Rat nach Maßgabe, wie dies im Codex für diesen Fall vorgesehenen ist.

§ 5 - Die Abberufung von einem Hohen Amt ist dem Großmeister bei Zustimmung des Rates der Professen vorbehalten.

§ 6 - Die Hohen Ämter sind verpflichtet, eine wirksame Anwesenheit am Sitz des Ordens zu gewährleisten, um das effiziente Funktionieren des ihnen anvertrauten Amtes sicherzustellen.

Artikel 21
Die diplomatischen Vertretungen des Ordens

§ 1 - Die diplomatischen Vertretungen unterstehen dem Großkanzler.

§ 2 - Die Missionschefs des Ordens vertreten den Großmeister gegenüber den Regierungen und den internationalen Organisationen, bei denen sie akkreditiert sind. Auch wenn in den betreffenden Staaten eigene Ordensstrukturen bestehen, behandeln sie die Fragen, mit denen sie vom Großmeister betraut wurden, unabhängig von diesen in eigener Verantwortung.

§ 3 - Die Ernennung und Abberufung der diplomatischen Vertreter erfolgt durch den Großmeister auf Vorschlag des Großkanzlers und nach Anhörung des Souveränen Rates.

Artikel 22
Der Prälat des Ordens

§ 1 - Der Prälat wird vom Papst nach Anhörung des Kardinalpatrons ernannt.

§ 2 - Der Prälat ist der Verantwortliche für den Ordensklerus im Hinblick auf dessen priesterliche Funktionen und wacht darüber, dass geistliches und priesterliches Leben und Apostolat der Ordenskapläne sich entsprechend der Disziplin und dem Geist des Ordens entfalten.

§ 3 - Der Prälat unterstützt den Großmeister, den Großkomtur und den Koordinator des Zweiten Standes in ihrer Sorge für das geistliche Leben und die religiöse Observanz der Ordensmitglieder und für die geistlichen Belange der Ordensgliederungen und -werke.

§ 4 - Bei jeder Sitzung des Generalkapitels und des Kapitels der Professen legt der Prälat einen Bericht zur geistlichen Lage des Ordensklerus vor.

Artikel 23
Ratsgremien des Großmeisters

Der Großmeister wird bei der Leitung des Ordens vom Rat der Professen und vom Souveränen Rat unterstützt.

Artikel 24
Gültigkeitsvoraussetzung der Beschlüsse

Der Beschlüsse des Souveränen Rates und des Rates der Professen besitzen keine Gültigkeit, wenn sie – ohne ausdrückliche Genehmigung des Großmeisters – in seiner Abwesenheit gefasst wurden, wenn nicht die absolute Mehrheit der Ratsmitglieder anwesend ist oder wenn die anderen Bedingungen des Rechtes nicht eingehalten wurden.

Artikel 25
Der Souveräne Rat

§ 1 - Der Souveräne Rat setzt sich zusammen aus:

a) dem Großmeister oder dem Statthalter des Großmeisters, der den Vorsitz führt.

b) den Inhabern der vier Hohen Ämter;

c) den fünf Ratsmitgliedern des Rates der Professen;

d) vier Ratsmitgliedern.

§ 2 - Die in § 1 lit. d genannten Ratsmitglieder werden vom Generalkapitel mit der Mehrheit der Anwesenden aus dem Kreis der Mitglieder des Ersten und des Zweiten Standes gewählt.

§ 3 - Die Ratsmitglieder bleiben für die Dauer von sechs Jahren im Amt, bis ein neuer Souveräner Rat gewählt wird. Niemand kann, ungeachtet seines Amtes, für mehr als zwei Amtszeiten Mitglied des Souveränen Rates sein.

§ 4 - In Angelegenheiten, in denen der Souveräne Rat dem Großmeister die Zustimmung erteilen muss, damit dieser tätig werden kann, stimmt letzterer nicht mit ab. Bei Stimmengleichheit wird die Entscheidung aufgeschoben.

§ 5 - Wenn durch Tod, Amtsverzicht, dauernde Amtsverhinderung oder eine Abwesenheit von mehr als sechs Monaten eines der Mitglieder ausscheidet, kooptiert der Souveräne Rat nach Beratung einen Nachfolger aus demselben Stand.

Artikel 26
Der Rat der Professen

§ 1 - Zum Rat der Professen gehören

a) der Großmeister oder der Statthalter des Großmeisters, der den Vorsitz führt;

b) der Großkomtur;

c) fünf Ratsmitglieder, die vom Kapitel der Professen gewählt werden.

§ 2 - Ist der Koordinator des Zweiten Standes ein Professe, so ist er zur Teilnahme ohne Stimmrecht eingeladen.

§ 3 - Der Großkanzler kann zur Teilnahme ohne Stimmrecht eingeladen werden, falls dies geboten erscheint.

§ 4 - Die Ratsmitglieder bleiben für eine Dauer von vier Jahren bis zur Wahl eines neuen Rates der Professen im Amt. Niemand kann für mehr als zwei Amtszeiten Mitglied des Rates der Professen sein.

§ 5 - Der Rat der Professen unterstützt den Großmeister bei der geistlichen Betreuung des Ordens und bei der Leitung des Ersten und des Zweiten Standes.

§ 6 - In Angelegenheiten, in denen der Rat der Professen seine Zustimmung erteilen muss, stimmt der Großmeister nicht ab. Bei Stimmengleichheit wird die Entscheidung aufgeschoben.

Artikel 27
Abberufung aus dem Amt von Mitgliedern des Souveränen Rates und des Rates der Professen

§ 1 - Die Abberufung eines Mitgliedes des Souveränen Rates oder des Rates der Professen wird in geheimer Abstimmung des betreffenden Rates mit einer Zweidrittelmehrheit der Stimmen, beschlossen, einschließlich derjenigen des Großmeisters.

§ 2 - Das Ratsdekret zur Abberufung kann vor dem Hl. Stuhl innerhalb von dreißig Tagen nach seiner Mitteilung an den Betroffenen angefochten werden.

Artikel 28
Das Generalkapitel

§ 1 - Das Generalkapitel, das oberste Leitungsorgan des Ordens, setzt sich aus Vertretern der drei Stände zusammen und wird alle sechs Jahre vom Großmeister einberufen.

§ 2 - Das Außerordentliche Generalkapitel wird vom Großmeister einberufen:

  a) wenn er es nach Anhörung des Souveränen Rates und des Rates der Professen für geboten hält;

b) durch einen mit Zweidrittelmehrheit gefassten Beschluss des Souveränen Rates;

c) auf Antrag von mindestens der Hälfte der Priorate, Subpriorate und Assoziationen.

Artikel 29
Die Mitglieder des Generalkapitels

§ 1 - Dem Generalkapitel gehören an:

a) der Großmeister oder sein Statthalter, der den Vorsitz führt;

b) die Mitglieder des Souveränen Rates;

c) der Ordensprälat;

d) zwölf Delegierte der Professritter und drei Delegierte der Professkapläne, die vom Kapitel der Professen gewählt werden;

e) die Prioren und die beiden vom Prioratskapitel gewählten Delegierten der Professen oder deren Stellvertreter gemäß dem Codex;

f) die Regenten der Subpriorate und die beiden vom Subprioratskapitel gewählten Professen oder deren Stellvertreter gemäß dem Codex;

g) die fünfzehn gewählten Präsidenten der Assoziationen oder ihre Stellvertreter gemäß dem Codex;

h) die Delegierten, die von den Versammlungen der Priorate, Subpriorate und Assoziationen gewählt werden, und zwar in einer Anzahl, die proportional zu den ihnen dem Codex gemäß angehörenden Mitgliedern ist; damit soll eine wirksame Vertretung des gesamten Ordens gewährleistet werden.

§ 2 - Die Kapitulare sind zur persönlichen Teilnahme verpflichtet, es sei denn sie haben einen berechtigten Verhinderungsgrund, der vom Großmeister als gerechtfertigt anerkannt wird; in diesem Fall tritt für den verhinderten Kapitular ein Stellvertreter ein, soweit ein solcher im Codex vorgesehen ist.

Artikel 30
Zuständigkeiten des Generalkapitels

§ 1 - Das Generalkapitel wacht über das Charisma des Ordens und passt es neuen Gegebenheiten an, indem es sich Kenntnis von den wichtigsten Problemen des Ordens verschafft und sich diesen widmet. Es plant die Tätigkeiten, überwacht die Vermögenslage und bestimmt die Ausrichtung der internationalen Beziehungen.

§ 2 - Das Generalkapitel nimmt den Bericht des Großmeisters über die allgemeine Lage des Ordens entgegen sowie die Berichte der Hohen Ämter, des Präsidenten der Rechnungskammer und des Prälaten zu den Angelegenheiten, die in ihre jeweilige Zuständigkeit fallen.

§ 3 - Das Generalkapitel beschließt und verkündet die Ordensgesetze; es beschließt alle etwaigen Änderungen der Verfassung und des Codex, die dem Hl. Stuhl zur Genehmigung vorzulegen sind.

§ 4 - Der Beschluss von Verfassungsänderungen erfordert eine Zweidrittelmehrheit. Für den Beschluss von Änderungen des Codex ist eine absolute Mehrheit erforderlich. In Einzelfällen kann das Generalkapitel dem Großmeister die Befugnis zum Erlass von Gesetzen übertragen.

§ 5 - Das Generalkapitel wählt die vier gemäß Art. 25 § 1 lit. d zu wählenden Mitglieder des Souveränen Rates und die gemäß Art. 37 § 2 zu wählenden sieben Mitglieder der Rechnungskammer.

Artikel 31
Das Kapitel der Professen

§ 1 - Das Kapitel der Professen geht ordnungsgemäß dem Generalkapitel voraus; außerordentlich tritt es zusammen, wenn der Großmeister dies nach Anhörung des Rates der Professen für erforderlich erachtet.

§ 2 - Das Kapitel der Professen

a) erstellt auf der Grundlage einer geheimen Abstimmung den verbindlichen, dem Großen Staatsrat zu unterbreitende Dreiervorschläge für die Wahl des Großmeisters oder des Statthalters des Großmeisters;

b) erstellt auf der Grundlage einer geheimen Abstimmung für die Wahl der Inhaber der Hohen Ämter die verbindlichen, dem Generalkapitel zu unterbreitenden Dreiervorschläge;

c) wählt die zwölf Delegierten der Professritter und die drei Delegierten der Professkapläne für das Generalkapitel.

§ 3 - Die Professritter in Feierlichen Gelübden und die Professkapläne sind ordentliche Mitglieder mit Stimmrecht; die Professritter in Einfachen Gelübden nehmen lediglich mit beratender Stimme teil.

§ 4 - Die Kapitulare sind zur persönlichen Teilnahme verpflichtet, es sei denn sie haben einen berechtigten Verhinderungsgrund, der vom Großmeister als gerechtfertigt anerkannt wird; die Beauftragung eines Stellvertreters durch sie ist unter keinen Umständen zulässig.

§ 5 - Angelegenheiten, die den Ersten Stand betreffen, fallen ausschließlich in die Zuständigkeit des Kapitels der Professen.

§ 6 - Es kann dem Großmeister oder dem Generalkapitel jedwede Art von Vorschlägen zum Ordensleben unterbreiten.

Artikel 32
Der Große Staatsrat

§ 1 - Der Große Staatsrat wählt den Großmeister oder den Statthalter des Großmeisters auf der Grundlage eines verbindlichen Dreiervorschlages, der gemäß Art. 31 § 2 lit. a vom Kapitel der Professen vorgelegt wird.

§ 2 - Stimmberechtigte Mitglieder sind:

a) der Statthalter des Großmeisters oder der Interimistische Statthalter;

b) die Mitglieder des Souveränen Rates;

c) der Prälat;

d) die Prioren;

e) die Professbaillis;

f) zwei Professritter für jedes Priorat sowie zusätzlich ein dritter, falls das Amt des Priors vakant ist;

g) die Regenten der Subpriorate;

h) fünfzehn Vertreter der Assoziationspräsidenten;

i) die Delegierten, die von den Versammlungen der Priorate, Subpriorate und Assoziationen gewählt werden, und zwar in einer Anzahl, die proportional zu den ihnen dem Codex gemäß angehörenden Mitgliedern ist; damit soll eine wirksame Vertretung des gesamten Ordens gewährleistet werden

§ 3 - Der Große Staatsrat ist beschlussfähig, wenn die absolute Mehrheit der Einzuberufenden anwesend ist.

§ 4 - Für die Wahl des Großmeisters oder des Statthalters des Großmeisters ist – bei Anwesenheit der Mehrheit der Einzuberufenden – die absolute Mehrheit der Anwesenden erforderlich.

§ 5 - Nach dem fünften unentschiedenen Wahlgang entscheidet der Große Staatsrat mit derselben Mehrheit wie in § 4, ob nunmehr ein Statthalter des Großmeisters für höchstens ein Jahr gewählt werden soll.

§ 6 - Beschließt die Mehrheit des Großen Staatsrates, die Wahl eines Statthalters des Großmeisters durchzuführen, so findet eine Stichwahl zwischen den beiden Kandidaten statt, die im fünften Wahlgang die meisten Stimmen auf sich vereinigen konnten. In der Stichwahl obsiegt derjenige der beiden Kandidaten, der die meisten Stimmen auf sich vereint. Bei Stimmengleichheit obsiegt der, der Profess nach Ältere und bei Gleichheit des Profess-Alters obsiegt der dem Lebensalter nach Ältere.

§ 7 - Beschließt die Mehrheit des Großen Staatsrates, mit der Wahl des Großmeisters fortzufahren, so folgen fünf weitere Wahlgänge. Hat nach deren Abschluss keiner der beiden Kandidaten eine Mehrheit entsprechend dem vorstehenden § 4 erzielt, wird die Wahl des Statthalters des Großmeisters entsprechend den in § 6 genannten Modalitäten durchgeführt.

§ 8 - Der gewählte Statthalter des Großmeisters hat den Großen Staatsrat noch vor Ablauf seines Mandates erneut einzuberufen.

Artikel 33
Der Juridische Beirat

§ 1 - Der Juridische Beirat ist ein beratendes Fachgremium, das zu Rechtsfragen von besonderem Belang vom Großmeister oder von mindestens drei Mitgliedern des Souveränen Rates oder des Rates der Professen konsultiert werden kann.

§ 2 - Er besteht aus einem Präsidenten, einem Vizepräsidenten, einem Generalsekretär und dem Generalstaatsanwalt.

§ 3 - Die Mitglieder werden vom Großmeister nach Anhörung des Souveränen Rates ernannt. Sie werden aus möglichst bereits dem Orden angehörenden, im Ordensrecht, im Kirchenrecht, im öffentlichem Recht und im Völkerrecht erfahrenen Fachjuristen ernannt. Ihre Amtsperiode beträgt drei Jahre und ihre Wiederernennung für insgesamt höchstens drei, nicht zwingend aufeinanderfolgende, Amtszeiten ist möglich.

§ 4 - Für die Beschlussfähigkeit der Versammlung ist die Anwesenheit des Präsidenten oder des Vizepräsidenten und zweier weiterer Mitglieder erforderlich.

§ 5 - Die Tätigkeit des Juridischen Beirates wird von einer entsprechenden, vom Großmeister genehmigten, Dekret geregelt.

Artikel 34
Die Staatsanwaltschaft

Die Staatsanwaltschaft wird gebildet vom Generalstaatsanwalt, der erforderlichenfalls von weiteren Anwälten unterstützt wird. Die Staatsanwaltschaft übernimmt üblicherweise die Vertretung des Ordens vor kirchlichen und weltlichen Gerichten.

Artikel 35
Die Gerichtsordnung

§ 1 - Die Magistralgerichte sind zuständig für die nach Maßgabe des Kirchen- und des Ordensrechtes zu treffenden Entscheidungen in Streitsachen, die sich innerhalb des Ordens ergeben.

§ 2 - Mit Zustimmung des Souveränen Rates ernennt der Großmeister die Präsidenten, die Richter und den Kanzler der Magistralgerichte.

§ 3 - Zu Richtern der Magistralgerichte werden Mitglieder des Ordens ernannt, die über besondere juristische Erfahrung verfügen und die übrigen Voraussetzungen des Codex erfüllen. Ihre Amtsdauer beträgt drei Jahre. Eine Wiederernennung für insgesamt höchstens drei, nicht zwingend aufeinanderfolgende, Amtszeiten ist möglich.

§ 4 - Die Gerichtsordnung und die von den Magistralgerichten befolgte Prozessordnung sind im Codex geregelt.

Artikel 36
Die Vertretung des Ordens vor Gerichten anderer Staaten

§ 1 - Die aktive und die passive Vertretung des Ordens vor den Gerichten anderer Staaten obliegt

    a) für den Orden als solchen und für den Großmeister dem Großkanzler;

    b) für die Großpriorate, Priorate und Subpriorate, für die Assoziationen und die anderen Gliederungen des Ordens sowie für *jus-patronatus*-Kommenden den hierfür in ihren jeweiligen Statuten und Ordnungen benannten Organen.

Artikel 37
Die Rechnungskammer

§ 1 - Der Rechnungskammer fällt die Aufgabe zu, Einkünfte, Ausgaben sowie die ordnungsgemäße Verwaltung des gesamten Vermögens des Ordens zu überwachen und zu kontrollieren.

§ 2 - Sie besteht aus sieben Mitgliedern, die vom Generalkapitel gewählt werden und die ihrerseits aus ihrem Kreis einen Präsidenten ernennen.

§ 3 - Zu Mitgliedern der Rechnungskammer werden Mitglieder gewählt, die in der Jurisprudenz, in den Wirtschafts- und den Finanzwissenschaften erfahren sind. Ihre Amtsperiode erstreckt sich bis zum nächstfolgenden Generalkapitel und ihre Wiederwahl ist für lediglich eine weitere Amtszeit zulässig.

§ 4 - Sie billigt den Jahresabschluss gemäß den Bestimmungen des Codex.

KAPITEL IV
DIE GLIEDERUNGEN DES ORDENS

Artikel 38
Territoriale Gliederungen

§ 1 - Die territoriale Organisation des Ordens besteht aus Prioraten, Subprioraten und Assoziationen, deren Errichtung und Genehmigung ihrer jeweiligen Statuten bei Zustimmung des Souveränen Rates und des Rates der Professen dem Großmeister obliegt.

§ 2 - Priorate werden obligatorisch in den Gebieten errichtet, in denen es mindestens fünf Professritter gibt. Subpriorate werden obligatorisch in den Gebieten errichtet, in denen es mindestens drei Professritter gibt. Sie unterstützen die in ihrem Zuständigkeitsgebiet gelegenen Assoziationen, wobei ihnen unterschiedliche Aufgaben und Zuständigkeiten zukommen. Sie haben eine Aufsichtsfunktion, um sicherzustellen, dass das Charisma, die Natur und die Mission des Ordens, in den von den Assoziationen geführten

Werken respektiert werden. Die Ordensmitglieder in den jeweiligen Gebieten gehören entweder den Prioraten bzw. Subprioraten oder den Assoziationen an.

§ 3 - Die Leitungen der Priorate oder Subpriorate treffen sich regelmäßig mit der Leitung der im selben Gebiet ansässigen Assoziation, um die gemeinsame Ausrichtung der Leitung und der Werke des Apostolats abzustimmen.

§ 4 - Bei der Zusammenlegung, Aufteilung und Auflösung von Prioraten, Subprioraten und Assoziationen ist gemäß § 1 zu verfahren.

Artikel 39
Errichtung und Auflösung von Häusern

Der Konvent, die Konventualhäuser und die Noviziate werden nach Zustimmung des Rates der Professen vom Großmeister errichtet oder aufgelöst.

Artikel 40
Weitere Gliederungen

§ 1 - Der Souveräne Rat errichtet nachgeordnete Ordensgliederungen ohne Rechtsprechungskraft (z. B. Stiftungen, Vereinigungen, Gesellschaften usw.), die supranational organisiert sind, und genehmigt ihre jeweiligen Statuten.

§ 2 - Die Errichtung von nachgeordneten Ordensgliederungen ohne Rechtsprechungskraft mit lokalen Zielsetzungen und Wirkungsfeldern ist den Prioren, Subprioren und Assoziationspräsidenten vorbehalten, wobei auf die Übereinstimmung mit den Bestimmungen des Codex zu achten und dem Souveränen Rat darüber Mitteilung zu machen ist.

§ 3 - Das in den beiden vorstehenden Paragraphen Ausgeführte kommt auch bei der Zusammenlegung, Aufteilung und Auflösung der nachgeordneten Ordensgliederungen ohne Rechtsprechungskraft zur Anwendung.

Artikel 41
Mitglieder der Priorate und Subpriorate

§ 1 - Den Prioraten oder Subprioraten gehören alle Ordensmitglieder an, die ihren Wohnsitz in den entsprechenden Gebieten haben.

§ 2 - Sie bilden die Priorats- oder Subprioratsversammlung, die nach Maßgabe des Codex und der jeweiligen eigenen Statuten zusammentritt und Beschlüsse fasst.

§ 3 - Die Vertreter des Zweiten und Dritten Standes im Priorats- oder Subprioratskapitel werden vom jeweiligen Stand, dem sie angehören, nach Maßgabe des Codex und der jeweiligen eigenen Statuten gewählt.

§ 4 - Der gewählte Prior oder Subprior kann seine Amtstätigkeit erst aufnehmen, nachdem er die Bestätigung des Großmeisters erhalten hat, der dazu das Votum des Souveränen Rates und des Rates der Professen einholt, und einen Eid abgelegt hat.

§ 5 - Der Codex und die Priorats- oder Subprioratsstatuten bestimmen die Zuständigkeiten des Priorats- oder Subprioratskapitels und der Priorats- oder Subprioratsversammlung, an der alle Mitglieder mit Wohnsitz im Zuständigkeitsgebiet des Priorates oder Subpriorates teilnehmen.

Artikel 42
Die Wahl des Priors und des Subpriors sowie der übrigen Amtsträger

§ 1 - Der Prior und der Subprior, die Professen in Feierlichen Gelübden sein müssen, werden von den Professmitgliedern in Feierlichen und Einfachen Gelübden gewählt. Der Prior oder der Subprior ernennt nach Anhörung des Kapitels den Kanzler, den Rezeptor und den Hospitalier aus dem Kreis der Mitglieder des Ersten und des Zweiten Standes.

§ 2 - Ist die Wahl eines Professritters nicht möglich, so können die Professmitglieder in Feierlichen und Einfachen Gelübden im Ausnahmefall mit Dispens des Großmeisters einen Oboedienzritter zum Regenten wählen.

§ 3 - Der Prior, Subprior und der Regent können ebenso wie der Kanzler, der Rezeptor und der Hospitalier ihre jeweilige Amtstätigkeit erst aufnehmen, nachdem sie die Bestätigung des Großmeisters erhalten haben, der dazu das Votum des Souveränen Rates und des Rates der Professen einholt, und wenn sie einen Eid abgelegt haben.

Artikel 43
Das Priorats- oder Subprioratskapitel

§ 1 - Dem Kapitel gehören an:

    a) der Prior oder der Subprior oder der Regent;

    b) die zum Priorat oder Subpriorat gehörenden Professritter und Professkapläne in Feierlichen und Einfachen Gelübden;

    c) der Kanzler, der Rezeptor und der Hospitalier;

    d) zwei Vertreter des Zweiten Standes;

    e) zwei Vertreter des Dritten Standes;

    f) der Chefkaplan.

§ 2 - Die zum Kapitel gehörenden Vertreter des Zweiten und des Dritten Standes werden von dem jeweiligen Stand, dem sie angehören, nach Maßgabe des Codex und der eigenen Statuten gewählt.

§ 3 - Der Chefkaplan, vorzugsweise ein Professe, wird von allen dem Priorat oder Subpriorat zugehörigen Kaplänen gewählt.

Artikel 44
Dauer der Ämter und Amtszeit des Kapitels

Der Prior, der Subprior oder der Regent, der Kanzler, der Rezeptor, der Hospitalier und die Kapitulare bleiben sechs Jahre im Amt und können für eine weitere Amtsperiode wiedergewählt werden. Für eine etwaige dritte Amtsperiode ist eine Zweidrittelmehrheit erforderlich.

Artikel 45
Der Vikar und der Prokurator

§ 1 - Der Großmeister kann bei Vorliegen schwerwiegender Gründe nach Anhörung der Professen des Priorates oder des Subpriorates und mit Zustimmung des Rates der Professen einen Prior oder einen Subprior seines Amtes entheben und stattdessen einen Vikar ernennen.

§ 2 - Innerhalb eines Monates nach seiner Ernennung beruft der Vikar die Professen zur Wahl des neuen Priors ein.

§ 3 - Bei Vorliegen schwerwiegender Gründe kann der Großmeister nach Anhörung der Professen des Priorates oder des Subpriorates und mit Zustimmung des Rates der Professen einen Prokurator ernennen, der bis zum regulären Ablauf der Wahlperiode im Amt bleibt.

§ 4 - Der Vikar oder der Prokurator ist in der Regel ein Professritter und muss nicht zwingend dem Priorat oder Subpriorat zugehören.

Artikel 46
Die Assoziationen

§ 1 - Assoziationen werden mittels eines Dekretes des Großmeisters nach Zustimmung des Souveränen Rates in Gebieten mit mindestens fünfzehn Mitgliedern errichtet.

§ 2 - Ihre Statuten werden verfasst in Übereinstimmung mit den Bestimmungen der vorliegenden Verfassung, des Codex, des Kirchenrechtes und den Gesetzen der Staaten, in denen die Assoziation ihren Sitz hat; sie werden nach Zustimmung des Souveränen Rates vom Großmeister genehmigt.

§ 3 - In den Gebieten, in denen es sowohl eine Assoziation als auch ein Priorat bzw. Subpriorat gibt, trägt der Prior oder der Subprior Sorge für die getreue Befolgung des Ordens-Charismas in den Werken der Assoziationen.

Artikel 47
Die Mitglieder der Assoziationen

§ 1 - Der Assoziation gehören alle Ordensmitglieder an, die ihren Wohnsitz in ihrem Zuständigkeitsgebiet haben.

§ 2 - Sie bilden die Versammlung der Assoziation, die nach Maßgabe des Codex und der eigenen Statuten zusammentritt und Beschlüsse fasst.

Artikel 48
Die Leitung der Assoziation

§ 1- Die Assoziation wird von einem Präsidenten und einem Führungsrat in Übereinstimmung mit dem Codex und den Statuten geleitet.

§ 2 - Bei der Leitung der Assoziation wird der Präsident vom Schatzmeister und vom Generalsekretär unterstützt.

Artikel 49
Die Wahl des Präsidenten, des Schatzmeisters, des Hospitaliers und des Generalsekretärs

§ 1 - Der Präsident, der Schatzmeister, der Hospitalier und der Generalsekretär werden von den Mitgliedern der Versammlung der Assoziation gewählt, vorzugsweise aus dem Kreis der Mitglieder des Ersten und des Zweiten Standes.

§ 2 - Der Großmeister bestätigt nach entsprechendem Votum des Souveränen Rates die Wahl des Präsidenten, des Schatzmeisters, des Hospitaliers und des Generalsekretärs.

§ 3 - Sie sind für drei Jahre im Amt und können für eine zweite Amtszeit wiedergewählt werden. Für eine etwaige dritte Wiederwahl ist eine Zweidrittelmehrheit der Stimmberechtigten erforderlich.

Artikel 50
Der Führungsrat

§ 1 - Dem Führungsrat gehören an:

a) der Präsident;

b) der Schatzmeister;

c) der Hospitalier;

d) der Generalsekretär;

e) alle im Gebiet der Assoziation wohnhaften Professen;

f) der Chefkaplan;

g) drei Vertreter des Zweiten Standes;

h) drei Vertreter des Dritten Standes.

§ 2 - Die zum Führungsrat gehörenden Vertreter des Zweiten und des Dritten Standes werden von dem jeweiligen Stand, dem sie angehören, nach Maßgabe des Codex und den eigenen Statuten gewählt.

§ 3 - Der Chefkaplan, vorzugsweise ein Professe, wird von allen der Assoziation zugehörigen Kaplänen gewählt.

§ 4 - Der Großmeister bestätigt nach Anhörung des Souveränen Rates die Wahl der Mitglieder des Führungsrates.

Artikel 51
Zuständigkeiten des Führungsrates

Die Zuständigkeiten des Führungsrates werden vom Codex und von den eigenen Statuten der Assoziation festgelegt.

Artikel 52
Die Professmitglieder der Assoziationen

Ist der Präsident der Assoziation ein Oboedienzritter, so unterstehen die im

Gebiet der Assoziation wohnhaften Professen, als Religiose, dem am nächsten befindlichen Prior oder Subprior, der ihnen vom Großmeister zugewiesen wird.

Artikel 53
Der Kommissarische Leiter

§ 1 - Bei Vorliegen schwerwiegender Gründe kann der Großmeister nach Anhörung der Professen, die der Assoziation zugehören, und mit der Zustimmung des Souveränen Rates die kommissarische Leitung einer Assoziation verfügen.

§ 2 - Soweit im Dekret der Einsetzung des Kommissarischen Leiters keine anderen Bestimmungen verfügt werden, erlöschen die Amtsmandate der Assoziation und der Kommissarische Leiter übernimmt die entsprechenden Befugnisse.

§ 3 - Innerhalb der vom Ernennungsdekret vorgesehenen Fristen und in jedem Fall nicht später als ein Jahr nach seiner Einsetzung muss der Kommissarische Leiter zum Zweck der Erneuerung der statutengemäßen Organe die Versammlung einberufen.

§ 4 - Der Kommissarische Leiter muss ein Professritter oder seit mindestens fünf Jahren Oboedienzritter sein; eine Zugehörigkeit zur Assoziation ist nicht erforderlich.

KAPITEL V
DAS ORDENSVERMÖGEN

Artikel 54
Die Art und die Verwaltung des Vermögens

§ 1 - Der Orden, die Priorate, die Subpriorate, die Assoziationen und andere Ordensgliederungen können als öffentliche juristische Personen

Wirtschaftsgüter erwerben, verwalten, veräußern und nutzen, wie es das Gesetz vorsieht.

§ 2 - Ihr wirtschaftliches Vermögen wird von der Person verwaltet, die die öffentliche juristische Person in Übereinstimmung mit dem Ordens- und dem Kirchenrecht unmittelbar leitet.

§ 3 - Es dürfen weder neue Ausgaben beschlossen, noch beschlossene angehoben werden, die über das genehmigte Budget hinausgehen, solange ungeklärt ist, durch welche Einkünfte oder anderweitigen Mittel sie gedeckt sind.

§ 4 - Die Person, die die juristische Person unmittelbar leitet, nimmt ungültige Handlungen vor, wenn diese über die ordentliche Verwaltung hinausgehen, sofern sie nicht in Übereinstimmung mit den folgenden Artikeln gehandelt hat.

Artikel 55
Außerordentliche Verwaltung

§ 1 - Maßnahmen der außerordentlichen Verwaltung sind Ausgaben, Veräußerungen, das Aufnehmen von Schulden und weitere Handlungen, für die nach Maßgabe des Kirchenrechts, des Codex oder der Statuten, die die öffentliche, kanonische Person leiten, eine Genehmigung der zuständigen Institution einzuholen ist.

§ 2 - Für die gültige Veräußerung von der Kirche geschenkten Immobilien, Gegenständen künstlerischen oder historischen Werts und von *ex-votos*, ist immer die Genehmigung des Hl. Stuhls einzuholen.

Artikel 56
Bestimmung von Maßnahmen der außerordentlichen Verwaltung

§ 1 - Es obliegt dem Generalkapitel, den Betrag festzusetzen, bei dessen Überschreiten der Großmeister *ad validitatem* die in geheimer Abstimmung bekundete Zustimmung des Souveränen Rates und des Rates der Professen benötigt, um Schulden aufnehmen, Vermögensgegenstände zu veräußern oder

Ausgaben tätigen zu können. Ebenso obliegt es dem Generalkapitel, den Betrag festzusetzen, bei dessen Überschreiten die Ordensgliederungen einer schriftlichen Genehmigung des Großmeisters bedürfen, um die Veräußerung von Vermögensgegenständen, das Tätigen von Ausgaben und die Aufnahme von Schulden gültig vornehmen können.

§ 2 - Es obliegt der Priorats- oder Subprioratsversammlung oder der Versammlung der Assoziation, den Betrag festzusetzen, bei dessen Überschreiten der Prior, der Subprior oder der Präsident die in geheimer Abstimmung bekundete Zustimmung des jeweiligen Kapitels oder des Führungsrates der Assoziation benötigt, um die Veräußerung von Vermögensgegenständen, das Tätigen von Ausgaben und die Aufnahme von Schulden gültig vornehmen können. Ebenso obliegt es der Priorats- oder Subprioratsversammlung oder der Versammlung der Assoziation, den Betrag festzusetzen, bei dessen Überschreiten die Ordensgliederungen, die dem jeweiligen Gebiet zugehören, einer schriftlichen Genehmigung des Priors, des Subpriors oder des Präsidenten bedürfen, um die Veräußerung von Vermögensgegenständen, das Tätigen von Ausgaben und die Aufnahme von Schulden gültig vornehmen können.

§ 3 - In den im vorstehenden § 1 genannten Fällen ist es *ad validitatem* erforderlich, das nicht bindende Votum der Rechnungskammer einzuholen.

Artikel 57
Rechnungslegung

Die Person, die die juristische Person unmittelbar leitet, ist verpflichtet, seinem Oberen jährlich eine Abschlussbilanz und ein Budget nach Maßgabe des Codex und der eigenen Statuten vorzulegen.

Artikel 58
Aufsicht

Den Oberen kommen die Pflicht und das Recht zu, sorgfältig über die Verwaltung aller Güter, die den ihnen unterstellten juristischen Personen gehören, zu wachen.

Artikel 59
Beitrag der Ordensgliederungen

Das Generalkapitel bestimmt den jährlichen Beitrag der Priorate, der Subpriorate und der Assoziationen zum Bedarf des Großmagisteriums, im Verhältnis zu ihrer jeweiligen wirtschaftlichen Leistungsfähigkeit.

KAPITEL VI
ÜBERGANGS- UND SCHLUSSBESTIMMUNGEN

Artikel 60
Übergangsbestimmungen

§ 1 - Die vorliegende Verfassung lässt die Indulte, Privilegien, Dispense und erworbenen Rechte hinsichtlich des Gemeinschaftslebens und der vom Feierlichen Gelübde der Armut geforderten Lebensweise unberührt. Ungeachtet dessen bleibt jedem das Recht vorbehalten, sich nach den Bestimmungen der vorliegenden Verfassung zu richten.

§ 2 - Der Großmeister erlässt, nach Anhörung des Souveränen Rates und des Rates der Professen, nötigenfalls die gebotenen Übergangsvorschriften, um die zum Zeitpunkt des Inkrafttretens von Verfassung und Codex schwebenden Geschäfte zu regeln.

Artikel 61
Text und offizielle Übersetzung der Verfassung und des Codex

§ 1 - Die Verfassung und der Codex sind in italienischer Sprache abgefasst. Nach Stellungnahme des Souveränen Rates wird der Großmeister die offizielle Übersetzung in die verschiedenen Sprachen veranlassen.

§ 2 - Der offizielle Text in italienischer Sprache wird, versehen mit der Unterschrift des Großmeisters und dem Staatssiegel, im Magistralarchiv aufbewahrt.

§ 3 - Im Falle voneinander abweichender Auslegungen ist der offizielle Text in italienischer Sprache maßgebend.

Artikel 62
Einhaltung der Ordensgesetze

Die in den Ordensgesetzen enthaltenen Vorschriften verpflichten nicht per se unter Strafe der Sünde, sofern sie nicht den göttlichen Gesetzen, den Gelübden und dem Versprechen der Oboedienz gelten.

2. CODEX

DES SOUVERÄNEN RITTER- UND HOSPITALORDENS VOM HL.
JOHANNES ZU JERUSALEM, GENANNT VON RHODOS, GENANNT
VON MALTA

TITEL I
ALLGEMEINE VORSCHRIFTEN

Artikel 1
Das Wesen des Codex Melitensis

Dieser Codex regelt das Leben, die Organisation und die Tätigkeiten des
Ordens.

Artikel 2
Gesetzesauslegung

Die Gesetzesauslegung erfolgt in Übereinstimmung mit Buch I des Codex des
kanonischen Rechtes.

Artikel 3
Verkündung von Gesetzen und Veröffentlichung von Dekreten

Gesetze und offizielle Dekrete werden verkündet bzw. im *„Bollettino Ufficiale"*
veröffentlicht. Soweit nicht anders festgelegt, treten Rechtsvorschriften
dreißig Tage nach dem Datum der Veröffentlichung in Kraft.

Artikel 4
Ausnahmen

Im Rahmen der Verfassung kann der Großmeister in Einzelfällen von im

Codex festgelegten Normen dispensieren. Dies gilt jedoch nicht für Angelegenheiten, welche die Gelübde, die von einer kirchlichen Autorität erlassenen Gesetze oder die Struktur der Ordensregierung betreffen.

Artikel 5
Der Name des Ordens

Der Name des Ordens kann – wie gebräuchlich – mit SMOM abgekürzt werden. Andere Bezeichnungen müssen vom Generalkapitel approbiert werden.

TITEL II
DIE MITGLIEDER DES ORDENS

Kapitel I
Die Mitglieder des Ersten Standes

Artikel 6
Die Professritter und Konventualkapläne

§ 1 - Die Professritter und Konventualkapläne sind kraft der von ihnen abgelegten Feierlichen Gelübde der Armut, der Keuschheit und des Gehorsams im vollen Umfang Religiose und halten sich an die allgemeinen und besonderen Vorschriften, die sie betreffen. In Antwort auf die göttliche Berufung und unter Wirkung der Gnade treten sie durch die Hingabe des eigenen Lebens die Nachfolge Christi, des Herrn, an; in Übereinstimmung mit den Charismen des Ordens weihen sie sich Gott, der *tuitio fidei* und dem *obsequium pauperum,* um unter Beachtung der Ordensgesetze, zur evangelischen Vollkommenheit und zu ihrer Heiligung zu gelangen. Aus Liebe zu Christus machen sie sich zu „Dienern der Armen", vor allem der Kranken, und sorgen Verbreitung des Evangeliums durch tätige Nächstenliebe. Unter der Autorität der Oberen sind die Professritter und die Konventualkapläne dem Dienst am

Orden verpflichtet.

§ 2 - Die Konventualkapläne sind dem Orden inkardiniert. Ihnen obliegt vorrangig die pastorale Betreuung der Ordensmitglieder, insbesondere der Professritter, denen sie durch dieselbe Berufung zum Leben im Orden und durch die Weihe brüderlich verbunden sind. Ihnen obliegt in besonderer Weise die religiöse, liturgische und geistliche Ausbildung der Ordensmitglieder. Unter der Autorität der Oberen widmen sie sich zudem dem geistlichen Beistand in den sozial-karitativen und missionarischen Ordenswerken sowie dem Dienst in Ordenskirchen und Konventualhäusern.

§ 3 - Im gemeinsamen, brüderlichen Leben gemäß dem Charisma des Ordens erfahren und bezeugen die Mitglieder des Ersten Standes und somit auch die gesamte melitensische Gemeinschaft die Gegenwart des lebendigen auferstandenen Christus. Der Konvent und das Leben im Konvent bilden das Fundament, aus dem sich das geistliche Leben und das karitative Handeln der Professen in der Beseelung und in der Leitung der Ordenswerke erheben. Angesichts der besonderen Art und Zielsetzung des Ordens kann der Großmeister gleichwohl in Einzelfällen aus berechtigten Gründen eigene Formen und Modalitäten des Ordenslebens gestatten.

§ 4 - Um die Einhaltung der Disziplin der Religiosen zu wahren, erlässt der Großmeister nach Zustimmung der Mitglieder des Rates der Professen ein entsprechendes vom Großkomtur vorbereitetes Dekret.

Abschnitt I
Die Aspirantenzeit

Artikel 7
Aspirantenzeit

Es obliegt dem Großmeister, die Aspiranten nach Zustimmung des Rates der Professen zum Noviziat zuzulassen.

Artikel 8
Erfordernisse für die Zulassung zur Aspirantenzeit

Zur Aspirantenzeit kann zugelassen werden, wer

a) dem Zweiten Stand angehört oder seit mindestens einem Jahr Mitglied des Dritten Standes ist;

b) nicht durch ein in der Ordensverfassung, im Codex oder im Kirchenrecht aufgeführtes Hindernis daran gehindert wird;

c) von der rechten Absicht beseelt ist;

d) geeignet ist, den Kranken und Armen in Jesu Christi zu dienen und sich im Geist des Ordens in den Dienst der Kirche und des Hl. Stuhles zu stellen.

Artikel 9
Antrag auf Zulassung zur Aspirantenzeit des Ersten Standes

§ 1 - Der Kandidat für die Aspirantenzeit hat seinen Antrag auf Zulassung an den für ihn territorial zuständigen Oberen zu richten.

§ 2 - Falls der Wohnsitz des Kandidaten in keinerlei Zuständigkeitsbereich des Ordens liegt, ist der Antrag auf Zulassung direkt an das Großmagisterium zu richten.

Artikel 10
Verantwortlichkeit für die Aspiranten

§ 1 - Sobald der Zulassungsantrag von dem territorial zuständigen Oberen angenommen ist, wird der Aspirant von ihm einem hierfür eigens abgestellten Professritter und einem Spiritual, einem Konventualkaplan oder einem Ehren-Konventualkaplan anvertraut.

§ 2 - Der abgestellte Ritter erstattet dem Oberen schriftlich Bericht über Persönlichkeit, Lebensführung und Eignung des Aspiranten.

Artikel 11
Dauer der Aspirantenzeit

§ 1 - Die Aspirantenzeit muss mindestens drei Monate und darf maximal ein Jahr dauern; in dieser Zeit erfährt der Aspirant seine Ausbildung entsprechend den Bestimmungen der *ratio formationis*, die der Großmeister nach Zustimmung des Rates der Professen veröffentlicht.

§ 2 - Zum Ende der Aspirantenzeit hat der Kandidat einen schriftlichen Antrag auf Zulassung zum Noviziat an den Großmeister zu richten.

Abschnitt II
Das Noviziat

Artikel 12
Errichtung des Noviziats

§ 1 - Das Noviziat wird vom Großmeister mit Zustimmung des Rates der Professen errichtet, verlegt oder aufgelöst.

§ 2 - Das Noviziat ist in Übereinstimmung mit den Regelungen des Artikels 22 des Codex durchzuführen.

§ 3 - Die festgelegten Zeiträume für die Teilnahme an Projekten des *obsequium pauperum* können entsprechend den Weisungen des Novizenmeisters auch außerhalb der Noviziatsgemeinschaft verbracht werden.

§ 4 - In Einzelfällen kann der Großmeister, der dazu das Votum des Rates der Professen einholt, dem Kandidaten gestatten, das Noviziat unter der Leitung eines erfahrenen Religiosen, der an die Stelle des Novizenmeisters tritt, in einem anderen Haus seiner Wahl zu absolvieren.

Artikel 13
Der Novizenmeister

§ 1 - Der Großmeister ernennt für jedes Noviziat einen Novizenmeister und dessen Stellvertreter. Beide werden ausgewählt unter den Professrittern und

Konventualkaplänen, die mindestens vierzig Jahre alt sind, seit mindestens drei Jahren in Feierlichen Gelübden leben und die erforderliche Eignung im Hinblick auf Ausbildung und Berufungsentscheidung besitzen.

§ 2 - Der Novizenmeister ist der einzige Verantwortliche für die menschliche und geistliche Ausbildung des Novizen gemäß der *ratio formationis*.

§ 3 - Der Novizenmeister trägt Sorge dafür, dass der Novize gemäß den Pflichten der Professritter treu die Lebensweise eines Religiosen verfolgt und am *obsequium pauperum* des Ordens teilnimmt; er erkennt die Berufung des Novizen und versichert sich dessen Verantwortungsbewusstsein bei der Befolgung der Ordenspflichten. Nähert sich der Zeitraum des Noviziats seinem Ende, teilt der Meister den Oberen in einem schriftlichen Bericht sein Urteil über die Eignung des Novizen zur Zulassung zu Einfachen Gelübden mit.

§ 4 - Alle sechs Monate erstattet der Novizenmeister dem Großmeister schriftlich Bericht über die Fortschritte eines jeden Novizen.

§ 5 - Für jedes Noviziat ist vom Großmeister mindestens ein Spiritual aus dem Kreis der Konventualkaplāne oder der Ehren-Konventualkaplāne, die seit mindestens zehn Jahren Ordensmitglieder sind, zu ernennen. Außerdem hat ein Beichtvater gemäß can. 630 CIC zur Verfügung zu stehen.

Artikel 14
Zulassung der Aspiranten zum Noviziat

§ 1 - Dem Großmeister obliegt es, nach Zustimmung des Rates der Professen die Aspiranten zum Noviziat zuzulassen.

§ 2 - Ritter des Zweiten Standes können beantragen, direkt zum Noviziat zugelassen zu werden, ohne zuvor eine Aspirantenzeit zu durchlaufen. Sie müssen allerdings dasselbe von diesem Codex vorgeschriebene Antragsverfahren befolgen wie die übrigen Aspiranten.

Artikel 15
Erforderliche Dokumente für die Zulassung zum Noviziat

Für die Zulassung zum Noviziat sind vorzulegen:

a) Tauf- und Firmungsbescheinigung;

b) Ledigkeitsbescheinigung;

c) Beurteilungsschreiben des Pfarrers;

d) Beurteilungsschreiben der entsprechenden Oberen für die Aspiranten, die einem Diözesanseminar, Kolleg oder dem Noviziat eines anderen Instituts des Geweihten Lebens oder einer Gemeinschaft des Apostolischen Lebens angehört haben;

e) Beurteilungsschreiben des Oberen für den Zuständigkeitsbereich des Ordens, dem der Aspirant zugehört;

f) etwaige weitere Beurteilungsschreiben, die der zuständige Obere für nützlich hält.

Artikel 16
Gegenstand der Beurteilungsschreiben

Die Beurteilungsschreiben haben Auskunft zu geben über Herkunft, Lebensweise, Charakter, Ansehen, gesellschaftliche Stellung und Bildung des Aspiranten sowie darüber, ob die Anforderungen der Artikel 8 und 18 des vorliegenden Codex erfüllt sind.

Artikel 17
Verschwiegenheit über die Informationen

Wer immer vom Inhalt der Beurteilungsschreiben und den entsprechenden Informationen Kenntnis erhält, ist sowohl über deren Inhalt wie auch über die Personen, welche sie erteilt haben, zur Verschwiegenheit verpflichtet.

Artikel 18
Erfordernisse für die Gültigkeit der Zulassung zum Noviziat

Abgesehen von den Erfordernissen gemäß can. 643 § 1 Nr. 2–5 CIC wird für eine gültige Zulassung zum Noviziat verlangt, dass der Aspirant:

  a) seit mindestens einem Jahr Ordensmitglied ist;

  b) das zweiundzwanzigste Lebensjahr vollendet hat;

  c) weder strafrechtlich vorbelastet ist noch strafrechtlich verfolgt wird;

  d) keiner Organisation angehört, deren Zielsetzung dem Geist und den Gesetzen der Katholischen Kirche widerspricht.

Artikel 19
Erfordernisse für die Statthaftigkeit der Zulassung zum Noviziat

Für die statthafte Zulassung zum Noviziat wird verlangt, dass der Aspirant

  a) von der rechten Absicht beseelt ist;

  b) geeignet ist, den Kranken und Armen in Jesu Christi zu dienen und sich im Geist des Ordens in den Dienst des Ordens, der Kirche und des Hl. Stuhles zu stellen;

  c) nicht von Schulden belastet ist, die abzutragen ihm unmöglich ist;

  d) bei seiner Zulassung zum Noviziat frei ist von rechtlichen oder moralischen Verpflichtungen gegenüber Blutsverwandten.

Artikel 20
Dispens von Hindernissen für die Zulassung zum Noviziat

Von den in den vorstehenden Artikeln 18 lit. a–c und 19 lit. b–d genannten Hindernissen kann der Großmeister mit Zustimmung des Rates der Professen Dispens gewähren.

Artikel 21
Beginn des Noviziats

§ 1 - Das Noviziat beginnt entsprechend den Regelungen des Zeremonials. Darüber ist ein authentisches Protokoll zu erstellen.

§ 2 - Der Aspirant ist gehalten, vor Beginn des Noviziats einen acht ganze Tage umfassenden Schweige-Exerzitienkurs an einem anerkannten Ort zu absolvieren, eingeleitet von einer Generalbeichte entsprechend dem klugen Rat des Beichtvaters.

Artikel 22
Dauer des Noviziats

§ 1 - Das Noviziat hat eine Dauer von mindestens 12 aufeinander folgenden Monaten, die alle in derselben Noviziatsgemeinschaft zu verbringen sind.

§ 2 - Der Großmeister kann nach Beratung mit dem Novizenmeister die Dauer des Noviziats um maximal sechs Monate verlängern.

§ 3 - Für die Gültigkeit des Noviziats gilt das in can. 649 § 1 CIC Festgelegte.

Artikel 23
Die Ausbildung der Novizen

§ 1 - Unter Anleitung des Novizenmeisters hat sich der Novize Übungen der Frömmigkeit und seiner Ausbildung zum Religiosen zu widmen, wie es das Reglement für das Noviziat bestimmt. Zudem muss er bestrebt sein, sich die Spiritualität, die Regel, die Gesetze und die Geschichte des Ordens zu eigen zu machen.

§ 2 - Der Novize soll sich auch in Werken der Barmherzigkeit üben, wenn möglich im Rahmen der Ordenswerke, da er dazu angesichts der von ihm angestrebten Gelübde berufen ist.

§ 3 - Der Großmeister approbiert mit Zustimmung des Rates der Professen die *ratio formationis*.

Artikel 24
Antrag auf Zulassung zur Einfachen Profess

§ 1 - Ein Novize, der zum Ablegen der Gelübde entschlossen ist, beantragt kurz vor Ablauf seiner Noviziatszeit beim Großmeister schriftlich die Zulassung zur Profess der Einfachen Gelübde, die in diesem Orden immer zeitliche sind; die Antragsstellung erfolgt über den zuständigen Oberen, der dazu ein Votum abgibt.

§ 2 - Für die Gültigkeit der Einfachen Profess wird verlangt, dass

    a) der Antragsteller mindestens 23 Jahre alt ist;

    b) das Noviziat gültig abgeschlossen wurde;

    c) eine Zulassung vorliegt, die vom Großmeister in freier Entscheidung und mit Zustimmung des Rates der Professen erteilt wurde;

    d) sie ausdrücklich und ohne Zwang, schwere Furcht oder Täuschung abgelegt wurde;

    e) vom Großmeister persönlich oder von einem von ihm Delegierten entgegengenommen wurde.

§ 3 - Es obliegt dem Großmeister, den Ritter nach positivem Votum des Novizenmeisters und Zustimmung des Rates der Professen zur erstmaligen Ablegung seines Einfachen Gelübdes zuzulassen.

Artikel 25
Exerzitien zur Vorbereitung auf die Profess

§ 1 - Zur Vorbereitung auf die Profess der Einfachen Gelübde hat der Novize einen acht ganze Tage umfassenden Schweige-Exerzitienkurs an einem anerkannten Ort zu absolvieren.

Abschnitt III
Die Professritter in Einfachen Gelübden

Artikel 26
Erneuerung der Einfachen Gelübde

§ 1 - Nach Ablauf des Zeitraums, für den er die Profess abgelegt hat, kann dem Professritter auf Antrag vom Großmeister ihre Erneuerung gestattet werden.

§ 2 - Während der ersten drei Jahre müssen die Einfachen Gelübde alljährlich, unmittelbar vor Ablauf erneuert werden, während der folgenden Triennien nur mehr jeweils unmittelbar vor Ablauf jedes Trienniums. Die Dauer der Einfachen Gelübde darf neun Jahre nicht überschreiten.

§ 3 - Der Großmeister kann bei Vorliegen berechtigter Gründe die Vorverlegung der Einfachen Gelübde um höchstens dreißig Tage gestatten, unbeschadet der Gesamtdauer, die der Feierlichen Profess vorangeht.

§ 4 - Werden die Einfachen Gelübde nicht erneuert, gehört der Professritter wieder seinem vorherigen Stand an.

§ 5 - Der Erneuerung der Gelübde hat eine sechstägige Geistliche Einkehr unter Schweigen vorauszugehen.

Artikel 27
Formel der Einfachen Profess

Gemäß dem Ordenszeremonial legt der Novize vor dem Großmeister oder dessen Beauftragten in Gegenwart zweier Zeugen folgendes Gelübde ab:

„Ich, ..., gelobe Gott dem Allmächtigen, unter Anrufung des Beistandes der Unbefleckten Jungfrau Maria vom Berg Philermos, des Hl. Johannes des Täufers und des Seligen Gerhard, Armut und Keuschheit sowie Gehorsam gegenüber jedem mir vom Heiligen Orden gegebenen Oberen; diese Gelübde lege ich ab für die Dauer eines Jahres (dreier Jahre) nach dem Gesetz des Malteserordens.“

Artikel 28
Urkunde über die Ordensprofess

Die Urkunde, die die Formel der Ordensprofess enthält und das abgelegte

Gelübde und dessen Erneuerungen bestätigt, wird vom Ritter, von dem das Gelübde Entgegennehmenden und den beiden Zeugen unterzeichnet. Sie wird im Archiv des Großmagisteriums und als beglaubigte Kopie im Archiv der jeweiligen lokalen Gliederung aufbewahrt.

Artikel 29
Verlassen des Ersten Standes nach Ablauf der Gelübdefrist

Falls die Einfachen Gelübde bei Ablauf nicht erneuert werden, gehört der Ritter wieder seinem vorherigen Stand an.

Artikel 30
Ernennung eines Tutors und eines Spirituals für den Professen in Einfachen Gelübden

§ 1 - Nach Anhörung des zuständigen Oberen und des Rates der Professen ernennt der Großmeister für den Professritter in Einfachen Gelübden aus dem Kreis der Professritter mit mindestens drei Jahren in Feierlichem Gelübde einen Tutor, der den Ritter in Einfachen Gelübden begleitet und über dessen Einhaltung des Ordenslebens und über dessen Einsatz im Dienst des Ordens wacht.

§ 2 - Bis zur Feierlichen Profess hat der Tutor jährlich zum Ablauf der Einfachen Gelübde den Oberen zu den Fortschritten des Kandidaten im Ordensleben zu informieren.

§ 3 - Der Ritter in Einfachen Gelübden wählt nach Approbation des Großmeisters unter den Konventualkaplänen oder den Ehren-Konventualkaplänen einen Spiritual.

Artikel 31
Pflichten der Ritter in Einfachen Gelübden

Unter Anleitung seines Oberen und seines Spirituals ist der Ritter in Einfachen Gelübden verpflichtet: zur Einhaltung des Ordenslebens und der geistlichen Disziplin des Ordens, zu Werken des Apostolats als „Diener unserer Herren

Armen und Kranken", zur Bezeugung und Verteidigung des katholischen Glaubens und zur eigenen Ausbildung entsprechend der *ratio formationis*.

Artikel 32
Bericht des Ortsoberen des Ritters in Einfachen Gelübden an die Oberen

Mindestens einmal im Jahr hat der Ortsobere die zuständigen Oberen über die ordensgemäße Lebensweise des Ritters in Einfachen Gelübden und dessen Einsatz in den Ordenswerken zu informieren.

Artikel 33
Die Wirkung Einfacher Gelübde

Durch Ablegung Einfacher Gelübde sind Handlungen, die diesen Gelübden entgegenstehen, unerlaubt aber nicht ungültig.

Artikel 34
Rechte und Privilegien der Professen in Einfachen Gelübden

§ 1 - Professritter in Einfachen Gelübden genießen dieselben Privilegien und Vergünstigungen geistlicher Art wie Professritter in Feierlichen Gelübden und haben bei ihrem Tod Anspruch auf dieselben Gebete.

§ 2 - Professritter in Einfachen Gelübden besitzen, soweit Verfassung oder Codex nicht anderes festlegen, aktives und passives Wahlrecht.

Abschnitt IV
Die Professritter in Feierlichen Gelübden

Artikel 35
Antrag auf Zulassung und Zulassung zur Feierlichen Profess

§ 1 - Der Professe, der zum Ablegen der Feierlichen Gelübde entschlossen ist, beantragt dies kurz vor Ablauf der Einfachen Gelübde beim Großmeister schriftlich über den zuständigen Oberen, der dazu seine Meinung abgibt.

§ 2 - Es obliegt dem Großmeister, den Ritter nach positivem Urteil des Tutors und Zustimmung des Rates der Professen zur Ablegung der Feierlichen Profess zuzulassen.

§ 3 - Der Feierlichen Profess haben acht Tage dauernde Schweige--Exerzitien an einem anerkannten Ort vorauszugehen.

Artikel 36
Die Feierliche Profess

§ 1 - Die Feierliche Profess muss in der im Zeremonial des Ordens vorgeschriebenen Form abgelegt werden.

§ 2 - Die Urkunde, die den Wortlaut der Ordensprofess dokumentiert und die erfolgte Profess der Feierlichen Gelübde bezeugt, muss von dem Ritter, der die Gelübde abgelegt hat, von dem, der die Profess entgegengenommen hat und von zwei Zeugen unterschrieben werden. Sie wird in beglaubigten Kopien in den Archiven des Großmagisteriums und der jeweiligen lokalen Gliederung aufbewahrt.

§ 3 - Von der erfolgten Profess hat der Obere den Pfarrer des Ortes, an dem der Professritter in Feierlichen Gelübden getauft wurde, zu benachrichtigen, damit er sie in das Taufbuch einträgt.

Artikel 37
Die Formel der Feierlichen Profess

Gemäß dem Ordenszeremonial legt der Ritter in Einfachen Gelübden vor dem Großmeister oder dessen Beauftragten in Gegenwart zweier Zeugen folgendes Gelübde ab:

„Ich, ..., gelobe Gott dem Allmächtigen, unter Anrufung des Beistandes der Unbefleckten Jungfrau Maria vom Berg Philermos, des Hl. Johannes des

Täufers und des Seligen Gerhard, Armut und Keuschheit sowie Gehorsam gegenüber jedem mir vom Heiligen Orden zugewiesenen Oberen; diese Gelübde lege ich ab auf ewig nach dem Gesetz des Malteserordens."

Artikel 38
Die Wirkung der Feierlichen Profess

Durch Ablegung Feierlicher Gelübde werden Handlungen, die diesen Gelübden entgegenstehen, nicht allein unerlaubt, sondern auch ungültig, sofern sie nach dem Kirchenrecht ungültig sein können.

Artikel 39
Erfordernisse für die Gültigkeit der Feierlichen Profess

§ 1 - Die Gültigkeit einer Feierlichen Profess erfordert, dass

a) der Ritter das sechsundzwanzigste Lebensjahr vollendet hat;

b) er die Feierliche Profess nach Ablauf der Frist der Einfachen Gelübde ablegt;

c) er auf Vorschlag des Oberen vom Großmeister mit Zustimmung des Rates der Professen zur Profess zugelassen ist;

d) die Profess gemäß Kirchenrecht freiwillig abgelegt wird;

e) sie vom Großmeister oder dessen Beauftragten in Gegenwart mindestens zweier Zeugen entgegengenommen wird.

§ 2 - Es obliegt dem Großmeister, den Ritter auf Vorschlag des Oberen und mit Zustimmung des Rates der Professen zur Feierlichen Profess zuzulassen.

Artikel 40
Übertritt in ein anderes Institut des geweihten Lebens

Für den Übertritt eines Professen des Ordens in ein anderes Institut des geweihten Lebens sind die Vorschriften des Kirchenrechtes zu beachten.

Artikel 41
Ausscheiden aus dem Orden

§ 1 - Für den Austritt aus dem Orden finden die can. 686–693 CIC Anwendung.

§ 2 - Die Entlassung aus dem Orden wird von den can. 694–701 CIC geregelt.

§ 3 - Professen, die rechtmäßig aus dem Orden ausgetreten sind oder aus ihm entlassen wurden, können keinerlei finanzielle Ansprüche gegen ihn geltend machen, wenngleich der Orden ihnen gegenüber Billigkeit und evangelische Liebe walten lassen soll (can. 702 CIC). Vor Ablegung der Gelübde muss der Religiose eine Erklärung zum Verzicht auf Ansprüche unterzeichnen.

Abschnitt V
Die Profess-Konventualkapläne

Artikel 42
Allgemeine Vorschrift

§ 1 - Auf die Profess-Konventualkapläne findet Anwendung, was Verfassung und Codex bezüglich der Professritter festlegt, mit Ausnahme des im Kirchenrecht und in den nachfolgenden Artikeln Geregelten.

§ 2 - Der Großmeister kann mit Genehmigung des Rates der Professen und Zustimmung des Ordensprälaten ein besonderes Dekret für die Profess-Konventualkapläne erlassen.

Artikel 43
Erfordernisse für die Zulassung

§ 1 - Priester, die Mitglieder des Dritten Standes sind, können zur Profess als Profess-Konventualkapläne des Ordens zugelassen werden.

§ 2 - Für die Zulassung zur Aspirantenzeit oder zum Noviziat ist die Zustimmung des Ordensprälaten und die Stellungnahme des Ordinarius der Heimatdiözese erforderlich.

Artikel 44
Besondere Ordnung

§ 1 - Mit der Profess übernehmen die Profess-Konventualkapläne die Verpflichtung zur Befolgung der drei evangelischen Räte. Der Orden sichert ihnen den notwendigen Lebensunterhalt nach Maßgabe des Kirchenrechtes zu.

§ 2 - Hinsichtlich ihrer Pflichten als Kleriker unterstehen die Profess-Konventualkapläne unmittelbar dem Ordensprälaten.

§ 3 - Den Profess-Konventualkaplänen obliegt es insbesondere und vorrangig:

a) sich entsprechend den Regelungen der Oberen der Seelsorge an den Ordensmitgliedern und dem Apostolat der Ordenswerke zu widmen;

b) an hohen Festtagen und Anlässen, die für den Orden von besonderer Bedeutung sind, kirchliche Feiern zu fördern;

c) höhere religiöse Bildungskurse, Zusammenkünfte der geistlichen Einkehr und Exerzitien zu organisieren;

d) den geistlichen Beistand der erkrankten Ordensmitglieder zu gewährleisten.

Artikel 45
Verwendung der Chorkleidung

Bezüglich der Verwendung der Chorkleidung haben sich die Profess-Konventualkapläne an die Bestimmungen des Zeremonials zu halten.

Abschnitt VI
Die Evangelischen Räte

Erster Teil
Das Gehorsamsgelübde

Artikel 46
Der evangelische Rat des Gehorsams

Der evangelische Rat des Gehorsams bewegt die Seele zur Gleichförmigkeit mit Jesus Christus, der gehorsam war bis zum Tod am Kreuz.

Artikel 47
Das Gehorsamsgelübde

Mit dem Gehorsamsgelübde verpflichten sich die Professritter und die Professkapläne gemäß Verfassung und Codex zum Gehorsam gegenüber dem Hl. Vater und ihren rechtmäßigen Oberen.

Artikel 48
Anordnungen unter Berufung auf das Gehorsamsgelübde

§ 1 - Obere handeln unter Berufung auf das Gehorsamsgelübde, wann immer sie Formulierungen wie „Kraft ..." oder „Im Namen Gottes ..." verwenden.

§ 2 - Ein solcher Befehl darf nur aus schwerwiegenden Gründen erteilt werden, und zwar entweder schriftlich (can. 51 CIC) oder in Gegenwart zweier Zeugen (can. 55 CIC).

Artikel 49
Beziehungen zu den Oberen

Die Professen sollen ihren Oberen geistliche Ehrfurcht erweisen und sich ihnen im Geist der Liebe und Verehrung unterordnen. Diese Ehrfurcht nimmt ihnen nicht die Freiheit, den Oberen das mitzuteilen, was sie zum Wohl des Ordens für angemessen erachten.

Artikel 50
Zusammenarbeit mit den Oberen

Um Einheit und Einmütigkeit zu fördern, unterhalten die Professen untereinander brüderliche Beziehungen und sind darum besorgt, sich regelmäßig mit ihren Oberen zu beraten und eifrig an Versammlungen teilzunehmen.

Zweiter Teil
Das Keuschheitsgelübde

Artikel 51
Der evangelische Rat der Keuschheit

Der evangelische Rat der Keuschheit verpflichtet den Professen zu einem Leben in vollkommener Enthaltsamkeit und dazu, jedes innere und äußere Verhalten zu vermeiden, das ihr entgegensteht.

Artikel 52
Das Gelübde der Keuschheit

§ 1 - Um dem Keuschheitsgelübde treu zu bleiben, ist es notwendig, dass der Professe übernatürliche Hilfen gebraucht. Er sei beständig in der Suche nach Gott, beharrlich in der Vereinigung mit ihm und bleibe immer in Seiner Liebe durch das täglich persönliche, gemeinschaftliche und liturgische Gebet, den häufigen Empfang der Sakramente der Buße und der Eucharistie, eine kindliche Verehrung der Unbefleckten Jungfrau, die Abtötung der Sinne und eine tiefe Demut.

§ 2 - Das feierliche Keuschheitsgelübde ist ein Hindernis für das Eingehen einer Ehe.

Artikel 53
Geistliche Hilfen für die Ausübung der Keuschheit

Der Professe hat wachsam zu sein und die Teilnahme an weltlichen Versammlungen und Vergnügungen zu meiden. Er soll durch sein Verhalten aufbauend zu wirken und seinem Stand als Ordensmann des Malteserordens

Ehre zu machen.

Dritter Teil
Das Armutsgelübde

Artikel 54
Der evangelische Rat der Armut

§ 1 - Dem evangelischen Rat der Armut entsprechend hat der Professe die Nutzung wirtschaftlicher Güter und die Verfügung über sie einzuschränken, indem er nicht nur auf Überflüssiges, sondern auch auf das nicht tatsächlich Notwendige verzichtet. Um wahrhaft *Diener der Armen* und Kämpfer der Nächstenliebe zu sein, muss er Tag für Tag bestrebt sein, sich mit dem Armen zu identifizieren, um in den Bedürftigsten Christus anzubeten und ihm zu dienen.

§ 2 - Der Professe hat Anrecht darauf, dass der Orden ihm den notwendigen Lebensunterhalt bereitstellt. Erhält er ein Entgelt für seine Arbeit, so teilt er es mit der Gemeinschaft.

Artikel 55
Wirkung des Einfachen Armutsgelübdes

§ 1 - Durch das Einfache Armutsgelübde verzichtet der Professe nach Maßgabe des Codex des kanonischen Rechtes und der Ordensgesetze auf den freien Gebrauch wirtschaftlicher Güter.

§ 2 - Die Professen in Einfachen Gelübden behalten das Eigentum an ihrem Vermögen und auch die Fähigkeit des Erwerbs neuen Eigentums, auch durch Erbschaft. Ihr Handeln bei der Verwaltung des Vermögens bedarf des Einverständnisses des zuständigen Oberen.

Artikel 56
Gebrauch und Nießbrauch des Vermögens

§ 1 - Nach Maßgabe von can. 668 § 1 CIC hat der Novize vor der Ersten Profess und für ihre gesamte Dauer einer physischen oder juristischen Person seiner Wahl die Verwaltung seines Vermögens abzutreten und frei über dessen Gebrauch und Nießbrauch zu verfügen.

§ 2 - Zur Vornahme von Handlungen, die das Vermögen aufzehren und sich nachteilig darauf auswirken, benötigt der Verwalter das Einverständnis des für den Professen zuständigen Oberen.

§ 3 - Alles, was der Professe durch seine Tätigkeit oder durch seine Ordenszugehörigkeit *(intuitu religionis)* erwirbt, fällt an den Orden.

Artikel 57
Güterverzicht vor Ablegung der Feierlichen Profess

Während einer Frist von sechzig Tagen vor Ablegung der Feierlichen Profess muss der Professe in Einfachen Gelübden unter der Bedingung, dass er die Feierlichen Gelübde tatsächlich ablegt, zugunsten einer Person seiner Wahl auf alle Güter verzichten, auf die er Rechtsansprüche besitzt.

Artikel 58
Wirkung des Feierlichen Armutsgelübdes

§ 1 - Mit Ablegung des Feierlichen Armutsgelübdes verzichtet der Professe neben der Verwaltung auch auf Gebrauch und Nutzung seiner Güter sowie auf seine Eigentumsrechte an diesen und auf die Möglichkeit, überhaupt zeitliche Güter zu besitzen oder für sich zu erwerben.

§ 2 - Güter, die der Professe unter welchem Rechtstitel auch immer nach Ablegung der Feierlichen Profess erwirbt, gehen in das Eigentum des Priorats oder Subpriorats über, in das er eingegliedert ist, oder in das des Gemeinsamen Schatzamtes, falls die Professen einer Assoziation angehören.

§ 3 - Vor der Feierlichen Profess hat der Professe ein auch nach bürgerlichem Recht gültiges Testament zu errichten und kann frei über seine gegenwärtigen und zukünftigen Güter verfügen. Das Testament darf nach der Profess ohne Erlaubnis des zuständigen Ordensoberen nicht geändert werden.

Artikel 59
Obliegenheiten vor der Einfachen Profess

Der Professkandidat übergibt dem Oberen ein Inventar seines Vermögens, das dieser versiegelt und sorgfältig aufbewahrt, damit es nicht zur Kenntnis Dritter gelangt.

Artikel 60
Schenkungsverbot

Professen in Einfachen Gelübden ist es untersagt, Schenkungen des eigenen Vermögens unter Lebenden *(inter vivos)* vorzunehmen.

Artikel 61
Testament vor der Feierlichen Profess

Das Original oder eine Kopie des Testaments ist versiegelt dem Oberen zu übergeben, der es sorgfältig aufbewahren muss.

Artikel 62
Sonderfond für die Ausbildung des Ersten Standes

Beim Gemeinsamen Schatzamt wird ein Sonderfonds für die Erfordernisse der Ausbildung des Ersten Standes eingerichtet.

Abschnitt VII
Die Allgemeinen Pflichten der Professen

Artikel 63
Geistliche Obliegenheiten der Professen

Die Professen sollen mit Eifer die allgemeinen Pflichten der Ordensweihe erfüllen und haben vorbehaltlich begründeter Verhinderung

a) sich täglich der Lektüre der Hl. Schrift, dem betrachtenden Gebet, der Feier von Laudes, Vesper und Komplet sowie anderen Frömmigkeitsübungen wie dem Hl. Rosenkranz, dem Kreuzweg etc. widmen;

b) täglich am Eucharistischen Opfer teilzunehmen, die Hl. Kommunion zu empfangen und nach dem Rat ihres Spirituals häufig das Bußsakrament empfangen;

c) alljährlich in einem geistlichen Haus an einem Exerzitienkurs von mindestens acht ganzen Tagen teilzunehmen.

Artikel 64
Versammlungen der Professritter

Die Professritter nehmen teil an den Versammlungen, die vom Priorat oder Subpriorat ihrer Zugehörigkeit oder von der gesamten Gemeinschaft des Ersten Standes angeregt werden.

Artikel 65
Öffentliche Ämter

Professritter können mit ausdrücklicher Genehmigung ihrer Oberen Aufgaben und Ämter außerhalb des Ordens übernehmen, sofern diese Beschäftigungen nicht unvereinbar mit ihrem Stand sind (can. 672 CIC).

Kapitel II
Die Mitglieder des Zweiten Standes

Artikel 66
Die Ritter und Damen in Oboedienz

§ 1 - Die Ritter und Damen in Oboedienz haben nach Maßgabe ihres Standes Anteil am Apostolat und am Auftrag des Ordens. Sie richten ihr Leben und ihren Dienst an der Spiritualität des Ordens aus und befolgen seine Disziplin. Mit den Professen sind sie in besonderer geistlicher Solidarität verbunden, vor allem durch das Gebet. Sie werden von den Oberen unter den mindestens seit fünf Jahren dem Orden angehörenden Rittern und Damen des Dritten Standes ausgewählt und führen weiterhin die Bezeichnung der Kategorie, der sie zuvor angehörten, nun mit dem Zusatz „in Oboedienz".

§ 2 - Sie werden zu Mitwirkenden am Auftrag und Apostolat des Ordens und unterstehen den Oberen. Entsprechend den Regelungen der Verfassung, dem vorliegenden Codex und den übrigen Ordensgesetzen können ihnen besondere Aufgaben übertragen werden.

§ 3 - Mit dem Versprechen der Oboedienz übernehmen die Ritter und Damen vor Gott und dem Orden die moralische und rechtliche Verpflichtung, das zu befolgen, was ihnen die Oberen nach Maßgabe der Verfassung, des Codex, der Gesetze des Ordens und des Kirchenrechtes rechtmäßig gebieten.

§ 4 - Um die Befolgung der übernommenen Verpflichtungen zu unterstützen, erlässt der Großmeister mit Zustimmung des Souveränen Rates ein entsprechendes Dekret.

§ 5 - Die Mitglieder des Zweiten Standes widmen sich einem intensiveren Leben in Frömmigkeit, nach den für sie geltenden Vorschriften. Eingedenk des geistlichen Wertes dieser Verpflichtung vor Gott müssen sie die göttlichen Gesetze und die Lehren der Kirche sorgfältig beachten, um so ein beständiges Beispiel der Frömmigkeit und Tugend, des apostolischen Eifers und der Hingabe an die Hl. Kirche zu sein.

§ 6 - Oboedienzritter und -damen übernehmen die moralische Verpflichtung, ihre irdischen Güter im Geist des Evangeliums zu gebrauchen.

Artikel 67
Erfordernisse für die Zulassung

Ordensmitglieder, die die Zulassung zur Promesse anstreben, müssen einen schriftlichen Antrag beim Prior, Subprior oder beim Präsidenten stellen und nachweisen, dass

a) sie den katholischen Glauben ausüben;

b) der Zulassung keinerlei kanonisches oder sittliches Hindernis entgegensteht;

c) sie das sechsundzwanzigste Lebensjahr vollendet haben;

d) sie dem Orden seit mindestens fünf Jahren angehören;

e) sie, sofern sie verheiratet sind, eine schriftliche Einverständniserklärung ihrer Ehegatten besitzen.

Artikel 68
Zulassung zum Probezeit

Der Prior, Subprior oder der Präsident lässt mit Zustimmung des jeweiligen Kapitels oder Rates den Kandidaten zur Probezeit zu.

Artikel 69
Der Probezeitmeister

Die Probezeit wird unter der Leitung eines Probezeitmeisters absolviert, der in der Regel der Ordenskaplan ist und, falls möglich, von einem vom jeweiligen Oberen zu bestimmenden Professritter unterstützt wird.

Artikel 70
Vorbereitung der Kandidaten

§ 1 - Der Kandidat beginnt und beendet die Vorbereitungszeit mit Schweige-Exerzitien von jeweils fünf ganzen Tagen an einem hierfür anerkannten Ort.

§ 2 - Während der Probezeit, die mindestens ein Jahr dauert, hält der Probezeitmeister den Kandidaten an, sich vertiefte Kenntnisse zu den Vorschriften, zur Geschichte, zur Spiritualität und zu den Traditionen des Ordens zu verschaffen, und unterweist ihn im Dienst an den „Herren Kranken" und den Armen. Zu diesem Zweck muss sich der Kandidat bevorzugt in den Ordenswerken in der Ausübung christlicher Nächstenliebe üben und Kranke und Arme besuchen.

§ 3 - Zum Ende der Probezeit hat der Probezeitmeister dem zuständigen Oberen einen schriftlichen Bericht über die Führung des Kandidaten einschließlich eines Urteils über dessen Eignung zur Zulassung zum Zweiten Stand vorzulegen.

Artikel 71
Zulassung der Kandidaten zum Zweiten Stand

Am Ende der Probezeit legt der Obere nach positivem Urteil des Probezeitmeisters und mit Zustimmung des jeweiligen Kapitels oder Rates einen Vorschlag auf Zulassung zum Zweiten Stand vor, der nach Zustimmung des Souveränen Rates vom Großmeister zu approbieren ist.

Artikel 72
Promesse

§ 1 - Der zur Promesse zugelassene Kandidat spricht folgende Formel:

„Ich, ..., verspreche vor Gott, die Gesetze des Souveränen Ritter- und Hospitalordens des Hl. Johannes zu Jerusalem, genannt von Rhodos, genannt von Malta, getreu zu befolgen, die Pflichten, die den Oboedienzrittern und Oboedienzdamen obliegen, (für einen Zeitraum von drei Jahren) zu erfüllen und jedem Oberen, der mir zugewiesen wird, den schuldigen Gehorsam zu erweisen. Hierzu helfe mir Gott der Herr, die heiligste unbefleckte Jungfrau, der Hl. Johannes der Täufer, unser glorreicher Patron, der Selige Bruder Gerhard, unser verehrter Gründer, und alle Heiligen des Ordens."

§ 2 - Die Promesse ist vom Großmeister oder einem von ihm beauftragten Professritter oder Konventualkaplan in Gegenwart zweier Zeugen entgegenzunehmen.

§ 3- Die Promesse ist für drei aufeinander folgende Jahre gültig und kann auf Antrag des Oboedienzritters und der Oboedienzdame nach Urteil des Oberen jeweils auf weitere drei Jahre verlängert werden.

§ 4 - Nach Ablauf der dritten Dreijahresperiode ist die Promesse gemäß der folgenden Formel endgültig abzulegen:

„Ich, ..., rufe den Namen Gottes an und verspreche, die Gesetze des Souveränen Ritter- und Hospitalordens des Hl. Johannes zu Jerusalem, genannt von Rhodos, genannt von Malta, getreu zu befolgen, die Pflichten, die den Oboedienzrittern und Oboedienzdamen obliegen, für immer zu erfüllen und jedem Oberen, der mir zugewiesen wird, den schuldigen Gehorsam zu erweisen. Hierzu helfe mir Gott der Herr, die heiligste unbefleckte Jungfrau, der Hl. Johannes der Täufer, unser glorreicher Patron, der Selige Bruder Gerhard, unser verehrter Gründer, und alle Heiligen des Ordens."

§ 5 - Wer nicht zur Erneuerung der Promesse zugelassen wird oder sie nicht in endgültiger Form ablegt, gehört wie zuvor dem Dritten Stand an.

Artikel 73
Verfahren im Anschluss an die Promesse

§ 1 - Die Urkunde, welche die Promesse bezeugt, wird von dem Ritter oder der Dame, der bzw. die die Promesse abgelegt hat, sowie von dem, der sie entgegengenommen hat, und den beiden Zeugen unterschrieben.

§ 2 - Das Original dieser Urkunde wird im Archiv des Großmagisteriums verwahrt, eine authentische Kopie im Archiv des jeweiligen Priorats, Subpriorats oder der Assoziation.

§ 5 - Die Promesszeremonie ist im Zeremonial geregelt.

Artikel 74
Geistliche Pflichten

Der Oboedienzritter oder die Oboedienzdame ist verpflichtet:

a) in Gebeten und Werken den Mitbrüdern und Mitschwestern verbunden zu sein und die Anordnungen des Großmeisters zu befolgen;

b) häufig an der Hl. Messe teilzunehmen, eifrig das Hl. Sakrament der Buße zu empfangen und sich am Leben ihrer Pfarrei zu beteiligen;

c) alljährlich an einem anerkannten Haus an einem Exerzitienkurs von mindestens drei ganzen, aufeinander folgenden Tagen sowie an den von den Oberen geförderten Bildungskursen und -versammlungen teilzunehmen;

d) nach Anweisungen der Oberen in den Ordenswerken mitzuwirken;

e) das Reglement zum geistlichen Leben zu befolgen, das der Großmeister mit Zustimmung des Souveränen Rates erlässt.

Artikel 75
Änderung der Aufgabenstellung

Haben ein Oboedienzritter oder eine Oboedienzdame aus berechtigten Gründen Schwierigkeiten, sich der gestellten Aufgabe zu widmen, so bespricht sich der Betreffende darüber mit dem zuständigen Oberen, der ihm dann gegebenenfalls eine andere Aufgabe zuteilt.

Artikel 76
Ordenskleid und Insignien

Der Gebrauch des Ordenskleides und der Insignien von Oboedienzrittern und -damen ist im Zeremonial geregelt.

Artikel 77
Zuweisung von Aufgaben und Ämtern und der Eid

§ 1 - Die Oberen können den Oboedienzrittern und -damen in den von der Verfassung und vom Codex vorgesehenen Grenzen besondere Aufgaben und Ämter übertragen

§ 2 - Bei der Zuweisung der Aufgaben und Ämter haben die Oberen die Standespflichten, Anlagen, berufliche Vorbildung und Verfügbarkeit der Oboedienzritter und -damen in Rechnung zu stellen.

§ 3 - Bei Übernahme der Aufgabe oder des Amtes legt der Oboedienzritter oder die Oboedienzdame vor dem Oberen folgenden Eid ab:

„Ich, …, rufe den Namen Gottes an und schwöre, den Pflichten meines Amtes (meiner Aufgabe) höchst getreulich nachzukommen und mich gewissenhaft an die Weisungen zu halten, die mir die Oberen gemäß den Gesetzen des Souveränen Ritter- und Hospitalordens des Hl. Johannes zu Jerusalem, genannt von Rhodos, genannt von Malta, erteilen. Dies verspreche ich, dazu verpflichte ich mich und dies schwöre ich. Dazu helfe mir Gott und die Hl. Evangelien, auf die ich meine Hände lege."

§ 4 - Dieser Eid ist bei der Übernahme jeder neuen Aufgabe oder jedes neuen Amtes erneut abzulegen.

Artikel 78
Rücktritt und Verlust von Aufgaben und Ämtern

§ 1 - Oboedienzritter und -damen können aus berechtigten Gründen jederzeit von den Aufgaben oder den bekleideten Ämtern zurücktreten.

§ 2 - Rücktritte sind zu begründen und schriftlich beim Oberen einzureichen, der über ihre Annahme oder Zurückweisung entscheidet.

§ 3 - Bei Vorliegen schwerwiegender Gründe können Oboedienzritter und - damen von den Oberen ihrer Aufgaben und Ämter enthoben werden.

§ 4 - Oboedienzritter und -damen, deren Zugehörigkeit zum Zweiten Stand endet, verlieren jede Aufgabe und jedes Amt.

§ 5 - Oboedienzritter, die die Diakonenweihe empfangen, werden ihres Versprechens entbunden und gehören nicht mehr dem Zweiten Stand, sondern nach ihrer Rückkehr in den Dritten Stand der Kategorie der Magistraldiakone an.

Artikel 79
Disziplinarmaßnahmen

§ 1 - Es ist die Pflicht des Oberen, darüber zu wachen, dass die ihm unterstellten Mitglieder des Zweiten Standes ihren Pflichten nachkommen. In Einzelfällen kann er mit dieser Aufgabe einen Professritter oder – in Ermangelung dessen – einen Oboedienzritter oder eine Oboedienzdame betrauen.

§ 2 - Die schuldhafte Nichterfüllung von aus der Promesse oder dem Eid hervorgehenden Pflichten zieht die Anwendung der von den Ordensgesetzen vorgesehenen Disziplinarmaßnahmen nach sich.

§ 3 - Niemand kann für einen Sachverhalt, der nicht ausdrücklich von den Ordensgesetzen vorgesehen ist, mit einem Disziplinarverfahren belangt werden, noch mit Strafen belegt werden, die in diesem Gesetz nicht vorgesehen sind.

§ 4 - Disziplinarmaßnahmen können – mit Ausnahme der leichteren – nur nach einem gerichtlichen Verfahren und unter Gewährleistung des naturgegebenen Rechtes auf Verteidigung verhängt werden.

Artikel 80
Übertritt in den Religiosenstand

Ledige Oboedienzritter, die beantragen, zum Ersten Stand zugelassen zu werden, sind zur Einhaltung aller Vorschriften verpflichtet; sie können allerdings vom Absolvieren der Aspirantenzeit entbunden und direkt zum Noviziat zugelassen werden.

Artikel 81
Rücktritt von der Promesse

§ 1 - Aus schwerwiegenden persönlichen Gründen können Oboedienzritter und -damen von der Promesse zurücktreten. Der zu begründende Antrag ist schriftlich beim zuständigen Oberen zu stellen, der ihn mit seiner Stellungnahme an den Großmeister weitergibt. Dieser entscheidet mit Zustimmung des Souveränen Rat über die Dispens.

§ 2 - Sobald die Dispens von der Promesse bekannt gemacht wurde, gehört der Oboedienzritter oder die Oboedienzdame nicht mehr dem Zweiten Stand an und kehrt in den Dritten Stand zurück.

Kapitel III
Die Mitglieder des Dritten Standes

Artikel 82
Die Donaten und Donatinnen, die Ritter und Damen, die Diakone und Kapläne

§ 1 - Um seinem Auftrag nachzukommen, nimmt der Orden als Mitglieder gläubige Laien sowie ausschließlich dem Weltklerus angehörende Priester und Ständige Diakone auf, die die melitensische Spiritualität leben wollen und die, entsprechend den für sie geltenden Vorschriften, in den hospitalären und karitativen Werken des Ordens tätig sind.

§ 2 - Die Mitglieder des Dritten Standes, sei es als Laie oder als Geweihter, bemühen sich um die eigene Heiligung, indem sie sich an den Idealen und der spirituellen Disziplin des Ordens ausrichten. Aus Liebe zu Gott dienen sie Christus in den „Herren Kranken" und müssen in Übereinstimmung mit den Lehren der Kirche immer seine wahrhaften Zeugen in Wahrheit und Nächstenliebe sein. Sie unterstehen den Weisungen der Oberen und befolgen sie.

Artikel 83
Vorbereitungsjahr und Zulassung der Mitglieder des Dritten Standes

§ 1 - Der Aufnahme in den Dritten Stand hat eine Vorbereitungszeit von der Dauer eines Jahres vorauszugehen, während derer der Kandidat in der spirituellen Disziplin des Ordens unterwiesen und mit dessen Vorschriften, Gesetzen und Geschichte vertraut gemacht wird.

§ 2 - Für die Zulassung zum Orden stellt der zuständige Prior, Subprior oder Präsident dem Großmeister über dessen Kanzlei den Kandidaten vor.

§ 3 - Die Zulassung eines Mitglieds des Dritten Standes wird vom Großmeister nach Zustimmung des Souveränen Rates erteilt.

§ 4 - Die Vorlage von Adelsproben beinhaltet noch kein Anrecht auf die Aufnahme in den Orden.

§ 5 - Adelsproben, die von Personen vorgelegt werden, die dem Orden beitreten möchten, müssen gemäß einem entsprechenden Reglement überprüft werden, das der Großmeister nach Zustimmung des Souveränen Rates approbiert.

Artikel 84
Unterlagen für die Aufnahme

Dem persönlich unterzeichneten Beitrittsantrag sind folgende Dokumente beizufügen:

a) der Geburts- und der Taufschein, sowie die Firmbescheinigung, woraus die Volljährigkeit hervorgeht, und eine Bescheinigung über den Familienstand;

b) erhaltene Nachweise besonderer Verdienste;

c) ein vom zuständigen Pfarrer ausgestelltes Zeugnis über Leben und Führung des Kandidaten;

d) die Bestätigung über die bestandene Vorbereitungszeit;

e) das ausgefüllte, vom Kandidaten unterzeichnete und vom zuständigen Prior, Subprior oder Präsidenten gegengezeichnetes Antragsformular.

Artikel 85
Aufnahme der Priester und Ständigen Diakone

§ 1 - Zur Aufnahme des Weltklerus ist die vorausgehende Zustimmung des jeweiligen Ordinarius und des Ordensprälaten erforderlich.

§ 2 - Zur Aufnahme von Ehren-Konventual-Großkreuzkaplänen ist die Zustimmung des Kardinalpatrons nach Anhörung des Prälaten notwendig.

§ 3 - Nach Anhörung des Souveränen Rates kann der Großmeister einen Kardinal der Hl. Römischen Kirche in den Rang eines Ehren- und Devotions-Großkreuz-Baillis aufnehmen oder erheben.

§ 4 - Ehren- und Devotions- sowie Gratial- und Devotionsritter, die die Priesterweihe erhalten, werden Ehren-Konventualkapläne, Magistralritter und Donaten werden Magistralkapläne.

§ 5 - Ritter und Donaten werden nach dem Empfang der Weihe zum Ständigen Diakon Mitglieder in der Kategorie der Magistraldiakone.

Artikel 86
Erfordernisse für die Zulassung

§ 1 - Der Kandidat muss den katholischen Glauben bekennen.

§ 2 - Für Priester und Ständige Diakone ist für die Aufnahme in den Orden eine Ausbildungszeit verpflichtend.

Artikel 87
Die Zulassung „Motu Proprio"

Von einer Aufnahme „Motu Proprio" in den Dritten Stand durch den Großmeister ist der Souveräne Rat, der Prior, der Subprior oder der Präsident der betreffenden Assoziation vorab zu informieren.

Artikel 88
Pflichten und Rechte

§ 1 - Um ihrem Stand entsprechend das melitensische Charisma in seiner ganzen Fülle zu leben, haben die Mitglieder des Dritten Standes in Übereinstimmung mit der Verfassung, dem vorliegenden Codex und den Ordensgesetzen einen in christlicher Weise vorbildlichen Lebenswandel, sowohl im Privaten, wie im öffentlichen Leben zu führen; dazu praktizieren und verteidigen sie den katholischen Glauben und üben Nächstenliebe gegenüber den Armen und Kranken, insbesondere in den hospitalären und karitativen Werken des Ordens.

§ 2 - Sie können Aufgaben und Ämter gemäß den Ordensgesetzen übernehmen.

§ 3 - Sie werden der geistlichen Privilegien und Vorteile des Ordens teilhaftig und sind verpflichtet, täglich für den Papst, die Kirche, die Oberen, für alle Ordensmitglieder, für die „Herren Kranken" und die „Herren Armen" zu beten und jeden Tag das Ordensgebet sprechen.

Artikel 89
Zusammenarbeit zwischen den Konventualkaplänen und den Kaplänen des Dritten Standes

Die Kapläne des Dritten Standes arbeiten soweit möglich und nach Maßgabe der Vorschriften ihrer zuständigen Oberen und des Ordensprälaten mit den Konventualkaplänen zusammen.

Artikel 90
Die Aufnahmezeremonie

Die Aufnahme in den Orden erfolgt gemäß dem Zeremonial.

Artikel 91
Disziplinarstrafen

§ 1 - Gegen Mitglieder des Dritten Standes, deren Verhalten nicht der Zugehörigkeit zum Orden entspricht, werden die von den Ordensgesetzen vorgesehenen Disziplinarstrafen verhängt.

§ 2 - Niemand kann für einen Sachverhalt, der nicht ausdrücklich von den Ordensgesetzen vorgesehen ist, mit einem Disziplinarverfahren belangt werden, noch mit Strafen belegt werden, die in diesem Gesetz nicht vorgesehen sind.

§ 3 - Disziplinarstrafen können – mit Ausnahme der leichteren – nur nach einem gerichtlichen Verfahren und unter Gewährleistung des naturgegebenen Rechtes auf Verteidigung verhängt werden.

Kapitel IV
Disziplinarmaßnahmen für Mitglieder des Zweiten und Dritten Standes

Artikel 92
Formen der Disziplinarstrafen

Es gibt folgende Disziplinarstrafen:

a) die Abmahnung;

b) die Suspension von der Ausübung der mit der Ordenszugehörigkeit verbundenen Rechte;

c) der Ausschluss aus dem Orden.

Artikel 93
Die Abmahnung

Die Abmahnung ist die förmliche Maßnahme, die schriftlich oder, wenn schwerwiegende Gründe dagegensprechen, mündlich in Anwesenheit von zwei Zeugen durch den rechtmäßigen Oberen mitgeteilt wird und mit der ein Mitglied aufgefordert wird, ein unangemessenes Verhalten zu korrigieren oder seinen Pflichten gegenüber der Kirche und dem Orden gewissenhaft nachzukommen.

Artikel 94
Die Suspendierung

Die Suspendierung von der Ausübung der mit der Ordenszugehörigkeit verbundenen Rechte ist eine zeitlich begrenzte Disziplinarmaßnahme, die auferlegt werden kann, wenn ein Ordensmitglied

a) trotz zweier im zeitlichen Abstand von fünfzehn Tagen erhaltener Abmahnungen ein für seine Zugehörigkeit zum Orden unangemessenes Verhalten fortführt oder den eigenen Pflichten gegenüber der Kirche oder dem Orden nicht nachkommt;

b) trotz zweier Abmahnungen gemäß lit. a bezüglich der Zahlung der vorgeschriebenen Beiträge weiterhin auf mindestens zwei Jahre im Rückstand bleibt;

c) in einem kirchen- oder zivilrechtlichen Strafverfahren läuft, dessen Umstände so geartet sind, dass seine Suspendierung geboten erscheint.

Artikel 95
Der Ausschluss

Der Ausschluss ist eine endgültige Disziplinarmaßnahme, die auferlegt werden kann, wenn ein Ordensmitglied

a) trotz zweier im zeitlichen Abstand von fünfzehn Tagen erhaltener Abmahnungen an einer Lebensweise festhält, die in schwerwiegendem Gegensatz zu seiner Ordenszugehörigkeit steht;

b) nach Suspendierung wegen eines Zahlungsrückstands die eigene Position in den nachfolgenden zwei Jahren nicht ausgeglichen hat;

c) in einem kirchen- oder zivilrechtlichen Strafverfahren rechtskräftig verurteilt wurde.

Artikel 96
Anwendung der Disziplinarmaßnahmen

§ 1 - Angesichts ihres nicht strafenden Charakters wird die Abmahnung vom rechtmäßigen Oberen schriftlich oder mündlich im Beisein zweier Zeugen mitgeteilt. Für ihre Gültigkeit ist es erforderlich, dass

a) der Beschuldigte von den Vorwürfen und etwaigen Beweisen zu seinen Lasten in Kenntnis gesetzt und ihm das Recht auf Verteidigung eingeräumt wird;

b) die Gründe für die Maßnahmen angemessen dargelegt werden.

§ 2 - Innerhalb von fünfzehn Tagen nach der mündlichen oder nach Zustellung der schriftlichen Abmahnung kann bei den Magistralgerichten Widerspruch eingelegt werden, der automatisch den Widerruf der Abmahnung und die Einleitung eines Disziplinarverfahrens durch die Justizbehörden des Ordens gegen den Einsprecher zur Folge hat.

§ 3 - Die Disziplinarmaßnahme der Suspendierung von der Ausübung der mit der Ordenszugehörigkeit verbundenen Rechte oder der Ausschluss aus dem Orden wird von der Justizbehörde des Ordens in Übereinstimmung mit den folgenden Regelungen verhängt.

Artikel 97
Einleitung des Disziplinarverfahrens

§ 1 - Das Disziplinarverfahren wird von dem zuständigen Oberen eingeleitet, der davon die Kanzlei des Magistralgerichts durch Übersendung der Anklageschrift, in der die beanstandeten Tatsachen und Verhaltensweisen aufgeführt sind, in Kenntnis setzt.

§ 2 - Handelt es sich um ein Mitglied des Souveränen Rates oder den Regenten eines Priorates oder Subpriorates oder um den Präsidenten einer Assoziation, die nicht dem ersten Stand angehören, so wird das Disziplinarverfahren vom Großmeister angeordnet, der eine Ad-hoc-Disziplinarkommission ernennt, welcher weder ein Mitglied des Souveränen Rates noch ein Prior, Subprior, Regent oder Präsident angehören darf.

§ 3 - Der Großmeister, der von der Kanzlei des Magistralgerichts informiert wird, kann aus schwerwiegenden Gründen und mit Zustimmung des Souveränen Rates den Fall an sich ziehen und bildet auch in diesem Fall eine Ad-hoc-Kommission.

§ 4 - Auf Antrag des Oberen, der das Disziplinarverfahren eingeleitet hat, oder von Amts wegen kann der Großmeister mit Zustimmung des Souveränen Rates jeden, gegen den ein Disziplinarverfahren eingeleitet wurde, vorsorglich suspendieren. Wenn die vorsorgliche Suspendierung zulasten eines Laienmitgliedes des Souveränen Rates oder eines Präsidenten oder des Laienregenten eines Priorates oder Subpriorats angeordnet wird, muss eine Zweidrittelmehrheit der Mitglieder des Souveränen Rates zustimmen.

§ 5 - Ist nach Eingang der Mitteilung bei der Kanzlei des Magistralgerichts eine Frist von fünfzehn Tagen verstrichen, ohne dass die in § 3 genannte Ansichziehung verfügt wurde, so stellt der zuständige Obere der Disziplinarkommission eine Kopie der in § 1 genannten Anklageschrift zu.

Artikel 98
Die Disziplinarkommission

§ 1 - Für Untersuchungen und Entscheidungen im Zusammenhang mit den Disziplinarverfahren ist in allen Prioraten, Subprioraten und Assoziationen eine ständige Disziplinarkommission aus drei Ordensmitgliedern zu errichten, denen ein Sekretär zur Seite steht.

§ 2 - Die Mitglieder der Kommission, von denen eines den Vorsitz führt, und der Sekretär werden vom Prior, Subprior oder vom Präsidenten nach Zustimmung des Priorats- oder Subprioratskapitels oder des Führungsrates der Assoziation ernannt.

§ 3 - Die Kommission bleibt für die Dauer der Amtszeit des Priors, Subpriors oder Präsidenten, der sie ernannt hat, im Amt. Die Abberufung eines Mitgliedes oder der gesamten Kommission bedarf der Zustimmung des Großmeisters, der dazu den Souveränen Rat anhört.

Artikel 99
Das Disziplinarverfahren

§ 1 - Nach Erhalt der in Artikel 98 § 3 genannten Mitteilung lädt der Vorsitzende der Kommission den Betroffenen unverzüglich vor, wobei ihm eine Frist von mindestens dreißig Tagen gesetzt wird, um persönlich oder durch einen Anwalt seines Vertrauens, der zur Rechtsvertretung vor Zivil- oder Kirchengerichten befugt ist, vor dem Disziplinarausschuss zu erscheinen.

§ 2 - Innerhalb dieser Frist kann der Beschuldigte das Ablehnungsrecht gegen die Mitglieder der Disziplinarkommission ausüben. Über die Ablehnung entscheidet das Magistralgericht erster Instanz.

§ 3- Die Beweiserhebung erfolgt nach dem Grundsatz des rechtlichen Gehörs des Betroffenen und stellt jederzeit eine wirksame Ausübung des Rechtes auf Verteidigung sicher.

§ 4 - Die Zeugen werden von Amts wegen vom Präsidenten der Kommission oder auf Antrag des Betroffenen geladen; sie legen vor ihrer Vernehmung einen Eid ab, die Wahrheit zu sagen; nach der Vernehmung unterschreiben sie das Protokoll ihrer Aussage.

§ 5 - Der Sekretär der Kommission fertigt das Protokoll der Sitzungen an und unterzeichnet es zusammen mit dem Präsidenten.

§ 6 - Die Sitzungen sind nicht öffentlich und die Verfahrensakten unterliegen dem Amtsgeheimnis.

§ 7 - Nach Abschluss des vorbereitenden Verfahrens ordnet der Vorsitzende der Kommission die Veröffentlichung der Akten an und setzt eine Ausschlussfrist von mindestens dreißig Tagen für die Einreichung der Verteidigungsschrift fest.

§ 8 - Bei Vorliegen schwerwiegender Gründe kann der Vorsitzende mit einstimmigem Votum der Kommissionsmitglieder anordnen, dass dem Betroffenen oder seinem Anwalt keine Kopie der Akten ausgehändigt wird, sondern lediglich die Einsichtnahme gestattet wird.

§ 9 - Von der Kommission dürfen zur Entscheidungsfindung nur solche Dokumente herangezogen werden, die sich in den Verfahrensakten befinden, andernfalls ist das Verfahren nichtig.

Artikel 100
Die Disziplinarentscheidung

§ 1 - Die Disziplinarkommission beschließt mit der Mehrheit ihrer Mitglieder und ist verpflichtet, ihre begründete Entscheidung innerhalb von sechzig Tagen nach Erhalt der Verteidigungsschrift zu erlassen.

§ 2 - Die Disziplinarverfügung wird dem Betroffenen und dem zuständigen Oberen zugestellt.

Artikel 101
Mitteilung der Disziplinarentscheidung

§ 1 - Die Mitteilung der Disziplinarentscheidung ist schriftlich und per Einschreiben zuzustellen.

§ 2 - Der Nachweis über die erfolgte Mitteilung ist dem Magistralarchiv zu übersenden.

Artikel 102
Widerspruch

§ 1 - Gegen die Disziplinarentscheidung kann innerhalb von dreißig Tagen nach Mitteilung ein schriftlicher und begründeter Widerspruch bei den Magistralgerichten eingelegt werden.

§ 2 - Der Widerspruch kann mittels eingeschriebenen Briefes mit Rückschein oder auf anderem geeigneten Weg versendet werden, wobei in diesem Fall der

Tag des Versanddatums gilt.

§ 3 - Gegen die Entscheidungen der vom Großmeister gemäß Artikel 97 § 2 und § 3 ernannten Disziplinarkommission kann beim Apostolischen Stuhl Berufung erhoben werden.

Kapitel V
Rangstufen und Verdienstauszeichnungen

Artikel 103
Rangstufen des Ordens

§ 1 - Mit Ausnahme des Klerus gliedern sich die Mitglieder des Zweiten und Dritten Standes in die Rangstufen:

    a) Devotionsdonat oder -donatin;

    b) Ritter oder Dame;

    c) Großkreuzritter oder -dame;

§ 2 - Innerhalb der jeweiligen Rangstufen unterscheiden sich Ritter und Damen in:

    a) Magistralritter oder -damen;

    b) Gratial- und Devotionsritter oder -damen;

    c) Ehren- und Devotionsritter oder -damen.

§ 3 - Der Ehrenrang eines Bailli kann an Profess-Großkreuzritter und Ehren- und Devotions-Großkreuzritter des Zweiten oder Dritten Standes sowie an Kardinäle der Hl. Römischen Kirche verliehen werden.

§ 4 - Das Schulterband kann an die Gratial- und Devotions-Großkreuzmitglieder und an die Magistral-Großkreuzmitglieder verliehen werden.

§ 5 - Professkaplänen und Konventualkaplänen kann der Rang von Großkreuzkaplänen verliehen werden.

§ 6 - Die Form der Insignien der verschiedenen Stände und Rangstufen sowie die Rangordnung unter den Ständen sind in Bestimmungen niedergelegt, die vom Großmeister mit Zustimmung des Souveränen Rates verabschiedet werden.

Artikel 104
Die Bezeichnung „Komtur"

Der Bezeichnung „Komtur" steht Ehren- und Devotionsrittern zu, die Inhaber von *Jus-Patronatus*-Familien-Kommenden sind.

Artikel 105
Verdienstauszeichnungen des Ordens

§ 1 - Für besondere Verdienste können Auszeichnungen verliehen werden. Die Vorschriften für ihre Verleihung regelt ein entsprechendes Dekret.

§ 2 - Die Kandidaten für Verdienstauszeichnungen müssen Persönlichkeiten von beispielhafter Integrität sein.

§ 3 - Jene, denen der Verdienstorden „Pro merito Melitensi" verliehen wurde, werden dadurch nicht Mitglieder des Ordens.

TITEL III
DIE ORDENSREGIERUNG

Kapitel I
Die Zentralregierung

Abschnitt I
Der Großmeister

Artikel 106
Pflichten

Als Oberhaupt des Ordens muss sich der Großmeister gänzlich dem Gedeihen der Ordenswerke widmen und allen Mitgliedern ein wahrhaftes Vorbild christlichen Lebens sein.

Artikel 107
Unvereinbarkeit des Amtes mit anderen Funktionen

§ 1 - Mit der Wahl zum Großmeister werden alle bisherigen Ordensfunktionen und -würden, die er zuvor bekleidet hat, vakant.

§ 2 - Der Großmeister muss unverzüglich jede andere mit seiner Position unvereinbare Tätigkeit aufgeben.

Artikel 108
Residenz

Der Großmeister hat seine Residenz am Sitz des Ordens und darf sich von dort nur in Wahrnehmung seiner Amtspflichten oder aus billigen Gründen entfernen.

Artikel 109
Visitation der Ordenseinrichtungen

§ 1 - Dem Großmeister obliegt es, mindestens alle fünf Jahre die Priorate und Subpriorate, Assoziationen sowie die Ordenswerke zu visitieren.

§ 2 - In Einzelfällen kann er ausnahmsweise einen Professen mit der Durchführung der im vorstehenden Paragraphen genannten Visitation betrauen.

Artikel 110
Gültigkeit der Dekrete des Großmeisters

Die Dekrete des Großmeisters sind vom Großkanzler, oder in jedem Falle vom Inhaber eines Hohen Amtes gegenzuzeichnen.

Artikel 111
Veröffentlichung von Dokumenten

Der Großmeister veranlasst, dass im *Bollettino Ufficiale* die Dokumente seiner Regierung veröffentlicht werden. Ebenso werden auch alle den Orden betreffenden Dokumente des Hl. Stuhles im *Bollettino Ufficiale* veröffentlicht.

Artikel 112
Ehemalige Großmeister

Der Großmeister, dessen Amtszeit beendet ist oder von diesem zurücktritt, erhält auf Lebenszeit die Würde eines Titular-Bailli-Großpriors und untersteht allein dem Ordensoberhaupt.

Abschnitt II
Die Außerordentliche Ordensregierung

Artikel 113
Ordensregierung während der Vakanz des Großmeisteramtes

In allen Fällen, in denen der Orden nicht von einem Großmeister im Sinne von Artikel 18 der Verfassung regiert werden kann, tritt ein Interimistischer Statthalter an dessen Stelle.

Abschnitt III
Der Interimistische Statthalter

Artikel 114
Aufgaben

Der Interimistische Statthalter informiert den Hl. Vater, die Oberhäupter jener Staaten, zu denen der Orden diplomatische Beziehungen unterhält, sowie die diversen Ordensorganisationen von der eingetretenen Vakanz des Großmeisteramtes.

Artikel 115
Befugnisse

§ 1 - Der Interimistische Statthalter muss sich auf die ordentliche Verwaltung beschränken und sich aller Initiativen enthalten, die nicht dringend oder notwendig sind.

§ 2 - Für die Dauer der Interimistischen Regierung haben Aufnahmen in den Orden und die Verleihung von Auszeichnungen sowie Übertritte in andere Stände und Beförderungen zu unterbleiben.

Abschnitt IV
Der Statthalter des Großmeisters

Artikel 116
Befugnisse

Der Statthalter des Großmeisters besitzt dieselben Befugnisse wie der Großmeister und kann auch Handlungen vornehmen, die über die ordentliche Verwaltung hinausgehen.

Abschnitt V
Verleihung von Ämtern und Unvereinbarkeiten

Artikel 117
Die Verleihung der Ordensämter

Ordensämter werden ausschließlich an Ordensmitglieder verliehen.

Artikel 118
Unvereinbarkeit in der Person

Eine Person darf gleichzeitig nur eine der folgenden Positionen innehaben:

a) Mitglied des Souveränen Rates;

b) Prior oder Subprior;

c) Regent;

d) Präsident einer Assoziation;

e) Mitglied der Rechnungskammer, des Juridischen Beirats und des Magistralgerichts;

f) Staatsanwalt;

g) Diplomat.

Abschnitt VI
Vorschriften bezüglich einiger Aspekte der Regierung

Artikel 119
Aufgaben des Großkomturs

§ 1 - Neben dem ihm ausdrücklich Übertragenen gilt für den Großkomtur:

a) Seine Amtsdauer beträgt sechs Jahre und er kann dieses Mandat nur zweimal übernehmen.

b) Er unterstützt den Großmeister bei der Förderung der Umsetzung des Ordens-Charismas, bei der Verbreitung und Verteidigung des Glaubens und bei der Aufsicht über die Priorate, Subpriorate und Assoziationen, sowie in der Betreuung der Ordensmitglieder.

c) Er verfasst die Visitationsberichte und die Berichte, die der Großmeister dem Hl. Stuhl zum Zustand und Leben des Ordens unterbreitet.

d) Er unterstützt den Großmeister bei der internen Verwaltung des Ordens, mit Ausnahme dessen, was in die Zuständigkeit der anderen Hohen Ämter fällt.

§ 2 - Im Falle der dauerhaften Amtsverhinderung, des Amtsverzichtes oder des Todes des Großmeisters hat der Großkomtur unverzüglich den Rat der Professen und den Souveränen Rat für die nachfolgenden Beschlüsse gemäß Artikel 18 der Ordensverfassung einzuberufen.

Artikel 120
Aufgaben des Großkanzlers

§ 1 - Der Großkanzler, dessen Amtsdauer sechs Jahre beträgt und der dieses Mandat nur zweimal übernehmen kann, steht der Ordenskanzlei und den ihr nachgeordneten Behörden vor.

§ 2 - Dem Großkanzler obliegen:

a) die Beziehungen zu Staaten und internationalen Organisationen;

b) die aktive und passive Vertretung des Ordens gegenüber Dritten;

c) die Ausfertigung und der Versand der Regierungsdokumente sowie die Organisation der verschiedenen Behörden gemäß Anordnung des Großmeisters;

d) Vorbereitung, Instruktion und, soweit erforderlich, Berichterstattung über die im Souveränen Rat zu behandelnden Themen, in Übereinstimmung mit der vorgängigen Absprache mit dem Großmeister, mit Ausnahme der Angelegenheiten, die in die Zuständigkeit der übrigen Hohen Ämter fallen.

§ 3 - Der Großkanzler trägt Sorge für die Abfassung des Protokolls der Sitzungen des Souveränen Rates und für die Ausfertigung der jeweiligen Ratsbeschlüsse. Die Protokolle müssen in der jeweils folgenden Sitzung vom Souveränen Rates genehmigt werden.

Artikel 121
Aufgaben des Großhospitaliers

§ 1 - Der Großhospitalier, dessen Amtsdauer sechs Jahre beträgt und der dieses Mandat nur zweimal übernehmen kann, fördert, koordiniert und überwacht die Ordenswerke der Priorate, Subpriorate, der Assoziationen und anderer Ordensorganisationen im Krankenhaus- und im karitativen Bereich nach Maßgabe des vorliegenden Codex, der Reglements und der jeweiligen Statuten. Er überwacht den ordnungsgemäßen Ablauf bei allen direkt vom Großmagisterium abhängigen karitativen Aktivitäten.

§ 2 - Dem Großhospitalier obliegt die Sorge dafür, dass die seelsorglichen Anweisungen des Rates der Professen von denjenigen, die in den karitativen Einrichtungen des Ordens Dienst tun, und zugunsten der in den Ordensinstitutionen Betreuten umgesetzt werden. Er unterstützt zudem den Ordensprälaten hinsichtlich der diesen zukommenden Aufgaben bei den Kaplänen des Ordens, die mit dem geistlichen Beistand in den karitativen Werken betrauten sind.

Artikel 122
Beirat des Großhospitaliers

§ 1 - Sofern es der Großhospitalier für förderlich hält, kann er von einem Beirat von Ordensmitgliedern aus den verschiedenen Weltteilen, in denen der Orden aktiv ist, unterstützt werden.

§ 2 - Die Mitglieder werden auf Vorschlag des Großhospitaliers vom Großmeister ernannt und bleiben bis zum Ablauf der Amtszeit des Großhospitaliers im Amt.

Artikel 123
Aufgaben des Rezeptors des Gemeinsamen Schatzamtes

§ 1 - Der Rezeptor des Gemeinsamen Schatzamtes führt sein Amt für die Dauer von sechs Jahren und kann dieses Mandat nur zweimal übernehmen.

§ 2 - Dem Rezeptor des Gemeinsamen Schatzamtes obliegt es:

    a) den Großmeister bei der Verwaltung der Vermögenswerte des

Großmagisteriums unter der Aufsicht der Rechnungskammer zu unterstützen;

b) die ordnungsgemäße Finanz- und Wirtschaftsverwaltung der Ordensgliederungen und -werke unter Berücksichtigung des Subsidiaritäts- und des Solidaritätsprinzips zu überwachen;

c) die Dossiers und Anträge zu erstellen und dem Großmeister zur Entscheidung vorzulegen, mit denen dieser den Ordensgliederungen die notwendige Genehmigung zur Veräußerung von Vermögengegenständen erteilt;

d) nach Feststellung der rechtmäßigen Herkunft die Dossiers und Anträge zu erstellen und dem Großmeister zur Entscheidung vorzulegen, mit denen dieser den Ordensgliederungen die notwendige Genehmigung zur Annahme von Erbschaften, Vermächtnisse und Stiftungen, an welche Verpflichtungen und/oder Bedingungen geknüpft sind, erteilt;

e) Sorge zu tragen für die Erstellung des Jahresabschlusses und des Budgets des Großmagisteriums sowie des konsolidierten Abschlusses und Budgets für den gesamten Orden, die der Rechnungskammer zur Billigung vorzulegen sind;

f) Verträge sowie Urkunden zu Veräußerungen oder zur Bestellung von Verbindlichkeiten bezüglich des Vermögens des Großmagisteriums zu unterzeichnen;

g) den Postdienst des Großmagisteriums zu leiten und zu überwachen sowie – mittels eines Generalsekretärs – die innere Verwaltung der Häuser des Großmagisteriums, insbesondere des Personalbüros, des Technischen Büros und der Sicherheitsüberwachung des Großmagisteriums und anderer Gebäude;

§ 3 - Der Generalsekretär wird auf Vorschlag des Rezeptors des Gemeinsamen Schatzamtes und mit Zustimmung des Souveränen Rates vom Großmeister für die Amtszeit des Rezeptors ernannt.

§ 4 - Der Rezeptor wird unterstützt vom Beirat für Liegenschaftsverwaltung und vom Beirat für Investitionen, die sich aus ausgewiesenen Experten auf ihrem jeweiligen Gebiet zusammensetzen. Die Mitglieder und der Vorsitzende dieser Ausschüsse werden vom Großmeister auf Vorschlag des Rezeptors und nach Zustimmung der Rechnungskammer ernannt. Das Protokoll ihrer Sitzungen wird dem Souveränen Rat vorgelegt.

Artikel 124
Rechnungswesen

Vom Rezeptor des Gemeinsamen Schatzamtes sind vorzulegen:

a) das Budget des Großmagisteriums bis Dezember jeden Jahres für das nachfolgende Kalenderjahr. Nachträge zum Budget können bis zum 30. April, in Ausnahmefällen bis zum 30. Juni des Rechnungsjahres vorgelegt werden.

b) Der Jahresabschluss des Großmagisteriums wird zur Rechnungsprüfung einem externen Prüfer übergeben und dann bis zum 30. Juni zusammen mit dem Prüfbericht vorgelegt. Die Vorabschlussrechnung für das Großmagisterium zum abgelaufenen Kalenderjahr ist dem Souveränen Rat bis zum 30. April vorzulegen.

Artikel 125
Eid der Hohen Ämter

§ 1 - Unmittelbar nach ihrer Wahl legen die Inhaber der Hohen Ämter den vorgeschriebenen Eid in die Hand des Großmeisters ab.

§ 2 - Laienmitglieder, die zur Bekleidung eines Hohen Amtes berufen werden, haben Anspruch auf eine angemessene Vergütung.

§ 3 - Inhaber der Hohen Ämter, die nicht in Rom wohnhaft sind, haben Anspruch auf Unterkunft beim Großmagisterium.

Artikel 126
Wohnsitz der Inhaber der Hohen Ämter

Inhaber der Hohen Ämter haben ihren Wohnsitz am Ordenssitz.

Artikel 127
Vakanz der Hohen Ämter

Im Falle der Vakanz eines der Hohen Ämter oder der dauerhaften Amtsverhinderung eines ihrer Inhaber hat der unverzüglich vom Großmeister einberufene Souveräne Rat nach Beratung aus dem Kreis seiner Mitglieder einen Nachfolger zu ernennen. Nachfolgend erfolgt für den Souveränen Rat die Kooption gemäß Art. 25 § 5.

Artikel 128
Aufgaben des Koordinators des Zweiten Standes

Der Koordinator des Zweiten Standes wird vom Großmeister ernannt und unterstützt ihn zusammen mit dem Großkomtur bei der Förderung der Charismen des Ordens für die Mitglieder des Zweiten Standes.

Artikel 129
Die diplomatischen Vertretungen des Ordens

§ 1 - Jeder Missions-Chef hat mindestens zweimal jährlich oder auf Anforderung dem Großkanzler Bericht zu erstatten über: die politische und religiöse Lage des Landes, bei dem er akkreditiert ist, die Ordensaktivitäten, die Wahrnehmung des Ordens in der öffentlichen Meinung, seitens der örtlichen Bischöfen und anderer kirchlichen Strukturen.

§ 2 - Der Missions-Chef pflegt gute und freundschaftliche Beziehungen zu den Ordensstrukturen des Landes, in dem er akkreditiert ist.

§ 3 - Die Ernennung der diplomatischen Vertreter erfolgt auf vier Jahre und kann erneuert werden.

Abschnitt VII
Der Ordensprälat

Artikel 130
Aufgaben des Prälaten

§ 1 - Im Einvernehmen mit dem zuständigen Ordensoberen wacht der Prälat darüber, dass die Tätigkeit der Konventualkapläne, der Ehren-Konventualkapläne, der Magistralkapläne und -diakone sowie der anderen, beim Orden für den geistlichen Dienst zuständigen Priester, im Sinne eines vom Prälaten verfassten und dem Großmeister zuvor vorgelegten Reglements wirksam und fruchtbar sei.

§ 2 - Der Prälat bestätigt die in den Prioraten, Subprioraten und Assoziationen auf Vorschlag des jeweiligen Oberen gewählten Chefkapläne.

§ 3 - Der Prälat steht dem Großmeister, dem Großkomtur und dem Koordinator des Zweiten Standes bei den geistlichen Aufgaben zur Seite.

§ 4 - Bei der Ausübung seines Amtes wird der Prälat unterstützt durch eine Gruppe von Kaplänen, deren Auswahl er so trifft, dass sie möglichst repräsentativ für die verschiedenen Akteure des Ordens ist.

Abschnitt VIII
Der Souveräne Rat

Artikel 131
Sitz

Der Souveräne Rat tritt in der Regel am Ordenssitz zusammen.

Artikel 132
Eid der Mitglieder des Souveränen Rates

§ 1 - Unmittelbar nach ihrer Wahl legen die Mitglieder des Souveränen Rates den vorgeschriebenen Eid in die Hand des Großmeisters ab.

§ 2 - Die Laienmitglieder des Souveränen Rates haben – abgesehen von der Erstattung der in Ausübung ihres Amtes entstandenen und nachgewiesenen Auslagen – keinen Anspruch auf Vergütung.

§ 3 - Die Mitglieder des Souveränen Rates, die nicht in Rom wohnhaft sind, haben Anspruch auf eine Unterkunft beim Großmagisterium.

Artikel 133
Tagesordnung und Einberufung

§ 1 - Der Großkanzler bereitet die Tagesordnung vor und beruft den Souveränen Rat nach Benachrichtigung des Großmeisters mindestens sechsmal im Jahr und immer dann ein, wenn besondere Erfordernisse es erfordern.

§ 2 - Die Mitglieder des Souveränen Rates können beantragen, Fragen und Vorschläge in die Tagesordnung aufzunehmen.

§ 3 - Die Prioren, Regenten und Präsidenten sind befugt, dem Großmeister aus ihrem Zuständigkeitsbereich Vorschläge zur Prüfung durch den Souveränen Rat zu unterbreiten.

§ 4 - Der Kanzlei des Großmagisteriums obliegt es, dass den Mitgliedern des Souveränen Rates mindestens fünfzehn Tage vor der Sitzung die Einberufung und die Tagesordnung zusammen mit den entsprechenden Dokumenten zugestellt wird, damit sie die Möglichkeit haben, Ergänzungen zur Tagesordnung zu beantragen.

Artikel 134
Beschlussfähigkeit

Den Vorsitz des Souveränen Rates führt der Großmeister oder in seiner

Abwesenheit der Großkomtur. Für die Beschlussfähigkeit ist die Anwesenheit der absoluten Mehrheit der Mitglieder erforderlich.

Artikel 135
Sonderfälle der geheimen Abstimmung

Abgesehen von den Fällen, in denen es ausdrücklich vorgesehen ist, beschließt der Souveräne Rat in geheimer Abstimmung über die Zulassung von Mitgliedern zum Zweiten Stand oder zu Fragen, die Einzelpersonen betreffen, sowie immer dann, wenn dies von einem Mitglied des Souveränen Rates beantragt wird.

Abschnitt IX
Der Rat der Professen

Artikel 136
Sitz

Der Rat der Professen tritt in der Regel am Ordenssitz zusammen.

Artikel 137
Eid der Mitglieder des Rates der Professen

§ 1 - Unmittelbar nach ihrer Wahl legen die Mitglieder des Rates der Professen den vorgeschriebenen Eid in die Hand des Großmeisters ab.

Artikel 138
Tagesordnung und Einberufung

§ 1 - Der Großmeister bereitet die Tagesordnung vor und beruft den Rat der Professen mindestens sechsmal im Jahr und immer dann ein, wenn besondere Erfordernisse es erfordern.

§ 2 - Die Prioren, die Subprioren und die Präsidenten sind befugt, dem Großmeister Vorschläge zur Prüfung durch den Rat der Professen zu unterbreiten.

§ 3 - Der Dienststelle des Großkomturs obliegt es, dass den Mitgliedern des Rates der Professen mindestens fünfzehn Tage vor der Sitzung die Einberufung und die Tagesordnung zusammen mit den entsprechenden Dokumenten zugestellt wird, damit sie die Möglichkeit haben, Ergänzungen zur Tagesordnung zu beantragen.

Artikel 139
Beschlussfähigkeit

Die Beschlüsse des Rates der Professen sind ungültig, wenn sie in Abwesenheit des Großmeisters oder des Großkomturs getroffen werden und wenn nicht die absolute Mehrheit der Mitglieder anwesend ist.

Artikel 140
Fälle der Kooption für den Rat der Professen

Bei Tod, Amtsverzicht, dauernder Amtsverhinderung oder bei einer Abwesenheit von mehr als sechs Monaten eines Mitgliedes des Rates der Professen veranlasst der Großmeister mit Zustimmung des Rates der Professen die Kooption eines Nachfolgers.

Artikel 141
Sonderfälle der geheimen Abstimmung

Abgesehen von den Fällen, in denen es ausdrücklich vorgesehen ist, beschließt der Rat der Professen in geheimer Abstimmung über die Zulassung von Mitgliedern zum Ersten Stand oder zu Fragen, die Einzelpersonen betreffen, sowie immer dann, wenn dies von einem Mitglied des Rates der Professen beantragt wird.

Abschnitt X
Gemeinsame Vorschriften für den Souveränen Rat und den Rat der Professen

Artikel 142
Protokolle

§ 1 - Zu jeder Sitzung wird ein Protokoll verfasst, das im Großmagisterium aufzubewahren ist.

§ 2 - Am Ende jeder Sitzung und vor ihrem Abschluss werden alle Beschlüsse erneut verlesen und protokolliert. Für die Genehmigung jeder einzelnen Weisung ist die Zustimmung der Mehrheit der Anwesenden erforderlich.

§ 3 - Der Auszug aus dem Sitzungsprotokoll, der die gefassten Beschlüsse enthält und vom Großmeister oder in seiner Abwesenheit vom Großkomtur unterzeichnet und vom Protokollführer gegengezeichnet ist, wird allen Mitgliedern ausgehändigt oder zugestellt.

Artikel 143
Verschwiegenheitspflicht

§ 1 - Beratungen und Protokolle unterliegen der Geheimhaltung, mit Ausnahme der genehmigten Weisungen.

§ 2 - Die Mitglieder des einen Rates können in den Büros des Großmagisteriums Einsicht in die Protokolle des anderen Rates nehmen.

Abschnitt XI
Das Generalkapitel

Artikel 144
Einberufung

Einberufung und Vorsitz des Generalkapitels obliegen gemäß Artikel 28 der Verfassung dem Großmeister oder dem Statthalter des Großmeisters.

Artikel 145
Die Delegierten der Ordensgliederungen

§ 1 - Die beiden delegierten Professen eines Priorates oder Subpriorates werden gemäß Artikel 29 § 1 lit. e und f der Verfassung vom jeweiligen Kapitel gemäß seinen eigenen Satzungen aus dem Kreis der Professen des Priorates oder Subpriorates gewählt. Diese Bestimmung gilt auch für die Ersatzdelegierten.

§ 2 - Die fünfzehn Präsidenten der Assoziationen und die fünfzehn Stellvertreter gemäß Artikel 29 § 1 lit. g der Verfassung werden von der Versammlung der Präsidenten gewählt, die zu diesem Zweck mindestens drei Monate vor dem Generalkapitel einberufen wird. Ihren Vorsitz führt der dienstälteste Präsident. Die Arbeitsweise der Versammlung der Präsidenten wird durch besondere Vorschriften geregelt, die der Großmeister nach Anhörung des Souveränen Rates erlässt.

§ 3 - Die Versammlungen der Priorate, Subpriorate und Assoziationen haben Delegierte und deren Stellvertreter in einer Anzahl zu wählen, die dem in den Regeln des Kapitels Verfügten entspricht.

Artikel 146
Ort, Zeitpunkt und Tagesordnung

§ 1 - Der Großmeister oder der amtierende Statthalter des Großmeisters mit Zustimmung des Souveränen Rates kündigt das Generalkapitel neun Monate zuvor offiziell an und beruft es unter Festsetzung von Ort und Zeit mindestens drei Monate zuvor ein.

§ 2 - Innerhalb einer Frist von sechs Monaten nach dem Tag der Bekanntgabe teilen die verfassungsgemäß beteiligten Organe dem Großmeister die Namen der Delegierten und der Stellvertreter gemäß Artikel 29 § 1 lit. d–h der Verfassung mit.

§ 3 - Mindestens sechzig Tage vor Eröffnung des Generalkapitels setzt der Großmeister mit Zustimmung des Souveränen Rates die Tagesordnung fest, die zusammen mit den einschlägigen Unterlagen allen Kapitularen zugeht.

§ 4 - Binnen dreißig Tagen nach Empfang der Tagesordnung können die

Kapitulare, auch einzeln, dem Großmeister schriftlich Ergänzungen zur Tagesordnung unterbreiten, gegebenenfalls versehen mit erläuternden Dokumenten und Berichten.

Artikel 147
Wahl der Mitglieder des Souveränen Rates und der Rechnungskammer

Das Generalkapitel nimmt nach Abschluss der Debatte die ihr nach Maßgabe von Artikel 20 § 3, Artikel 30 § 5 und Artikel 37 § 2 der Verfassung zustehenden Wahlen vor.

Artikel 148
Festsetzung des Jahresbeitrags und der Passagegelder

§ 1 - Das Generalkapitel legt die Jahresbeiträge und die Passagegelder fest, die an das Großmagisterium zu zahlen sind. Es liegt im Ermessen der einzelnen Ordensgliederungen, von ihren Mitgliedern zusätzliche Beiträge zu verlangen, sofern dies in ihren jeweiligen Satzungen vorgesehen ist.

§ 2 - Der Großmeister kann mit Zustimmung des Souveränen Rates aus schwerwiegenden Gründen ein Priorat, ein Subpriorat oder eine Assoziation sowie einzelne Mitglieder von der Zahlung des Jahresbeitrags befreien oder diesen ermäßigen.

Abschnitt XII
Das Kapitel der Professen

Artikel 149
Einberufung

Einberufung und Vorsitz des Kapitels der Professen obliegen dem Großmeister oder dem Statthalter des Großmeisters.

Artikel 150
Ort, Zeitpunkt und Tagesordnung

§ 1 - Der Großmeister oder der Statthalter des Großmeisters hat das Kapitel der Professen für den gleichen Zeitraum einzuberufen, in dem auch das Generalkapitel stattfindet.

§ 2 - Das Kapitel der Professen tritt am gleichen Ort wie das Generalkapitel an den Tagen, die diesem unmittelbar vorausgehen, zusammen. Der Großmeister kündigt es offiziell neun Monate zuvor an und beruft es mindestens drei Monate zuvor unter Angabe von Ort und Zeit ein.

Artikel 151
Anwesenheitspflicht der Kapitulare

Die Kapitulare sind zur persönlichen Teilnahme verpflichtet, es sei denn sie haben einen berechtigten Verhinderungsgrund, der vom Großmeister als gerechtfertigt anerkannt wird.

Artikel 152
Wahlen

Das Kapitel der Professen nimmt die ihr nach Maßgabe von Artikel 31 § 2 lit. a, Artikel 20 § 3 und Artikel 31 § 2 lit. c der Verfassung zustehenden Wahlen vor.

Abschnitt XIII
Der Große Staatsrat

Artikel 153
Einberufung

Der Große Staatsrat wird gemäß Artikel 18 § 3 oder Artikel 32 § 8 der Verfassung einberufen.

Artikel 154
Wahlen und Sekretariat

Den Vorsitz des Großen Staatsrates führt der amtierende Statthalter oder, bei seiner Abwesenheit, der rangmäßig nächsten Inhaber eines Hohen Amtes der Professe ist, gefolgt von dem an Anciennität ältesten Professritter des Souveränen Rates.

Artikel 155
Wahl des Großmeisters oder des Statthalters des Großmeisters

Die Wahl des Großmeisters oder des Statthalters des Großmeisters durch den Großen Staatsrat erfolgt unmittelbar nach Mitteilung des verbindlichen Dreiervorschlages seitens des Kapitels der Professen.

Artikel 156
Auflösung des Großen Staatsrates

Mit dem Ablegen des Eides des Ordensoberhauptes ist der Große Staatsrat aufgelöst.

Abschnitt XIV
Der Juridische Beirat

Artikel 157
Sitz

Der Juridische Beirat tagt am Ordenssitz.

Artikel 158
Ablauf der Sitzung

§ 1 - Ein Berichterstatter, der zuvor vom Vorsitzenden bestimmt wurde, berichtet über den zu prüfenden Fall. Nach eingehender Beratung entscheidet der Beirat mit der Stimmenmehrheit der Anwesenden. Bei Stimmengleichheit gibt die Stimme des Vorsitzenden den Ausschlag. Das Gutachten wird dem Großmeister oder demjenigen, der es angefordert hat, vom Vorsitzenden mitgeteilt.

§ 2 - Zu jeder Beiratssitzung wird ein Protokoll verfasst, das vom Vorsitzenden und vom Sekretär unterzeichnet und in das Protokollbuch übertragen wird.

Abschnitt XV
Die Justizverwaltung

Erster Teil
Die Gerichtsordnung

Artikel 159
Zusammensetzung und Sitz der Magistralgerichte

§ 1 - Es gibt ein erstinstanzliches Magistralgericht und eine Appellationsinstanz; beide sind jeweils mit einem Vorsitzenden und zwei Richtern besetzt.

§ 2 - Die Ordensgerichte tagen am Ordenssitz.

§ 3 - Die Geschäftsstelle der Ordensgerichte wird von einem Kanzleivorstand geleitet.

Artikel 160
Unvereinbarkeit richterlicher Tätigkeit in beiden Instanzen

Ein Richter, der mit einem Fall in einer Instanz befasst war, darf ihn nicht auch in einer anderen bearbeiten.

Artikel 161
Vertretung der Richter

Bei Verhinderung des Präsidenten wird dieser durch den dienstältesten Richter vertreten. Sollte es wegen Verhinderung des Präsidenten oder eines oder mehrerer Richter im Einzelfall nicht möglich sein, ein Richterkollegium zu bilden, hat der Großmeister auf Vorschlag des Vorsit-zenden des Appellationsgerichtes und mit Zustimmung des Souveränen Rates dieses für den betreffenden Fall durch andere Richter zu ergänzen.

Artikel 162
Eid

Vor Amtsantritt leisten die Richter und der Vorsteher der Gerichtskanzlei vor dem Großmeister folgenden Eid: „Ich schwöre, meine Amtspflichten getreu und mit Eifer zu erfüllen und das Amtsgeheimnis zu wahren."

Artikel 163
Altersgrenze

Mit Vollendung des fünfundsiebzigsten Lebensjahres ist die Altersgrenze für Richter erreicht. Der Großmeister kann nach Zustimmung des Souveränen Rates jederzeit denjenigen, der nachweislich aufgrund von Unfähigkeit oder Ungeeignetheit an der Wahrnehmung seiner Amtspflichten gehindert ist, vom Dienst freistellen.

Artikel 164
Unvereinbarkeit

Das Amt des Kanzleivorstands und des Richters kann nicht übernehmen, wer dieselbe Funktion bereits an einem anderen Gericht ausübt.

Zweiter Teil
Zuständigkeit der Magistralgerichte

Artikel 165
Sachliche Zuständigkeit der Magistralgerichte

§ 1 - Die Magistralgerichte urteilen im Namen des Großmeisters, und zwar insbesondere

a) über Widersprüche gegen Disziplinarmaßnahmen zulasten von Mitgliedern des Zweiten und des Dritten Standes;

b) über Widersprüche gegen die von Ordensbehörden erlassenen Verwaltungsakte, mit Ausnahme derjenigen des Großmeisters;

c) über Anfechtungen von Entscheidungen über die Zulassung zu den Kategorien des Zweiten und des Dritten Standes;

d) über Streitfälle zur Investitur von Inhabern der *Jus-Patronatus*-Kommenden und deren Verwaltung;

e) über arbeitsrechtliche Streitfälle, die von Angestellten des Ordens oder der öffentlich-rechtlichen Ordensgliederungen vorgebracht werden;

f) über Streitfälle zwischen Ordensmitgliedern als solchen, außerdem auf schriftliches Ersuchen der Parteien über Streitfälle, die sich auf vermögensrechtliche Ansprüche beziehen, über welche sie verfügungsberechtigt sind, und zwar ebenfalls zwischen Ordensmitgliedern;

g) über Streitfälle zwischen den Ordensgliederungen.

§ 2 - Auf schriftlichen Wunsch beider Parteien, selbst wenn diese dem Orden nicht angehören, kann das erstinstanzliche Ordensgericht in Streitfällen über Vermögen, über das die Parteien verfügungsberechtigt sind, die Funktion eines Schiedsgerichtes übernehmen und diese nach Gesetz oder Billigkeit entscheiden. In solchen Fällen ist das Tätigwerden des Ordensgerichtes gebührenfrei; lediglich die tatsächlich angefallenen Auslagen sind durch die Parteien zu ersetzen. Gegen den Schiedsspruch kann beim Appellationsgericht des Ordens in Übereinstimmung mit der Zivilprozessordnung des Staates der Vatikanstadt, sofern diese einschlägig ist, Berufung eingelegt werden.

§ 3 - Auf übereinstimmendes schriftliches Ersuchen von Staaten oder dem Völkerrecht unterliegenden Körperschaften können Ordensgerichte Schiedsfunktionen auch in Internationalen Streitfällen übernehmen.

Dritter Teil
Die Prozessordnung

Artikel 166
Urteilsverfahren

Soweit in den vorhergehenden Artikeln nicht ausdrücklich anders bestimmt, ist das Verfahren vor den Magistralgerichten durch die in der geltenden Zivilprozessordnung des Staates der Vatikanstadt niedergelegten Normen geregelt.

Vierter Teil
Die Staatsanwaltschaft

Artikel 167
Besetzung der Staatsanwaltschaft

§ 1 - Die Staatsanwaltschaft besteht aus dem Generalstaatsanwalt, der gegebenenfalls von weiteren Juristen unterstützt wird, die vom Großmeister mit Zustimmung des Souveränen Rates für eine dreijährige, verlängerbare Amtszeit ernannt werden.

§ 2 - Bei besonderem Bedarf kann der Generalstaatsanwalt beim Großmeister beantragen, weitere Juristen *ad actum* zu bestellen, um den Orden vor kirchlichen und weltlichen Gerichten zu vertreten und zu verteidigen.

Artikel 168
Rechtsberatung durch die Staatsanwaltschaft

Die Ordensorganisationen können jedes Mal um den Rat und den Beistand der Staatsanwaltschaft ansuchen, wenn dies nötig erscheint und insbesondere in Fällen, die schwierige juristische Fragen beinhalten.

Fünfter Teil
Die Rechtsbeistände

Artikel 169
Zulassung der Rechtsbeistände

Als Rechtsbeistände können Rechtsanwälte zugelassen werden, die seit mindestens zehn Jahren zur Vertretung vor den höheren weltlichen oder kirchlichen Gerichten ermächtigt sind.

Artikel 170
Ausschluss und Suspendierung der Rechtsbeistände

Der Vorsitzende des Appellationsgerichtes kann Rechtsanwälte ausschließen oder suspendieren, die sich nach seiner Beurteilung schwerer moralischer oder berufsethischer Verfehlungen schuldig gemacht haben.

Abschnitt XVI
Kommunikation

Artikel 171
Der Kommunikationsbeirat

§ 1 - Der Kommunikationsbeirat überwacht die innere und äußere Kommunikation des Ordens sowie die Entwicklung und Durchführung effizienter Kommunikationsprogramme.

§ 2 - Der Kommunikationsbeirat besteht aus dem Großmeister, der den Vorsitz führt, einem von ihm in freier Wahl ernannten stellvertretenden Vorsitzenden und sechs unter den Ordensmitgliedern gewählten Beiratsmitgliedern, die über gute Kenntnisse auf den verschiedenen Gebieten des Kommunikationswesens, der Verwaltung, der Öffentlichkeitsarbeit und der Massenmedien verfügen. Diese Beiratsmitglieder werden vom Großmeister mit Zustimmung des Souveränen Rates für eine erneuerbare Amtszeit von vier Jahren ernannt, wobei auf geografische Ausgewogenheit zu achten ist.

Artikel 172
Aufgaben und Sitzungen des Kommunikationsbeirates

§ 1 - Der Kommunikationsbeirat berät das Großmagisterium in Angelegenheiten des Informationsflusses, der Beziehungen zu den Massenmedien, Öffentlichkeitsarbeit, Emblemen und Logos, sowie zur Organisation des Kommunikationssekretariats, einschließlich dessen Kosten und Haushaltsplan, Personal und Sachausstattung.

§ 2 - Alljährlich erstattet er dem Großmeister und dem Souveränen Rat einen Bericht, sowie dem Vorsitzenden des Generalkapitels, wenn ein solches einberufen ist. Einen besonderen Tätigkeitsbericht hat der Präsident dem Generalkapitel vorzutragen.

§ 3 - Der Kommunikationsbeirat tagt mindestens zweimal jährlich oder wenn sein Vorsitzender oder der stellvertretende Vorsitzende es für nötig befinden. Die Mitglieder des Kommunikationsbeirates haben Anspruch auf Ersatz der tatsächlich angefallenen und nachgewiesenen Auslagen.

Abschnitt XVII
Emblem

Artikel 173
Das Emblem der Ordenswerke

Das Emblem der Werke der Ordensgliederungen ist das achtspitzige weiße Kreuz im roten Schild gemäß der Darstellung im einschlägigen Dekret.

Kapitel II
Die Beiträge und die Rechnungskammer

Abschnitt I
Beiträge und Gebühren

Artikel 174
Verantwortung der Priorate, Subpriorate und Assoziationen für die Zahlung von Beiträgen und Gebühren

Die Priorate, Subpriorate und Assoziationen sind für die von ihren Mitgliedern geschuldeten Jahresbeiträge und Passagegebühren verantwortlich.

Artikel 175
Sanktionen bei ausstehenden Zahlungen

§ 1 - Sollten Priorate, Subpriorate oder Assoziationen ihrer Zahlungsverpflichtung gegenüber dem Großmagisterium nicht bis zum 15. März des Folgejahres nachgekommen sein, so können sie weder Aufnahmekandidaten noch Kandidaten für Verdienstauszeichnungen vorschlagen noch Vertreter in das Generalkapitel oder in den Großen Staatsrat entsenden, bevor die Schuld beglichen ist.

§ 2 - Im Falle eines Verzuges beim Überweisen der von den verantwortlichen Prioraten, Subprioraten oder Assoziationen geschuldeten Jahresbeiträge und Passagegebühren an das Großmagisterium bestellt der Souveräne Rat zulasten der genannten Gliederungen einen externen Rechnungsprüfer.

Abschnitt II
Die Rechnungskammer

Artikel 176
Aufgaben

Die Rechnungskammer

a) kontrolliert vorab den Jahresabschluss und nimmt die Rechnungsprüfung vor;

b) kontrolliert die Einhaltung der genehmigten Budgets;

c) verifiziert periodisch Buchführung und Barbestände des Schatzamtes;

d) beaufsichtigt und evaluiert die Vermögensverwaltung der Ordensgliederungen und des Ordens insgesamt, insbesondere hinsichtlich der Einhaltung von einschlägigen Verfahrenserfordernissen für die Verwaltung; sie kann entsprechende Empfehlungen aussprechen;

e) wird unterstützt von externen Rechnungsprüfungsgesellschaften, die über die Qualifikation für die jährlich anfallenden Prüfungen verfügen; ernannt werden diese Gesellschaften vom Großmeister mit Zustimmung des Souveränen Rates nach Wahl- und Rotationskriterien, die in einem besonderen, vom Souveränen Rat genehmigten Dekret festgelegt sind;

f) berät auf Anfrage des Großkanzlers oder des Rezeptors des Gemeinsamen Schatzamtes in allen wirtschaftlichen und finanziellen Angelegenheiten;

g) unterbreitet dem Souveränen Rat auf dessen Anfrage Prüfberichte zu bestimmten Finanzangelegenheiten.

Artikel 177
Sitzungen und Erstattungen

§ 1 - Die Rechnungskammer tritt in der Regel zweimal jährlich sowie wann immer ihr Präsident es für notwendig befindet, zusammen. Eine außerordentliche Sitzung kann auf Antrag des Großmeisters, des Rates der Professen oder des Rezeptors des Gemeinsamen Schatzamtes abgehalten werden.

§ 2 - Die Mitglieder haben Anspruch auf die Erstattung der tatsächlich angefallenen und nachgewiesenen Auslagen.

Artikel 178
Sitzungsprotokolle

Das Protokoll der Rechnungskammersitzung wird von den Mitgliedern bestätigt und vom Präsidenten unterzeichnet. Kopien gehen an den Großmeister, den Souveränen Rat, den Rat der Professen und an den Rezeptor des Gemeinsamen Schatzamtes.

Artikel 179
Bericht des Präsidenten beim Generalkapitel

Der Präsident legt dem Generalkapitel einen Bericht zu von der Rechnungskammer unternommenen Tätigkeiten vor.

Kapitel III
Die Gliederung des Ordens

Abschnitt I
Juristische Personen

Artikel 180
Rechtsstatus der Ordensgliederungen

§ 1 - Die Priorate, Subpriorate und Assoziationen sind kanonisch- juristische

Personen, insofern sie Teil der Rechtsordnung des Ordens sind.

§ 2 - Anderen Gliederungen, beispielsweise Stiftungen und Kommenden, wird der Status einer Rechtsperson aufgrund alten Besitzes zuerkannt oder vom Großmeister mit Zustimmung des Souveränen Rates verliehen.

Artikel 181
Satzungen der Ordensgliederungen ohne Rechtsprechungskraft

Der Großmeister kann mit Zustimmung des Souveränen Rates Satzungen für die verschiedenen nachgeordneten Gliederungen ohne Rechtsprechungskraft erlassen und die für sie geltenden Anforderungen festlegen.

Artikel 182
Erwerb der Rechtspersönlichkeit nach Landesrecht

Mit Genehmigung des Großmeisters können öffentliche Ordensgliederungen den Status einer Rechtsperson in jenem Land erwerben, in dem sie satzungsgemäß ihrer Tätigkeit nachgehen sollen.

Abschnitt II
Priorate, Subpriorate und Assoziationen

Erster Teil
Gemeinsame Vorschriften

Artikel 183
Errichtung von Prioraten, Subprioraten und Assoziationen

§ 1 - Der Großmeister nimmt mit Zustimmung des Souveränen Rates und des Rates der Professen die kanonische Errichtung eines Priorats, Subpriorats oder einer Assoziation vor, und legt die jeweiligen geografischen Grenzen fest.

§ 2 - Für die Errichtung eines Priorats sind mindestens fünf Mitglieder des

Ersten Standes erforderlich, für ein Subpriorat drei Mitglieder des Ersten Standes, für eine Assoziation mindestens 15 Ritter. Sie müssen ihren Wohnsitz im Zuständigkeitsbereich des zu errichtenden Priorates oder Subpriorates oder der zu errichtenden Assoziation haben.

§ 3 - Sind die in § 2 genannten Erfordernisse gegeben, so muss die genannte Gliederung errichtet werden, außer der Großmeister mit Zustimmung des Rates der Professen und des Souveränen Rates entscheidet wegen schwerwiegender Gründe anders.

Artikel 184
Zweck

Die Priorate, Subpriorate und Assoziationen haben zum Zweck, die in Artikel 2 der Verfassung genannten Ordensziele in ihrem Zuständigkeitsgebiet unter Anleitung des Großmeisters umzusetzen.

Artikel 185
Zugehörigkeit

§ 1 - Den Prioraten, Subprioraten oder Assoziationen gehören von Rechts wegen alle Ordensmitglieder an, die im jeweiligen Gebiet ihren Wohnsitz haben. Soweit nicht besondere Umstände vorliegen, ist lediglich die Zugehörigkeit zu einem einzigen Priorat oder Subpriorat oder einer einzigen Assoziation möglich.

§ 2 - Mitglieder, deren Wohnsitz in einem Gebiet liegt, in dem es nicht zumindest eine Assoziation gibt, sind in dem ihnen vom Großmeister zugewiesenen Zuständigkeitsbereich eingeschrieben.

§ 3 - Wer aus billigen historischen Gründen die Zulassung zu einem anderen Priorat oder Subpriorat oder einer anderen Assoziation zu beantragen beabsichtigt als jenem/jener, das/die territorial für ihn zuständig ist, muss dafür die Erlaubnis des Großmeisters einholen.

Abschnitt III
Priorate und Subpriorate

Artikel 186
Ernennung des ersten Oberen und der Kapitulare

Der Großmeister ernennt für neu errichtete Priorate oder Subpriorate den ersten Oberen und die Kapitulare.

Artikel 187
Pflichten des Oberen

Der Obere soll die Ausübung der christlichen Tugenden und die Treue zu den Verpflichtungen des Ordens durch sein Beispiel fördern; in seinem Zuständigkeitsgebiet ist er verantwortlich für die sozial-karitativen Werke des Ordens. Außerdem obliegt es ihm:

a) die Dekrete des Heiligen Stuhls und des Großmeisters bekannt zu machen und für deren Einhaltung zu sorgen;

b) die Mitglieder zur Teilnahme am Ordensleben und an den Ordenswerken zu ermuntern und ihre geistliche Entwicklung zu fördern;

c) für die besonderen Berufungen entsprechend dem Ordenscharisma Sorge zu tragen und sie zu fördern.

Artikel 188
Das Kapitel des Priorats und des Subpriorats

Der Obere beruft mindestens viermal im Jahr das Kapitel zur Beratung der wichtigsten Angelegenheiten ein.

Artikel 189
Exerzitien

§ 1 - Alljährlich sind in jedem Priorat und Subpriorat Exerzitien von mindestens fünf ganzen Tagen für alle Mitglieder abzuhalten. Ort und Datum bestimmt der Obere.

§ 2 - Für die Mitglieder des Ersten Standes legt der Obere zusätzliche Zeiten des Gemeinschaftslebens fest.

Artikel 190
Jahresbericht

§ 1 - Alljährlich legt der Obere dem Großmeister und, soweit es in ihre Zuständigkeit fällt, dem Rat der Professen und dem Souveränen Rat Rechenschaft über seine Verwaltung ab und unterbreitet dem Rezeptor des Gemeinsamen Schatzamtes einen von seinem Kapitel genehmigten Bericht zur Finanzlage.

Abschnitt IV
Die Assoziationen

Artikel 191
Zweck

Die Assoziationen haben, nach Maßgabe ihrer besonderen Wesensart, den Zweck, unter der Autorität der rechtmäßigen Oberen die Ziele des Ordens, wie sie in Artikel 2 der Verfassung festgelegt sind, zu verwirklichen.

Artikel 192
Ernennung des ersten Präsidenten und der Mitglieder des Führungsrates

Bei der Errichtung der Assoziationen gemäß Artikel 46 § 1 der Verfassung ernennt der Großmeister den ersten Präsidenten und die Mitglieder des in

Artikel 50 § 1 der Verfassung genannten Führungsrates.

Artikel 193
Pflichten des Präsidenten und des Führungsrates

Der Präsident und der Führungsrat sollen die Ausübung der christlichen Tugenden und die Treue zu den Verpflichtungen des Ordens durch ihr Beispiel fördern; in seinem Zuständigkeitsgebiet ist der Präsident zusammen mit dem Führungsrat für alle sozial-karitativen Werke des Ordens verantwortlich. Außerdem obliegt es insbesondere dem Präsidenten,

a) die Dekrete des Heiligen Stuhls und des Großmeisters bekannt zu machen und für deren Einhaltung zu sorgen;

b) die Mitglieder zur Teilnahme am Ordensleben und an den Ordenswerken zu ermuntern und ihre geistliche Entwicklung zu fördern;

c) mit Hilfe der Ordensprofessen oder der Kapläne für die besonderen Berufungen entsprechend dem Ordenscharisma Sorge zu tragen und sie zu fördern.

Artikel 194
Einberufung des Führungsrates

Mindestens sechsmal im Jahr beruft der Präsident den Führungsrat zur Beratung der wichtigsten Angelegenheiten ein. Zudem kann er den Führungsrast einberufen er dies für notwendig hält oder wenn mindestens drei Führungsratsmitglieder dies schriftlich beantragen.

Artikel 195
Exerzitien

§ 1 - Alljährlich sind in jeder Assoziation Exerzitien von mindestens drei ganzen Tagen für die Mitglieder abzuhalten. Ort und Datum bestimmen der Präsident und der Assoziationskaplan.

§ 2 - Der Präsident und der Assoziationskaplan setzen Zeiten der geistlichen Einkehr fest, die für die Mitglieder des Zweiten Standes verbindlich sind.

Artikel 196
Jahresbericht

Alljährlich legen der Präsident und der Führungsrat dem Großmeister und, soweit es in ihre Zuständigkeit fällt, dem Rat der Professen und dem Souveränen Rat Rechenschaft über ihre Verwaltung ab und unterbreiten dem Rezeptor des Gemeinsamen Schatzamtes den Jahresabschluss zusammen mit einem Bericht zur Finanzlage.

Abschnitt V
Die Delegationen

Artikel 197
Errichtung

§ 1 - Über die Errichtung oder die Auflösung einer Delegation in den zu einem Priorat oder Subpriorat gehörenden Gebieten entscheidet der Prior oder Subprior mit Zustimmung des Kapitels. Das Kapitel billigt das Reglement für die Delegationen.

§ 2 - Im Falle von Assoziationen wird die Errichtung vom Präsidenten mit Zustimmung des Führungsrates verfügt, sofern in der Assoziation bereits ein Reglement für die Delegationen besteht, welches der Großmeister nach Anhörung des Souveränen Rates genehmigt hat.

§ 3 - In Ausnahmefällen können nach Vereinbarung der jeweiligen Präsidenten und mit dem *nihil obstat* des Großmeisters Delegationen einer Assoziation auf dem Gebiet einer anderen errichtet werden.

Abschnitt VI
Die Ordenswerke

Artikel 198
„Obsequium pauperum"

§ 1 - Auf der Suche nach einer konkreten Antwort auf die Liebe Christi haben die ersten Ordensmitglieder in den kranken Pilgern im Heiligen Land den Herrn erkannt und ihm gedient. Im göttlichen Erbarmen angesichts des Elends der Welt wurzelt das *„obsequium pauperum"*, das die Ordensmitglieder verpflichtet, Jesus Christus zu dienen, der in den „Herren Kranken" gegenwärtig ist.

§ 2 - Im Hinblick auf die *„tuitio fidei"* sind die Ordensmitglieder, indem sie in jeder einzelnen Person das Ebenbild Gottes erkennen, in besonderer Weise gefordert, sich überall dort einzusetzen, wo menschliches Leben in seiner Existenz und in seiner von Gott geschenkten Würde bedroht ist.

Artikel 199
Die Organisation des „Obsequium pauperum"

§ 1 - Es obliegt den Prioraten, Subprioraten und Assoziationen, in ihren Zuständigkeitsgebieten medizinische und sozial-karitative Werke zu gründen, in denen die Mitglieder der verschiedenen Ordensstände sich persönlich den Aufgaben widmen können, zu denen sie sich verpflichtet haben.

§ 2 - Die Hospitalier der Priorate, Subpriorate und der Assoziationen sind für die unter § 1 genannten Werke verantwortlich. Sie erfüllen ihre Aufgaben in enger Zusammenarbeit mit den Prioren, Subprioren und den Präsidenten.

§ 3 - Hilfseinsätze, sowohl außerhalb des je eigenen Gebietes als auch als Ergebnis der Zusammenarbeit verschiedener Ordensgliederungen, dürfen nur mit Einverständnis des Großhospitaliers unternommen werden, der laut Artikel 121 des Codex für die Koordination verantwortlich ist.

§ 4 - Die Verantwortlichen der einzelnen Ordenswerke haben dem Priorat, dem Subpriorat oder der Assoziation jährlich einen Tätigkeitsbericht und den Jahresabschluss zu unterbreiten.

§ 5 - Das Großmagisterium gründet nur in Ausnahmefällen eigene Werke.

Artikel 200
Internationale Zusammenarbeit

Angesichts der internationalen Aufgaben des Ordens besitzt die internationale Zusammenarbeit der Ordensgliederungen besondere Bedeutung für den Erfolg der Ordenswerke; daher sind alle Ordensgliederungen nach besten Kräften zur Zusammenarbeit mit dem Großmagisterium in den Werken des Apostolats supranationalen Charakters verpflichtet.

Artikel 201
Nachgeordnete Gliederungen ohne Rechtsprechungskraft für die Umsetzung der Ordenswerke

§ 1 - Nachgeordnete Gliederungen ohne Rechtsprechungskraft der Priorate, Subpriorate und Assoziationen sind: Stiftungen, Vereinigungen, Gesellschaften, Hilfsdienste, rechtlich unabhängige Ordenswerke und ähnliche, zur Umsetzung des Ordenszwecks geschaffene Einrichtungen.

§ 2 - Die Priorate, Subpriorate oder Assoziationen können, vorbehaltlich ihrer Statuten und unter Beachtung der nachfolgenden Vorschriften, nachgeordneten Gliederungen ohne Rechtsprechungskraft errichten:

a) Die Statuten einer nachgeordneten Gliederung ohne Rechtsprechungskraft erlangen erst nach Bestätigung der zuständigen Ordensgliederung Rechtskraft. Gleiches gilt für etwaige Statutenänderungen.

b) Die nachgeordnete Gliederung ohne Rechtsprechungskraft hat der zuständigen Ordensgliederung über ihre Tätigkeiten und ihre Finanzlage Rechenschaft abzulegen.

c) Der Verantwortliche einer nachgeordneten Gliederung ohne Rechtsprechungskraft darf sein Amt nicht ohne Zustimmung der zuständigen Ordensgliederung antreten. Er sollte vorzugsweise Ordensmitglied sein.

d) Die nachgeordnete Gliederung ohne Rechtsprechungskraft darf nur mit vorheriger Genehmigung der zuständigen Ordensgliederung das Ordensemblem und den Ordensnamen nutzen oder sich auf den Orden berufen. Eine solche Genehmigung kann von der zuständigen Ordensgliederung ohne Angabe von Gründen widerrufen werden.

§ 3 - Wo immer aufgrund nationalen Rechtes die vollständige Einarbeitung dieser Minimalanforderungen in die Statuten unmöglich ist, muss deren Befolgung auf andere Weise je nach den Umständen sichergestellt werden.

§ 4 - Einrichtungen und Aktivitäten, die von Assoziationen, Prioraten oder Tochterorganisationen lediglich unterstützt werden, ohne dass sie von ihnen geführt werden oder ihnen gehören, dürfen weder Wappen noch Namen des Ordens führen, außer mit dem ausdrücklichen Hinweis darauf, dass diese Einrichtung sich lediglich der Unterstützung des Ordens erfreut, ohne dass dieser irgendeine Verantwortung für sie übernimmt.

Titel IV
Übergangsbestimmungen

Artikel 202
Übergangsbestimmungen

In Übereinstimmung mit einer Entscheidung des Souveränen Rates erlässt der Großmeister Übergangsbestimmungen, um die zum Zeitpunkt des Inkrafttretens des Codex schwebenden Geschäfte zu regeln.

3. Akt des Grossmagisteriums

Dekret Nr. 260 der Generalkartei des Souveränen Rates vom 23. September 2022

Gegenstand: *Übergangsregeln für die Umsetzung der Verfassung und des Codex des Malteserordens*

In Anbetracht der neuen Verfassung und des Codex des Malteserordens, welche der Heilige Vater am 3. September 2022 verkündet hat;

In Erwägung, dass es zweckmäßig ist, den Organisationen des Souveränen Ordens ihre angestammte Tätigkeit zu erleichtern, weshalb ihnen genügend Zeit gegeben wird, um ihre Statuten und Regelungen zu aktualisieren und sie mit den neuen Vorschriften in Einklang zu bringen;

Gestützt auf Artikel 60 § 2 der Verfassung;

Nach Kenntnisnahme des Berichts Seiner Exzellenz des Großkanzlers;

HABEN WIR FRA' JOHN T. DUNLAP

STATTHALTER DES GROSSMEISTERS

mit der beratenden Stimme des Souveränen Rates BESCHLOSSEN UND VERORDNET

Artikel 1

Gewählte Organe – mit Ausnahme derjenigen, die in der neuen Verfassung nicht mehr vorgesehen sind – üben ihre Funktionen bis zum Ende ihrer Amtszeit aus.

Artikel 2

Die Institutionen und Organe des Malteserordens müssen ihre Statuten oder Reglemente bis zum Ende ihrer Amtszeit an die neue Verfassung und den neuen Kodex anpassen und dem Großmeister in Anwendung von Art. 38 § 1 der Verfassung vorlegen.

In Anwendung von Art. 46 der Verfassung, obliegt die Betreuung der Mitglieder in den Gebieten, wo Priorate oder Subpriorate und Assoziationen nebeneinander bestehen, dem Priorat oder Subpriorat, dem sie angehören.

Artikel 3

Die Kanzlei ist mit der Durchführung dieses Dekrets und mit der Klärung der Umsetzung der neuen Texte betraut.

gez.: Fra' John Dunlap

gez.: Riccardo Paternò di Montecupo

- Großkanzler -